陕西省哲学社会科学重点研究基地核心价值观培育与红色文化
传承协同创新研究中心组编
核心价值观培育与红色文化基因传承系列丛书（四）

核心价值观培育与红色
文化基因传承系列丛书

延安时期
中国共产党构建
民族共有精神家园
研究

YANAN SHIQI ZHONGGUOGONGCHANDANG
GOUJIAN MINZU GONGYOU
JINGSHEN JIAYUAN YANJIU

陕西新华出版
陕西人民出版社

图书在版编目（CIP）数据

延安时期中国共产党构建民族共有精神家园研究 / 黄海涛著. -- 西安：陕西人民出版社，2024. -- ISBN 978-7-224-15551-8

Ⅰ.C955.2

中国国家版本馆 CIP 数据核字第 2024VD7407 号

责任编辑：许晓光
封面设计：姚肖朋

延安时期中国共产党构建民族共有精神家园研究

作　　者	黄海涛
出版发行	陕西人民出版社
	（西安市北大街 147 号　邮编：710003）
印　　刷	西安盛业印务有限公司
开　　本	787 毫米×1092 毫米　1/16
印　　张	13
字　　数	225 千字
版　　次	2024 年 11 月第 1 版
印　　次	2024 年 11 月第 1 次印刷
书　　号	ISBN 978-7-224-15551-8
定　　价	68.00 元

总 序

陕西省哲学社会科学重点研究基地——核心价值观培育与红色基因传承协同创新研究中心为中共陕西省委宣传部、陕西省社科规划办批准，于2016年1月在陕西学前师范学院设立的省级哲学社会科学重点研究基地，基地以马克思列宁主义、毛泽东思想、邓小平理论、"三个代表"重要思想、科学发展观、习近平新时代中国特色社会主义思想为指导，以社会服务为要务，以科学研究为发展根基，以资政和政策研究为主攻方向，以人才培养为基础，以协同创新为动力，着力研究核心价值观培育与红色基因传承的重大理论问题和现实问题，进行核心价值观培育与红色基因传承的实践探索。

社会主义核心价值观是中国特色社会主义的文化精髓和当代中华民族的精神底蕴。红色文化是孕育社会主义核心价值观的根脉，红色文化具有引领社会价值追求、凝聚思想共识功能。红色基因是红色文化的内核，要在传承红色基因中培育和弘扬社会主义核心价值观。

培育和践行社会主义核心价值观不传承红色基因就会迷失方向而失去社会主义性质。红色基因是框定社会主义核心价值观性状的生命线，红色基因以思想、文化形态存在并传承，既具有文化基因的共同特征，又具有独有特征，它具有保证核心价值观的社会主义方向、丰富核心价值观的精神内容、引领核心价值观的真善美风尚、夯实核心价值观共同理想基础的作用。

红色基因体现于社会主义核心价值观中。社会主义核心价值观回答了我们要建设什么样的国家、建设什么样的社会、培育什么样的公民的重大问题。红色基因历史地丰富并最终孕育出这些重大问题的答案，以生命线的地位和异彩缤纷的内容具体体现在社会主义核心价值观中。社会主义核心价值观是红色基因框定的国家价值目标、社会价值取向、个人价值准则。

多卷本核心价值观培育与红色基因传承丛书，汇聚各方面专家学者之力，聚焦核心价值观培育和红色基因传承，集中进行社会主义核心价值观研究、革命文化研究、红色基因传承研究、红色经典传播研究（美术方向、音乐方向、文学方向等）、红色文化产业发展研究、红色基因传承与意识形态建设研究。在对核心价值观培育和红色基因传承中的理论和实践问题进行全面研究的同时，重点打造青少年核心价值观培育和红色基因传承的研究优势和特色，对青少年核心价值观培育和红色基因传承发挥积极的引领作用。

通过编辑出版多卷本核心价值观培育与红色基因传承丛书，努力把核心价值观培育与红色基因传承协同创新研究中心建设成为研究方向明确、研究队伍实力雄厚、研究特色鲜明、研究水平较高、研究成果丰硕的核心价值观培育传播阵地、红色基因传承创新基地、思想理论战线上的新型智库。

陕西省哲学社会科学重点研究基地核心
价值观培育与红色基因传承协同创新研究中心

序

黄海涛同志是我指导的一名博士研究生。他在陕西师范大学攻读博士研究生期间，勤奋刻苦，认真钻研，以"延安时期中国共产党构建民族共有精神家园研究"作为毕业论文选题，对这一问题做了深入的考察和探究，取得了重要的研究成果。

精神家园是人类建立在理性思维和理想信念基础之上的一种文化认同和精神寄托，是人们精神和情感的归宿和港湾。一个民族的精神家园则是民族成员在文化认同基础上产生的文化寄托和精神归宿，包含了该民族经过长期的历史积淀所形成的特有的传统、习惯、风俗、精神、心理和情感等要素，它们共同构成了民族延续的精神血脉和民族生命之树的根。中华民族具有悠久的历史，在历史的长河中，中国人民创造了辉煌灿烂的中华文化，共同构筑起各族人民的精神家园，成为中华文明延续发展生生不息的动力源泉。特别是自20世纪初叶以来，俄国十月革命一声炮响，为中国人民送来了马克思列宁主义的科学真理，中国共产党从诞生之日起就把为中国人民谋幸福、为中华民族谋复兴作为自己的历史使命，以勇往直前的历史担当和使命意识引领中国先进文化的发展，为中国人民构筑起为实现人民解放和民族复兴而不懈奋斗的共同精神家园，从而中国共产党也就成为各族人民的主心骨。在中国特色社会主义进入了新时代，我们党带领全国各族人民坚守理想信念、弘扬中国精神，共同创造美好家园，为实现中华民族伟大复兴的中国梦而努力奋斗，新的理论和实践为我们继续深化对中华民族共有精神家园的研究提供了肥沃的土壤和养料。

本书选取延安时期中国共产党在领导构建中华民族共有精神家园过程中的理论贡献和实践经验作为研究对象，具有十分重要的理论和应用价值。作者在书中提出，延安时期的民族共有精神家园，是指在延安时期，在中国共产党的领导下所构建起来的以共产主义理想信念为价值内核，以新民主主义文化为土壤和根基，以抗日民族统一战线为重要纽带，充分彰显了爱国主义精神和民主时代精神，并为追求进步的全国各族人民所认同的精神文化系统。在论述延安时期民族共有精神家园的主要内容时，分别从理想信念、新民主主义文化、爱国主义精神、民主时代精神和抗日民族统一战线五个方面展开研究，这些方面体现了延安时期中国共产党领导思想文化建设的主要状况，勾勒出了延安时期党领导构建民族共有精神家园的基本轮廓。最后，总结了延安时期中国共产党领导构建民族共有精神家园的历史经验和重大意义，阐述了对中国特色社会主义新时代更好地构筑中国精神，建设民族共有精神家园的历史启示。

作者突破以往学界的研究思路，从历史的视角对民族共有精神家园展开研究，在研究思路上实现了一定的创新，丰富了民族共有精神家园的研究视域，有利于从历史纵向深化人们对民族共有精神家园的认识。同时，突破以往人们对延安精神的研究模式，从精神家园的视角对延安时期中国共产党领导思想文化建设的全过程展开深入研究，拓宽了对这一时期思想文化建设的研究视域，对更加坚定中国特色社会主义文化自信具有重要的理论意义。当然，书中还有一些不足的地方，在对某些个别问题论述的时候，史论结合和比较研究还不够深入，有些理论阐述也还需要进一步深入挖掘，这些都需要作者在今后的研究中努力改进。愿黄海涛同志在今后的研究道路上不畏艰难，努力攀登，争取更加丰硕的成果。

是为序。

门忠民

■ 内容摘要

使命呼唤担当，使命成就伟业。中国共产党一经成立，就把实现共产主义作为党的最高理想，义无反顾肩负起实现中华民族伟大复兴的历史使命，团结带领全国各族人民进行了艰苦卓绝的斗争，使中华民族迎来了实现伟大复兴的光明前景。文化是一个国家、一个民族的灵魂，文化兴则国运兴，文化强则民族强。文化自信是一个国家、一个民族发展中更基本、更深沉、更持久的力量。要坚持马克思主义指导思想，牢固树立共产主义远大理想和中国特色社会主义共同理想，坚定中国特色社会主义文化自信，不忘本来、吸收外来、面向未来，更好构筑中国精神、中国价值、中国力量，为人民提供精神指引。

中国共产党是一个具有高度文化自觉和文化自信的马克思主义政党，我们党历来十分重视运用文化引领前进方向、凝聚奋斗力量，团结带领全国各族人民不断以思想文化新觉醒、理论创造新成就推动党和人民事业向前发展。本书通过对延安时期中国共产党领导全国各族人民构建民族共有精神家园的深入阐述，总结了延安时期民族共有精神家园建设的主要内容，以及中国共产党构建民族共有精神家园的理论探索和实践贡献，在此基础上总结出延安时期我们党构建民族共有精神家园的历史经验，以期对新时代进一步加强中华民族共有精神家园建设，更加坚定中国特色社会主义文化自信，构筑强大的中国精神，凝聚起强大的中国力量，为实现中华民族伟大复兴的中国梦提供借鉴。

全书共分为八章。第一章论述了中华民族共有精神家园的概念和内涵。通过对人类精神现象和精神力量展开深入分析，论述了精神家园的概念及特征，分析了作为共有精神家园主体的中华民族从民族融合逐渐走向自觉认同的历史进程，在此基础上，探讨了中华民族共有精神家园的概念和深刻内涵。第二章全面论述了延安时期中国共产党构建民族共有精神家园的概况，分析了延安时期民族共有精神家园建设的历史背景和时代特征，对中国共产党构建民族共有精神家园的具体途径进行了探讨。第三章至第七章对延安时期中国共产党构建民族共有精神家园的具体内容详细展开，分别从共产主义理想信念是延安时期民族共有精神家园的价值内核、新民主主义文化是延安时期民族共有精神家园的土壤和根基、爱国主义精神是延安时期民族共有精神家园的宝贵财富、民主精神是延安时期民族共有精神家园的时代精华、抗日民族统一战线是延安时期民族共有精神家园的团结纽带这五个部分深刻阐述了延安时期中国共产党构建民族共有精神家园的具体内容。第八章深入总结了延安时期中国共产党肩负起民族复兴的历史使命，构建中华民族共有精神家园的重大历史意义，阐述了对中国特色社会主义新时代更好地构筑中国精神，凝聚中国力量，更加坚定中国特色社会主义文化自信，建设中华民族共有精神家园的深刻历史启示。

目 录

绪　论 ………………………………………………………………… 1
第一章　中华民族共有精神家园的内涵 …………………………… 9
　1.1　精神家园的来龙去脉 ………………………………………… 9
　　1.1.1　精神现象的学理探讨 …………………………………… 10
　　1.1.2　马克思主义的有关论述 ………………………………… 17
　　1.1.3　精神家园的内涵、类型及特征 ………………………… 20
　1.2　中华民族：从民族融合到自觉认同 ………………………… 26
　　1.2.1　古代的民族融合与中华民族的形成 …………………… 27
　　1.2.2　"中华民族"观念的产生与广泛认同 …………………… 28
　　1.2.3　抗日战争促成中华民族的精神觉醒 …………………… 30
　1.3　中华民族共有精神家园的概念和内涵 ……………………… 31
　　1.3.1　中华民族共有精神家园的含义 ………………………… 31
　　1.3.2　中华民族共有精神家园的功能 ………………………… 34
　　1.3.3　几组相关概念的比较 …………………………………… 35
第二章　延安时期中国共产党构建民族共有精神家园的基本概况 …… 39
　2.1　延安时期民族共有精神家园建设的历史背景 ……………… 39
　　2.1.1　近代以来民族精神家园面临的危机 …………………… 39
　　2.1.2　国民党专制主义文化思潮泛滥 ………………………… 41
　　2.1.3　沦陷区奴化教育对精神家园的瓦解 …………………… 43
　2.2　中国共产党是构建民族共有精神家园的领导者 …………… 45
　　2.2.1　早期马克思主义者对民族共有精神家园的追寻 ……… 45
　　2.2.2　党成立后对民族共有精神家园的建设 ………………… 47
　　2.2.3　延安时期党对民族共有精神家园建设的领导 ………… 48
　2.3　延安时期民族共有精神家园的内涵和特征 ………………… 51
　　2.3.1　延安时期民族共有精神家园的内涵 …………………… 51
　　2.3.2　延安时期民族共有精神家园的特征 …………………… 55
　2.4　延安时期党构建民族共有精神家园的途径 ………………… 58

- 2.4.1 领导人著作是构建民族共有精神家园的光辉指南 ⋯⋯⋯⋯ 59
- 2.4.2 党的方针政策在构建民族共有精神家园中的地位 ⋯⋯⋯ 65
- 2.4.3 革命知识分子积极参与构建民族共有精神家园 ⋯⋯⋯⋯ 68
- 2.4.4 党报党刊在构建民族共有精神家园中发挥的作用 ⋯⋯⋯ 71
- 2.4.5 新民主主义教育事业促进民族共有精神家园建设 ⋯⋯⋯ 73

第三章 共产主义理想信念：延安时期民族共有精神家园的价值内核 ⋯⋯ 76
- 3.1 马克思主义经典作家关于共产主义的论述 ⋯⋯⋯⋯⋯⋯⋯⋯⋯⋯ 76
  - 3.1.1 共产主义是无产阶级解放条件的学说 ⋯⋯⋯⋯⋯⋯⋯⋯⋯ 77
  - 3.1.2 坚定共产主义的理想信念 ⋯⋯⋯⋯⋯⋯⋯⋯⋯⋯⋯⋯⋯⋯ 78
  - 3.1.3 扩大共产主义的宣传教育 ⋯⋯⋯⋯⋯⋯⋯⋯⋯⋯⋯⋯⋯⋯ 79
- 3.2 延安时期党对共产主义理想和道德的阐述 ⋯⋯⋯⋯⋯⋯⋯⋯⋯⋯ 80
  - 3.2.1 对共产主义思想体系的论述 ⋯⋯⋯⋯⋯⋯⋯⋯⋯⋯⋯⋯⋯ 80
  - 3.2.2 共产党员必须加强思想道德修养 ⋯⋯⋯⋯⋯⋯⋯⋯⋯⋯⋯ 81
  - 3.2.3 把共产主义宣传与革命实践统一起来 ⋯⋯⋯⋯⋯⋯⋯⋯⋯ 82
  - 3.2.4 延安精神：布尔什维克精神的生动展示 ⋯⋯⋯⋯⋯⋯⋯⋯ 83
- 3.3 党对共产主义与三民主义关系的理论阐述 ⋯⋯⋯⋯⋯⋯⋯⋯⋯⋯ 84
  - 3.3.1 国民党三民主义文化对中国共产党的挑战 ⋯⋯⋯⋯⋯⋯⋯ 85
  - 3.3.2 新三民主义的内涵及其与共产主义的异同 ⋯⋯⋯⋯⋯⋯⋯ 86
  - 3.3.3 新三民主义成为民族共有精神家园的基石 ⋯⋯⋯⋯⋯⋯⋯ 88

第四章 新民主主义文化：延安时期民族共有精神家园的土壤和根基 ⋯⋯ 90
- 4.1 建设新民主主义文化构建民族共有精神家园 ⋯⋯⋯⋯⋯⋯⋯⋯⋯ 91
  - 4.1.1 抗战初期中国共产党文化思想的转变 ⋯⋯⋯⋯⋯⋯⋯⋯⋯ 91
  - 4.1.2 新民主主义文化思想体系的初步形成 ⋯⋯⋯⋯⋯⋯⋯⋯⋯ 93
  - 4.1.3 文艺座谈会对新民主主义文化的发展 ⋯⋯⋯⋯⋯⋯⋯⋯⋯ 95
- 4.2 正确处理新民主主义文化同外国文化的关系 ⋯⋯⋯⋯⋯⋯⋯⋯⋯ 96
  - 4.2.1 近代中国的中西文化论争：中体西用到全盘西化 ⋯⋯⋯⋯ 96
  - 4.2.2 批判地吸收外国进步文化构建民族共有精神家园 ⋯⋯⋯⋯ 98
  - 4.2.3 坚持以马克思主义中国化构建民族共有精神家园 ⋯⋯⋯ 100
- 4.3 正确处理新民主主义文化同民族文化的关系 ⋯⋯⋯⋯⋯⋯⋯⋯ 102
  - 4.3.1 民族文化是构建民族共有精神家园的根基 ⋯⋯⋯⋯⋯⋯ 102
  - 4.3.2 中国共产党成立以来对待民族文化的态度 ⋯⋯⋯⋯⋯⋯ 104
  - 4.3.3 吸收民族文化的精华，建设中华民族新文化 ⋯⋯⋯⋯⋯ 105

4.4 正确处理新民主主义文化同人民大众的关系 …………………… 106
  4.4.1 马克思主义文艺理论关于大众化的思想 ………………… 107
  4.4.2 中国共产党历史上对文化大众化的探索 ………………… 107
  4.4.3 毛泽东对新民主主义文化大众化的贡献 ………………… 108

第五章 爱国主义精神:延安时期民族共有精神家园的宝贵财富 …… 110
 5.1 爱国主义精神的内涵及表现形态 ……………………………… 110
  5.1.1 爱国主义精神的内涵 ……………………………………… 110
  5.1.2 爱国主义精神的表现形态 ………………………………… 112
 5.2 中国共产党对爱国主义精神的理论升华 ……………………… 115
  5.2.1 爱国主义是人们对祖国的深厚感情 ……………………… 116
  5.2.2 无产阶级爱国主义同国际主义辩证统一 ………………… 117
 5.3 加强爱国主义教育,建设民族共有精神家园 ………………… 118
  5.3.1 以党员为重点深入开展爱国主义教育 …………………… 118
  5.3.2 在人民群众中广泛开展爱国主义教育 …………………… 119
  5.3.3 高举爱国主义旗帜建立抗日民族统一战线 ……………… 119
 5.4 延安时期爱国主义精神彰显的时代价值 ……………………… 120
  5.4.1 国家和民族利益至上的民族大义气度 …………………… 120
  5.4.2 万众一心、共赴国难的民族团结意识 …………………… 121
  5.4.3 不畏强暴、血战到底的民族英雄气概 …………………… 122
  5.4.4 百折不挠、克服万难的民族自强信念 …………………… 123

第六章 民主时代精神:延安时期民族共有精神家园的时代精华 …… 125
 6.1 民主成为引领民族共有精神家园的时代强音 ………………… 125
  6.1.1 时代精神在民族共有精神家园中的地位 ………………… 125
  6.1.2 "五四"以来民主成为时代精神的旗帜 ………………… 126
 6.2 中共的民主政治思想促进民族共有精神家园建设 …………… 128
  6.2.1 延安时期中国共产党对民主的理论诠释 ………………… 128
  6.2.2 现代民主意识对民族共有精神家园的培育 ……………… 130
 6.3 延安时期中国共产党的民主实践与理想图景 ………………… 132
  6.3.1 民主宪政运动勃兴促进民族共有精神家园建设 ………… 132
  6.3.2 "三三制"政权:抗日根据地民主精神的生动体现 …… 133
  6.3.3 民主联合政府:民族共有精神家园的政体目标 ………… 134

第七章　抗日民族统一战线：延安时期民族共有精神家园的团结纽带 ········ 136
　7.1　抗日民族统一战线的建立与民族共有精神家园建设 ············ 137
　　7.1.1　中国共产党抗日民族统一战线政策的提出 ············ 137
　　7.1.2　和平解决西安事变,促进民族共有精神家园建设 ············ 140
　　7.1.3　动员全民族抗战,推动民族共有精神家园建设 ············ 141
　7.2　高举抗战、团结、进步旗帜,维护民族共有精神家园 ············ 144
　7.3　文化领域的抗日民族统一战线与民族共有精神家园 ············ 146
　　7.3.1　抗战初期文化救亡运动促进民族共有精神家园建设 ············ 147
　　7.3.2　重庆抗战文化对民族共有精神家园的贡献 ············ 149
　　7.3.3　西南抗战文化对民族共有精神家园的贡献 ············ 150

第八章　延安时期中国共产党构建民族共有精神家园的历史意义和当代启示 ······ 152
　8.1　延安时期中国共产党构建民族共有精神家园的历史意义 ············ 152
　　8.1.1　凝聚起强大的中国力量,为抗日战争的伟大胜利提供了精神支柱 ······ 153
　　8.1.2　阐明了中国革命的道路,为新民主主义革命继续前进指明了方向 ······ 154
　　8.1.3　创造了中华民族新文化,培育了中共高度的文化自觉和文化自信 ······ 156
　　8.1.4　塑造了坚毅的中国精神,为中华民族伟大复兴奠定精神文化基础 ······ 158
　8.2　延安时期中国共产党构建民族共有精神家园的当代启示 ············ 161
　　8.2.1　实现中华民族伟大复兴的中国梦是民族共有精神家园建设的
　　　　　目标归宿 ············ 161
　　8.2.2　坚定中国特色社会主义共同理想是民族共有精神家园建设的
　　　　　根本方向 ············ 166
　　8.2.3　建设中国特色社会主义文化强国是民族共有精神家园建设的
　　　　　根本保障 ············ 170
　　8.2.4　弘扬爱国主义和改革创新精神是民族共有精神家园建设的
　　　　　实现路径 ············ 174
　　8.2.5　巩固发展最广泛的爱国统一战线是民族共有精神家园建设的
　　　　　组织基础 ············ 185

参考文献 ············ 189
后　记 ············ 196

绪　论

一、选题依据及选题意义

中国上下五千年的悠久历史积淀了丰富的传统文化，每个不同的历史时期都构筑了人们共同的精神家园，使不同时期的人们能够寻找到精神的依归和心灵的寄托，带给人们生活的信心和希望。新中国成立以后，中国共产党坚持以社会主义先进文化引领社会发展，我国的文化建设迈入了崭新的历史时期，中国人民的精神生活和精神世界得到了极大的解放。改革开放以来，随着我国市场经济建设和对外开放的步子加快，西方资本主义的思想文化观念对我国产生了强烈的冲击，虽然全社会的物质生活日益丰富，但人们的精神文化生活却未能与之相应得到应有的提升，人们的道德荒漠化现象较为突出，传统的道德文化观念和革命理想信念较为淡薄。这种状况对我们党领导中国特色社会主义文化建设，加快推进社会主义现代化和实现中华民族的伟大复兴带来严峻的挑战。

如何破解改革开放过程中的精神文明滑坡现象，不断加强党对社会主义先进文化的建设和引领，邓小平曾经深刻地指出："我们要在建设高度物质文明的同时，提高全民族的科学文化水平，发展高尚的丰富多彩的文化生活，建设高度的社会主义精神文明。"[①] 此后，我们党坚持一手抓物质文明建设，一手抓精神文明建设，把加强社会主义精神文明建设纳入中国特色社会主义建设的总体布局之中，中国特色社会主义文化建设取得了重大成就。党的十七大首次提出"弘扬中华文化，建设中华民族共有精神家园"的重大命题，十七届六中全会和党的十八大把加强社会主义精神文明建设、建设中华民族共有精神家园作为建设社会主

---

① 《邓小平文选》第2卷，人民出版社1994年版，第208页。

文化强国的一项基本内容和战略任务。在此基础之上，党的十九大对坚定中国特色社会主义文化自信，推动社会主义文化繁荣兴盛进一步做了全面部署。习近平总书记在十九大报告中指出："文化自信是一个国家、一个民族发展中更基本、更深沉、更持久的力量。"要坚持马克思主义指导思想，牢固树立共产主义远大理想和中国特色社会主义共同理想，坚定中国特色社会主义文化自信，不忘本来、吸收外来、面向未来，更好构筑中国精神、中国价值、中国力量，为人民提供精神指引。① 这一系列论述表明我们党对建设中华民族共有精神家园的高度重视，深刻体现了中国共产党引领中国特色社会主义文化建设的历史使命感和责任担当。我们党在《中共中央关于深化文化体制改革推动社会主义文化大发展大繁荣若干重大问题的决定》中指出："在我国五千多年文明发展历程中，各族人民紧密团结、自强不息，共同创造出源远流长、博大精深的中华文化，为中华民族发展壮大提供了强大的精神力量。中国共产党从成立之日起，就十分重视运用文化引领前进方向、凝聚奋斗力量，团结带领全国各族人民不断以思想文化新觉醒、理论创造新成果、文化建设新成就推动党和人民事业向前发展，文化在革命、建设和改革各个历史时期都发挥了不可替代的重大作用。"② 这一论述充分说明我们党在革命、建设和改革各个历史时期运用先进文化构建民族共有精神家园的不懈努力和执着追求。正是在中国共产党先进文化的引领下，全国人民团结一心，砥砺奋斗，构筑起中华民族坚固的精神长城，取得了革命、建设和改革的伟大胜利。

自从提出建设"中华民族共有精神家园"重大命题以来，学术界围绕建设中华民族共有精神家园展开了深入探讨，取得了丰富的研究成果。当前学界关于中华民族共有精神家园的研究主要集中于对精神家园、民族共有精神家园的哲学内涵、构建途径等问题展开深入的多角度研究，研究领域涉及哲学、文化学、政治学、历史学、民族学等众多学科，研究的时间范围主要界定于对改革开放以来民族共有精神家园的构建研究。这些研究已经延伸到民族共有精神家园的内涵界定、思想资源、中国传统文化、社会主义核心价值体系、建构原则和方法等领域，研究的广度和深度已经有了很大的提升。但是，当前的研究也还存在一些薄

---

① 习近平：《决胜全面建成小康社会，夺取新时代中国特色社会主义伟大胜利》，人民出版社2017年版，第23页。
②《中共中央关于深化文化体制改革推动社会主义文化大发展大繁荣若干重大问题的决定》，2011年10月18日。

弱之处，例如对民族共有精神家园建设的历史考察还显得非常缺乏，对民族共有精神家园的发展历程及其在民族发展道路中的历史贡献进行深入研究的成果还非常少。虽然"建设中华民族共有精神家园"是在改革开放以来中国特色社会主义建设新的历史时期我们党提出的概念，但是，这一概念所包含的内涵本身并不是在改革开放以后才体现出来的，而应该具有丰富的历史文化内涵，具有历史延续性。中华民族是一个精神文化极为丰富的民族，自古以来，我们的民族都十分重视精神家园的建设，创造了灿烂辉煌的中华文化。作为全民族所共有的民族精神家园，其形成和发展同中华民族从自在到自觉的历史进程密切相关。研究中华民族共有精神家园在历史上的表现形态，特别是中国共产党成立以来在建设民族共有精神家园方面做出的历史性贡献，对加强民族共有精神家园建设研究具有重要的理论和实践意义。本书试图从历史研究的视角，以中国共产党在延安时期的历史为切入点，回顾了身处半殖民地半封建社会的中华民族在陷入日本帝国主义侵略的民族灾难面前，中国共产党如何以民族大义为重，坚持抗日民族统一战线，建成先进的新民主主义文化，构建起中华民族共有精神家园，引领全国人民浴血奋战取得新民主主义革命胜利的伟大历史进程，深刻总结这一历史时期中国共产党领导构建民族共有精神家园的历史经验，为更好地坚定中国特色社会主义文化自信，弘扬中国精神，凝聚中国力量，推进中国特色社会主义文化建设提供借鉴。

本书以延安时期中国共产党构建民族共有精神家园为题，这一选题的理论和实践意义在于：

第一，对延安时期民族共有精神家园建设的研究是实现中华民族伟大复兴中国梦的需要。延安时期是中华民族伟大复兴的重要历史性开端。这一时期，中华民族面临的国内外矛盾异常尖锐复杂，日本帝国主义的侵略使中日民族矛盾上升为主要矛盾，而南京国民党政府采取的消极抗日、积极反共的政策又进一步加剧了这一矛盾，使中国人民的抗战意志不断遭到削弱。这一时期，又是中国共产党从年轻走向成熟的重要历史时期，面对严峻的民族生存危机和国内政治局势，中国共产党坚持以民族大义为重，促成抗日民族统一战线的建立，推动了全国抗日运动的蓬勃发展，中国共产党成为这一时期领导抗日战争的坚强的精神领袖，在构建民族共有精神家园方面做出了卓越的贡献，为中华民族伟大复兴奠定了重要的思想基础。对延安时期我们党构建民族共有精神家园展开研究，总结其中的历史性经验，对新时代中国特色社会主义建设进一步凝聚力量，增进共识，建设中华民族共有精神家园，为实现中华民族伟大复兴的中国梦努力奋斗具有重要的历史性启示。

第二，对延安时期民族共有精神家园建设的研究是进一步加强社会主义精神文明建设，推进中国特色社会主义文化建设的需要。《中共中央关于深化文化体制改革推动社会主义文化大发展大繁荣若干重大问题的决定》指出："没有文化的积极引领，没有人民精神世界的极大丰富，没有全民族精神力量的充分发挥，一个国家、一个民族不可能屹立于世界民族之林。"加强社会主义精神文明建设，建设中华民族共有精神家园，"关系实现全面建设小康社会奋斗目标，关系坚持和发展中国特色社会主义，关系实现中华民族伟大复兴"[1]。对延安时期我们党领导各族人民坚定信念，艰苦创业，以共产主义理想和革命乐观主义精神建设民族共有精神家园的历程进行回顾，有利于在新的历史时期进一步发扬党在延安时期的优良作风，更加坚定中国特色社会主义文化自信，推进中国特色社会主义文化建设，为社会主义现代化建设营造良好的精神文化氛围。

第三，对延安时期民族共有精神家园建设的研究是建设中国特色社会主义文化强国的需要。我们党深刻认识到，建设中华民族共有精神家园是建设中国特色社会主义文化强国的一项基本内容和战略任务。延安时期，中国共产党在领导民族共有精神家园建设过程中，建立了新民主主义文化，召开了延安文艺座谈会，对文艺为什么人服务这一根本问题做出了正确的回答。这一时期，我们党在文化自觉和文化自信方面都达到了前所未有的高度。对延安时期我们党开展文化建设的历史经验进行深入研究，能够为新时代我们党更好地坚持以人民为中心，激发全民族文化创新创造活力，加快建设中国特色社会主义文化强国提供借鉴。

第四，对延安时期民族共有精神家园建设的研究是进一步深化民族共有精神家园理论研究的需要。目前学术界关于精神家园的研究，大多立足当前社会现实进行哲学反思，缺少对这一问题展开纵向历史研究的相关成果，而且研究成果多侧重于剖析个体内心的精神世界，而对作为民族群体整体的精神家园的研究还有待进一步深化。本研究通过对延安时期中国共产党构建民族共有精神家园的理论考察，拓宽了精神家园问题的研究视域，有利于深化对这一问题的理论研究。

二、研究对象与基本思路

出于对"中华民族共有精神家园"的关注，以及由这一语境所引发的强烈的共鸣和心灵震撼，我逐渐将自己关注的理论焦点集中在了这一话题上，结合以

---

[1]《中共中央关于深化文化体制改革推动社会主义文化大发展大繁荣若干重大问题的决定》，2011年10月18日。

往对党史知识的学习，选择从延安时期的历史视角来研究那一特定历史时期的精神家园建设，希望打开一个新的研究视角。但是，随着研究的逐步深入，越来越觉得这是一个涉及历史文化范围非常广泛而且深刻的话题，要把这一话题解析清晰透彻非常困难，至少要对如下问题做出回答：什么是精神家园？它和精神、意识、心理有什么关系？什么是中华民族共有精神家园？它与民族精神的关系如何？中华民族是如何在千百年历史的冲突与融合过程中形成共有精神家园的？延安时期中华民族共有精神家园的具体内涵是什么？是否能够等同于延安精神？为什么是由中国共产党构建这一时期的民族共有精神家园？那么当时在全国执政的国民党又扮演了什么样的角色呢？我们党是通过怎样的方式构建民族共有精神家园的？具体如何构建？构建的内容和过程如何体现？在这一过程中又是如何处理中共文化同国民党三民主义文化，以及如何对待传统文化和外来文化的？研究这一问题的现实意义又是什么？等等。通过对这一系列问题的追问，逐渐梳理出了本文的研究对象。

首先，本书对精神家园的概念和内涵进行了考察和梳理。研究中华民族共有精神家园的构建，必须首先回答什么是精神家园，对这一概念进行哲学上的反思，探讨精神家园与精神、意志、心理之间的关联。因此，除了进行哲学探究以外，还需要借鉴心理学的有关研究成果，特别是社会心理学和民族心理学的研究成果，才能更深刻地理解这一概念的含义。在研究中我注意到，一是虽然对精神世界的探讨是古今中外思想家们苦苦思索的一个重要话题，但是中国古代和西方的思想家们在探讨人的精神世界时具有两个不同的路向。西方思想家们在研究人的精神世界时主要是从纵向探讨精神所表现出的各种形式，从柏拉图对灵魂不朽的论述，到黑格尔关于精神现象学的分析，再到弗洛伊德关于潜意识的探索，基本上是从纵向对精神的表现形式做了一一剖析。而中国古代的思想家们则大多是从横向展开对精神世界的思考，他们论述的重点是主体性个人如何与对象性社会相适应以达到天人合一，修身齐家治国平天下是他们探讨的目的。因此，对精神家园的分析要结合中西方两种不同的路向展开论述。二是对精神家园的论述要根据马克思主义关于社会存在决定社会意识的基本观点，充分认识到社会物质生产方式对精神意识的决定性作用，认识到延安时期中国社会的经济和政治条件对民族共有精神家园建设所起的决定性作用；同时又要充分认识到精神意识对社会存在的巨大反作用。正如马克思所说："批判的武器当然不能代替武器的批判，物质力量只能用物质力量来摧毁；但是理论一经掌握群众，也会变成物质力量。"①

其次，对中华民族共有精神家园的论证必须认真考察"中华民族"作为精神家园的主体性范畴，论证中华民族何以能够形成共有的精神家园，这就有必要对中华民族的民族融合史特别是近代以来关于中华民族认同历史进程进行详细的考察。作为民族实体，中华民族已经有了几千年的历史，但是"中华民族"概念的形成以及对中华民族观念的认同却是近代以来直到20世纪初叶才完成的。在这一过程中，从梁启超率先使用"中华民族"的称谓，到孙中山"五族共和"思想的实现，中华民族在面对外来侵略和压迫屈辱的过程中从自发走向自觉，各民族团结一致抵抗外侮，形成了各民族共有的精神家园。只有从民族学和历史学的角度深入考察中华民族的形成过程，才能够对共有精神家园的主体对象有更深刻的认识，从而为研究延安时期的民族共有精神家园奠定坚实基础。

再次，对延安时期中国共产党构建民族共有精神家园的内涵做详尽的考察是研究的重点。研究中要分析延安时期的民族共有精神家园同延安精神之间的关系，论证中国共产党何以成为建设中华民族共有精神家园的领导者，以及如何领导建设民族共有精神家园的问题；在此基础上，把延安时期中华民族共有精神家园的内涵概括为五个大的方面，即共产主义理想信念是延安时期民族共有精神家园的价值内核、新民主主义文化是延安时期民族共有精神家园的土壤和根基、爱国主义精神是延安时期民族共有精神家园的宝贵财富、民主精神是延安时期民族共有精神家园的时代精华、抗日民族统一战线是延安时期民族共有精神家园的重要纽带，要从这五个方面分别论述中国共产党构建民族共有精神家园的进程。

最后，还应论证延安时期中国共产党构建民族共有精神家园的重大历史意义以及对当前思想文化建设的启示等问题。这一研究对象的阐述是全书的主体部分，占了大部分篇幅，只有从逻辑思维上详细考察延安时期中国共产党构建民族共有精神家园的含义、内容、途径、意义等，才能够把握这一问题的实质，推进研究走向深入。

三、研究方法

在研究中，本书采用的研究方法主要有：

辩证唯物主义和历史唯物主义的方法。辩证唯物主义认为，物质决定意识，意识反作用于物质。在论述精神家园问题时，始终坚持一个社会的经济和政治对精神文化起决定作用，同时作为观念形态的精神文化又反过来对社会的经济和政

---

① 《马克思恩格斯选集》第1卷，人民出版社1995年版，第9页。

治产生巨大的影响作用这一唯物主义基本观点。本书论述的主题是民族共有精神家园，它属于精神文化上层建筑的范畴，文章着重论述了作为民族整体精神文化形态的共有精神家园对社会发展所具有的巨大能动作用。马克思指出，理论一经掌握群众，也会变成物质力量。① 这说明人类的精神力量一旦被激发出来，就能够对物质世界产生巨大的反作用，推动社会变革快速向前发展。本书所论述的延安时期的民族共有精神家园就深刻地说明了这一点。但是，任何社会的精神家园建设，都不能独立于物质世界之外，而是受到社会的经济、政治等各方面社会条件所制约，精神家园的构建也必然不能脱离社会经济政治发展的客观现实。历史唯物主义认为，人民群众是历史的创造者，是推动历史前进的动力。研究中华民族共有精神家园，正是把中华民族的各族人民群众作为民族共有精神家园的主体，以中华民族各族人民作为整体展开研究。虽然延安时期在国统区的广大人民群众不受中国共产党的直接领导，但是我们党的各种政策主张通过各方面的工作在国统区人民群众中也得到了广泛传播，我们党坚决抗战的主张受到国统区广大人民群众的认同和赞扬。因此，将中华民族各族人民群众作为延安时期中国共产党所构建的民族共有精神家园的共同主体是有充足的理由的，是历史唯物主义基本观点的深刻体现。

历史与逻辑相统一（史论结合）的方法。本书在写作过程中采用了史论结合的方法。首先，理论研究的对象是延安时期的民族共有精神家园，时间范围界定在中国共产党的延安时期，时间跨度从1935年10月到1948年初，主要研究的是这一段历史时期内中国共产党领导精神文化建设所取得的成果，以及民族共有精神家园的建构问题。对这一问题的研究主要采取的是历史研究的方法。研究这一段历史的目的是为了以史为鉴，认真总结这一时期中国共产党在民族共有精神家园建设中的经验，为当前建设中华民族共有精神家园、实现民族复兴的伟大中国梦提供借鉴。同时，本书坚持史论结合的方法，在历史研究中仔细梳理文章的逻辑思路，首先就确定了如下研究思路：对延安时期民族共有精神家园的总体论述——对延安时期民族共有精神家园各组成部分分别展开论述——论述延安时期民族共有精神家园建设的历史经验和当代启示，文章的总体框架是总—分—总的逻辑结构。在各章的写作中，把史和论充分结合起来，做到有史有论，史论结合，避免出现完全堆积史料或者毫无根据空发议论，使文章在生动的基础上具有思想性，突出文章的现实意义和实践价值。

① 《马克思恩格斯选集》第1卷，人民出版社1995年版，第9页。

比较研究的方法。首先，对中国特色社会主义新时代的民族共有精神家园与延安时期的民族共有精神家园做了对比研究。与延安时期民族共有精神家园相对比，深刻地分析了在改革开放新的历史时期中华民族共有精神家园建设所面临的新形势新任务，从中华民族伟大复兴的中国梦、共同理想、文化建设、民族精神、统一战线等不同的角度论述了与延安时期的联系和区别，从而得出符合时代特征和要求的结论。其次，对中国共产党构建的民族共有精神家园与南京国民党政府建设的法西斯独裁精神文化体系做了对比，指出国民党政府不可能构建起符合中华民族共同利益的民族共有精神家园，它所代表的法西斯专制主义思想文化必然被历史所淘汰。只有中国共产党始终坚守为民族谋复兴、为人民谋幸福的初心使命，坚定共产主义理想信念和新民主主义文化的前进方向，大力弘扬爱国主义精神和民主时代精神，才使它成为中华民族的脊梁，成为构建民族共有精神家园的领导者。通过这些比较论述，进一步加深了对延安时期中国共产党构建民族共有精神家园的认识。

第一章
中华民族共有精神家园的内涵

在康德的墓碑上刻有这样一段话:"有两种东西,我们愈是时常愈加反复地思索,它们就愈是给人的心灵灌注了时时翻新,有加无已的赞叹和敬畏——头顶的星空和心中的道德法则。"鲁迅曾说:"惟有民魂是值得宝贵的,惟有他发扬起来,中国人才有真进步。"① 在这里,康德所说的"头顶的星空和心中的道德法则"以及鲁迅所说的"民魂",分别指明了人类个体精神家园以及一个民族共同的精神家园在人类社会生活中的重要地位。研究延安时期中国共产党构建民族共有精神家园,首先要对"精神家园""中华民族共有精神家园"的概念和内涵有一个清晰的认识,达成一致的理解,在此基础上,才能对延安时期民族共有精神家园问题做进一步的探究。因此,本章首先对精神家园、中华民族共有精神家园的概念和含义展开深入探讨。

1.1 精神家园的来龙去脉

精神是人类所独有的一朵灿烂的奇葩。因为有了精神,人区别于动物;因为有了精神,人类世界变得丰富多彩。我国古代大思想家孔子说:"三军可夺帅也,匹夫不可夺志也。"② 毛泽东在谈到艰苦奋斗时曾指出:"人是要有一点精神的。"习近平总书记在纪念红军长征胜利八十周年大会讲话中指出:"人无精神则不立,国无精神则不强。精神是一个民族赖以长久生存的灵魂,唯有精神上达到一定的

---

① 鲁迅:《华盖集续编·学界的三魂》,译林出版社2013年版。
② 《论语·子罕》。

高度，这个民族才能在历史的洪流中屹立不倒，奋勇向前。"① 2009 年，温家宝在西班牙塞万提斯学院演讲时说道："一个民族要兴旺发达，就不仅要有人脚踏实地，埋头苦干，更要有人遥望星空，坚守精神家园。这样的民族才有希望，才能克服前进道路上的艰难险阻，才能有光明的未来。"② 温家宝在这里所说的"遥望星空"寄托了人类对未来的美好憧憬和向往，也寄语人类对美好前景的执着追求，它表明了人们心中长久存在着的精神家园，这是人们寄托理想的地方，是人们情感皈依的港湾。美国作家亨利·戴维·梭罗（Henry David Thoreau）曾发出"一个人如果失去精神家园，就算得到整个世界又有何用？"的感慨，这更加说明了精神家园对人类世界的重要性。那么，什么是人的精神家园？它的本质、内容以及表现形式又体现什么呢？

1.1.1 精神现象的学理探讨

精神家园是由"精神"和"家园"组合而成的合成词，为了更好地理解精神家园的含义，我们首先对人的精神现象展开分析。根据《现代汉语词典》和《辞海》的解释，"精神"一词有以下五层主要的含义：①作为哲学名词，与物质相对，是物质运动的最高产物，常与"意识"同义，指人的内心世界现象，包括思维、意志、情感等有意识的方面，也包括其他心理活动和无意识的方面。②相对于人的肉体形骸而言，指人的精气、元神，引申为精力和体气。③"精神"一词还多用以表示人或物的神志状态、心神面貌和风采神韵，延伸为精明、机警之意。④意志，品行，如牺牲精神、不屈不挠的革命精神等。⑤实质，要旨，事物的精髓和关键所在。在英文中，与"精神"相关的一些词语如"spirit""mind""consciousness""essence"等，也都与汉语中的"精神"一词具有类似的含义。与本文所探讨的"精神"意义最贴切的是"spirit"一词。根据《牛津当代百科大辞典》的解释，"spirit"具有如下十种意义：①（人类的）精力，生命的根源；②（与肉体相对的）精神，心，魂魄；③（脱离躯体的）灵魂、幽灵；超自然的存在，精灵，仙子；④（从智力、气质等角度看的）人，人物；⑤……精神，……魂；⑥心境，心情；性情，气质；⑦活力，勇气，气概，气魄；⑧思潮，时势；⑨（文件等的）精神实质，真实意义；⑩忠心。通过以上解释来看，"精神"一词的含义十分丰富，只有准确地把握"精神"的实质内

---

① 《习近平谈治国理政》第二卷，外文出版社 2017 年版，第 47—48 页。
② 新浪网：http://news.sina.com.cn/c/2009-02-01/041917125824.shtml.

涵，才能够更好地展开对精神家园的研究。

1. 西方思想家对精神现象的探索

古代西方思想家对精神现象的研究是从对人的灵魂的探索开始的。最初，人们只是觉得人的灵魂是不同于身体的东西，人的身体会死亡，而灵魂是不会死亡的。古希腊传说中的奥尔弗斯教的教徒"相信灵魂的轮回；他们教导说，按照人在世上的生活方式，灵魂可以获得永恒的福祉或者遭受永恒的或暂时的痛苦"[1]。毕达哥拉斯认为，灵魂"是个不朽的东西，它可以转变成别种生物"[2]。苏格拉底也坚决相信灵魂不朽，他在《申辩篇》中认为，死要么就是一场没有梦的睡眠，要么就是灵魂移居到另一个世界去，在另外一个世界里，他还可以继续对知识的追求。柏拉图认为，人的灵魂由三部分构成，即欲望、意志和理性。灵魂受爱欲支配，由对客观事物的爱发展到对荣誉的爱，最后发展到对智慧的爱。灵魂最终以理性战胜欲望和意志的过程，就是实现理想目标的过程。他认为欲望是灵魂中最基本、最低劣的东西，仅仅限于满足感官需要，意志则可能是高尚的，也可能是卑劣的。意志表现为勇气和力量，当一个人用意志引导精力去建设的时候，他就实现了高尚的意志。灵魂中最高尚的是理性或理智，理性是一切知识的目的，是永恒不灭的，它能保证人的今生和来世的幸福。柏拉图把灵魂不朽的观点同他对于信仰、知识、智慧和善的讨论联系在一起，探讨了善和智慧的关系，欲望和真理、知识的关系。亚里士多德是西方哲学史上第一个全面研究和论述了人的精神现象的思想家。他不同意毕达哥拉斯派关于灵魂可以轮回的学说，认为灵魂是同身体结合在一起的，灵魂"必定是在一个物体的形式的内部就潜存着生命的那种意义上的一种实质"，灵魂使身体成为一个有机的整体。他还区分了灵魂和心灵，认为心灵是"植于灵魂之内的一种独立的实质，并且是不能被毁灭的"[3]。亚里士多德认为，灵魂里面包含理性的成分和非理性的成分，其中非理性成分是在各种生物中都可以见到的生长和动物中存在的嗜欲，理性的成分则是指人的沉思。他认为沉思的理性生活是神圣的，是人的完满的幸福，一个人只要增加这种理性的神圣成分，他就可以具备最高的德行，也就可以成为不朽的人。亚里士多德对人的灵魂和心灵这一精神现象所做的多层次的系统分析非常深刻，尽管他所认为的灵魂是身体的形式，身体是灵魂得以存在的质料的观点并不一定

---

[1] 罗素：《西方哲学史》（上），商务印书馆1976年版，第40页。
[2] 罗素：《西方哲学史》（上），商务印书馆1976年版，第59页。
[3] 罗素：《西方哲学史》（上），商务印书馆1976年版，第221页。

恰当，但是他的论述为我们理解人的精神世界能够起到深刻的启迪作用。

在近代西方哲学史上，黑格尔对人的精神现象进行了详尽的分析。黑格尔认为，人具有两重性，一是人具有自然的方面、私欲的方面、个人主观的方面，一是人具有精神的方面、普遍神圣的方面、本质的方面。人的本质是思想、人的本质是精神，而精神的本质是自由。精神就是主客体的对立统一，是被理解者与理解者的统一，精神的本性在于通过否定之否定，从它的他物中，从对他物的克服中，来到自身。精神是自我认识的主体性，是人的自我意识。不过，人的自我意识形成之后，又要经过一条漫长而曲折的道路才能达到其最高本质的自由阶段。① 通过这些思想，黑格尔描述了在自身矛盾推动下经历辩证的发展变化而形成有机整体的精神系统。他把精神的发展分为主观精神、客观精神和绝对精神三大阶段，其中每一大的阶段又划分为若干个小的阶段。黑格尔认为，"主观精神"经历了灵魂、意识和自我规定着的精神三个阶段，它是个人意识的表现形态。"客观精神"则是个人内部精神的外部表现，具体指现实的、有血有肉的人的精神所创造的法律、社会、国家、风俗、习惯、伦理道德的世界。而"绝对精神"就是主客体的统一，是人的精神本质和自由本质的最后实现，因而也是人的精神的最高境界和最高形态。② 可以看出，黑格尔关于精神现象的描述是在绝对理念自我认识、自我发展的客观唯心主义体系中进行的，他所说的"精神"是不依赖于物质生产生活条件的独立存在，因而不能真正认识精神的本质，但是黑格尔关于精神现象的论述始终贯彻着人对自由的追求，他的思想对我们开展对精神问题的研究有重要的借鉴意义。

叔本华和尼采认为意志是人的心灵中的最重要的部分，他们强调意志对人的精神所起的支配性的作用。叔本华认为意志是人的固有欲求，在人心中表现为冲动、本质、欲望，是一种盲目的、无理性的、永不衰竭的创造力。世界的本原是生命意志，理性仅仅是意志的工具，意志的无止境的欲求是整个世界发展变化的根本动力。③ 尼采认为，世界的本质是权力意志，生命的本质也是权力意志，人的行为是由权力意志支配的，生命就是追求权力的意志，权力意志是人类的行为乃至整个世界发展变化的动力。人类的历史是由把权力意志发挥到顶点、体现绝

---

① 吴元梁：《精神系统和精神文明建设》，人民出版社2004年版，第222页。
② 吴元梁：《精神系统和精神文明建设》，人民出版社2004年版，第223—226页。
③ 骆郁廷：《精神动力论》，武汉大学出版社2003年版，第58—59页。

对的善的"超人"创造的，其他人的意志都要服从"超人"的意志。① 叔本华和尼采对意志的能动作用给予了前所未有的肯定，但是他们过分夸大意志的能动作用，认为唯有意志才是世界的本原，从而陷入了唯意志论的唯心主义和非理性主义泥沼，更沦为法西斯主义的理论依据和思想工具。

2. 中国古代思想家对精神世界的探索

"精神"这一术语在我国古代文献中的使用首见于庄子的《天下篇》，"独与天地精神往来，而不敖倪于万物，不谴是非，以与世俗处"②。《淮南子》在《精神训》的专篇中对"精神"这个术语进行了详细论述。但是，中国古代思想家对人的精神世界的探索不是在"精神"这个术语和范畴下进行的，而是以心、性、情、欲、知、意、理、道等术语和范畴来展开，对人的精神世界做了深入的探讨。

孔子没有正面提出和讨论人的精神世界是什么的问题，但是他通过对人的性、心、情、欲、知、思、志等的论述，描述了人的精神世界的方方面面。如他谈道"性相近也，习相远也"③，说明了人的先天本性同后天养成教化的关系。关于学和思，他说"学而不思则罔，思而不学则殆"④，"君子有九思：视思明，听思聪，色思温，貌思恭，言思忠，事思敬，疑思问，忿思难，见得思义"⑤，说明了为人处世应该具备的精神气度和人格修养。他还谈道"人无远虑，必有近忧"，告诫人们应该居安思危，常怀忧患之心，而不要安于现状，不思进取。作为儒家学说的创始人，孔子论述了以"仁"为核心、"克己复礼"为目的的儒家伦理道德学说，这一学说成为后来儒家学说阐述人的精神世界修养最重要的思想理论渊源。老子著《道德经》一书，既论证了天道观、人道观，也论证了精神观，从不同角度描述和论证了人的精神世界。老子云："故道大，天大，地大，人亦大。域中有四大，而人居其一焉。人法地，地法天，天法道，道法自然"⑥，阐明人在宇宙天地间的地位。老子云："知人者智，自知者明"⑦，讲人要知己知彼，方能有大智慧。他还说道："我有三宝，持而保之：一曰慈，二曰俭，三曰

---

① 骆郁廷：《精神动力论》，武汉大学出版社2003年版，第59页。
② 《中国哲学史教学资料汇编（先秦部分）》（下），中华书局1962年版，第605页。
③ 《论语·阳货》。
④ 《论语·为政》。
⑤ 《论语·季氏》。
⑥ 《道德经》第25章。
⑦ 《道德经》第33章。

不敢为天下先。慈，故能勇；俭，故能广；不敢为天下先，故能成器长"①，论述了对人的思想和行为的规范。《道德经》对人的精神世界的描述，包括了理性、情感、意志、感性、利欲、行为等诸多方面，老子主张虚其心、弱其志、少私寡欲，主张无为、无欲、不争。《道德经》对后人探讨人的精神世界也产生了重大影响。

战国时期孟子对人的精神系统做了详细分析，谈到了性、心、志、气、仁、义、礼、智等多方面的关系。孟子认为，人有共同的人性，他将人性称作心。他说，人有同嗜的口味、同听的耳声、同美的目色，难道"至于心，独无所同然乎？心之所同然者，何也？谓理也，义也"②。他对心做了详细论证，说："恻隐之心，人皆有之；羞恶之心，人皆有之；恭敬之心，人皆有之；是非之心，人皆有之。恻隐之心，仁也；羞恶之心，义也；恭敬之心，礼也；是非之心，智也。仁义礼智，非由外铄我也，我固有之也，弗思耳矣。"③孟子主张通过持志气做到不动心。他说："夫志，气之帅也；气，体之充也；夫志至焉，气次焉。固曰，持其志，无暴其气。"他认为，有了志，就会有气，"志壹则动气，气壹则动志也"④。因此，他主张善养浩然之气。孟子的这些思想对我们今天研究精神现象仍然有着重要的启发意义。

继孔孟之后，中国古代思想家围绕人的心、性、志、气、理、情等诸多方面展开了系统的探索，以儒家学说为根本谈论了他们对社会伦理规范以及个人修身养性的观点，更加丰富了中国古代精神思想的宝库。如战国时代的《管子》论述了治心的重要性，认为"心安，是国安也；心治，是国治也"⑤。《管子》认为，治心在于中，治言出于口，治事加于民，则百姓治矣、天下治矣。宋代张载主张"为天地立心，为生民立命，为往圣继绝学，为万世开太平"⑥。王阳明认为心是天地万物之本然，"至善是心之本体""圣人之所以为圣，只是其心纯乎天理而无人欲之杂"⑦。明清时期，王夫之以朴素唯物主义思想探讨了人的精神世界，他认为，气的阴阳动静变化才形成器，形成天地万物，才有道、理、性、

---

① 《道德经》第67章。
② 《孟子·告子上》。
③ 《孟子·公孙丑上》。
④ 《孟子·公孙丑上》。
⑤ 《管子·心术下》。
⑥ 《中国哲学史资料选辑（宋元明之部）》（上），中华书局1962年版，第130页。
⑦ 《中国哲学史资料选辑（宋元明之部）》（下），中华书局1962年版，第465页。

心，由于气的变化，天地、道、理、性才处于变化日新之中。他根据人的性、心、知的观点，讨论了天理人欲关系、知行关系和人的心志意关系。他认为，"意者，心所偶发，执之则成心矣。……盖在道为经，在心为志；志者，始于志学而终于从心之矩，一定而不可易者，可成者也。意则因感而生，因见闻而执同异攻取，不可恒而习之为恒，不可成者也"①。中国古代思想家们对人的精神世界的探索，虽然都是围绕封建时代的伦理纲常来阐发，有些思想也不一定正确，但是他们的这些思想都是思考人的为人处世、修身养性所做的积极探索，为后人的研究留下了宝贵的精神财富。

3. 精神系统的哲学剖析

由以上论述可见，人的精神世界是一个极其复杂的系统，甚至可以说它是自然界和人类社会中最为复杂的一个系统，因而，对精神现象的分析也就见仁见智，众说纷纭。在这里我们不可能提供一幅绝对完美的分析图景，而只能够结合中外思想家们对精神现象已有的分析做一简要介绍，以求对人的精神世界有一个更全面的认识，从而有助于对本文所探讨的精神家园有更加深入的了解。

按照我国学者吴元梁在他所著《精神系统和精神文明建设》中的观点，他将人的精神系统划分为潜意识、意识和行为三大子系统，各大子系统又划分为若干个小的精神因素系统，通过这样厘清精神现象各个系统、要素之间的关系，从而更好地揭示了人的精神活动的特点和规律，有助于我们更加清晰地认识精神现象。根据吴先生的观点，他所说的潜意识就是自发地产生而不为主体自觉地意识到，也不为主体自觉地控制的心理及行为过程②。这与弗洛伊德和荣格所说的无意识、前意识、潜意识这三个概念所表述的含义基本一致，潜意识系统是人的精神系统中不可缺少的重要组成部分。而意识系统就是指主体自觉地进行的心理活动过程及其成果所组成的系统。所谓自觉，就是主体已经从实践上和认识上将自身与环境区别了开来，将环境作为自身实践和认识的客体，将自身作为进行这种实践和认识活动的主体，从自身的存在及其发展出发去进行种种的心理精神活动。③ 意识现象很复杂，人们通常说的精神现象也就是指人的意识现象，因此，这里重点要对意识现象展开分析。关于行为系统，则主要从心理学的角度讨论了影响和制约人的行为的几种因素，如动机、能力、气质、性格、角色等，他着重

---

① 《中国哲学史资料选辑（清代之部）》，中华书局1962年版，第169页。
② 吴元梁：《精神系统和精神文明建设》，人民出版社2004年版，第262页。
③ 吴元梁：《精神系统和精神文明建设》，人民出版社2004年版，第275页。

考察的是人的主观世界对行为发动的影响，并不是考察行为的过程阶段和行为效果，这些方面已经不属于精神系统的范畴。关于精神系统中的行为发动，在此不做过多分析。

吴元梁将意识系统划分为知识系统、价值观念系统和情感意志系统三个子系统，它们互相联系，彼此影响，有机结合为一个整体，使主体能够有目的有计划地从事认识世界、改造世界的实践活动。其中，知识是主体的一种对象性认识，是关于对象是什么、对象怎样存在又怎样发展变化的认识。① 知识在人类社会和个体的发展中具有特别重大的意义，人类依靠关于环境和自身的知识以求得生存和发展的延续。知识又可以分为日常生活知识、职业工作知识和哲学知识，前两者分别具有直接经验性和专业性的特点，而哲学则是关于人和外部世界之间的一般关系的知识，它要求对人类生存和发展做出反思的、理性的思考和回答，在每个人的精神世界中都存在着一定的哲学知识系统。马克思把哲学称作"时代精神的精华"，他号召无产阶级把哲学当作自己的精神武器，让"思想的闪电"彻底击中"素朴的人民园地"，从而获得自身的解放。意识系统的第二个子系统是价值观念系统。价值观念是主体关于客体对于主体有什么意义和用处的观念，是主体应当怎样利用客体实现自己生存和发展的观念，是关于主客体相互关系的观念。② 它又包括主体价值追求系统、社会价值内化系统和价值观念评价系统。而其中最重要的就是价值观念评价系统，或曰价值理想系统，这是主体的价值追求和社会价值观念相互作用过程中形成的，用来对自身的、社会的各种价值观念做出评价并作为主体精神支柱的价值理想观念系统③，这种更为根本的价值观念通常以理想、信念、信仰、崇拜等形式出现。理想、信念和信仰是人的精神系统中处于较高层次的组成部分，也是人类精神世界的核心组成部分，一旦激发出来，它们往往能够产生巨大的精神力量，激励人们不断超越自我，奋勇前进。情感意志系统也是意识的重要组成部分，它包括人的情绪、情感和意志三个方面的内容。这三个方面对人的精神状态都会产生重要影响，特别是人的意志品质是一种非常宝贵的精神品质，它对人克服各种困难，实现既定目标起着非常重要的支撑作用。

通过以上分析，我们对人类精神世界有了一个初步的认识，这一认识为我们

---

① 吴元梁：《精神系统和精神文明建设》，人民出版社2004年版，第275页。
② 吴元梁：《精神系统和精神文明建设》，人民出版社2004年版，第283页。
③ 吴元梁：《精神系统和精神文明建设》，人民出版社2004年版，第287页。

开展对精神家园、中华民族共有精神家园的研究能够起到非常重要的帮助。根据以上论述，本文所研究的"精神家园"中的"精神"很显然不是指广义的与物质世界相对应的一切主观世界，而是指狭义的精神范畴，它包括人类知识系统特别是哲学思想、价值观念系统以及情感意志系统范畴在内，是由这些范畴所组成的人的思想观念的总和，正是这些范畴的集合构成了人类的精神家园世界。

1.1.2 马克思主义的有关论述

马克思主义创始人没有直接使用"精神家园"这一概念，但是他们关于社会意识、哲学精神、精神生产以及上层建筑等一系列深刻的论述为我们更好地理解精神家园提供了丰富的思想素材。通过对马克思主义经典作家关于人类精神意识现象的思想展开分析，能够使我们的研究更好地立足于辩证唯物主义和历史唯物主义基本观点，认识精神现象的本质，把握人类精神意识的能动作用，从而为本研究更好地提供思想指引。

1. 对物质和意识关系的论述

马克思主义认为，物质决定意识，社会存在决定社会意识，社会意识反作用于社会存在，这是辩证唯物主义和历史唯物主义的基本观点。马克思恩格斯认为，物质生产创造着人类社会生存和发展的物质基础，人类只有在解决了生存和发展的物质基础、物质条件的情况下才能从事精神生产，宗教、家庭、国家、法、道德、科学、艺术等等都不过是受生产普遍规律支配的生产的一些特殊方式。"思想、观念、意识的生产最初是直接与人们的物质活动，与人们的物质交往，与现实生活的语言交织在一起的。人们的想象、思维、精神交往在这里还是人们物质行动的直接产物。表现在某一民族的政治、法律、道德、宗教、形而上学等的语言中的精神生产也是这样。人们是自己的观念、思想等等的生产者，但这里所说的人们是现实的、从事活动的人们，他们受自己的生产力和与之相适应的交往的一定发展——直到交往的最遥远的形态——所制约。意识在任何时候都只能是被意识到了的存在，而人们的存在就是他们的现实生活过程。"① 这一论述很明确地指出，包括人类社会各种精神现象在内的社会上层建筑必定受一定时代的经济基础所制约，一定社会的物质资料生产的发展程度决定了社会精神生产的发展程度。

马克思恩格斯在论述社会存在决定社会意识的同时，也论述了社会意识的相

---

① 《马克思恩格斯选集》第 1 卷，人民出版社 1972 年版，第 30 页。

对独立性。他们认为，虽然社会意识归根到底是由社会存在决定的，也是随社会存在而变化的，但存在着社会意识与社会存在不同步地存在和发展的情况。社会意识经常落后于社会存在的变化，一种社会存在消灭了，但反映这种社会存在的社会意识却会长久地存在。马克思还说："人的思想跟不上事变的进程。"① 恩格斯在考察氏族社会向奴隶社会过渡的时候发现，虽然奴隶制度已经代替了氏族制度，但旧氏族时代的道德影响、因袭的观点和思想方式，还保存很久，只是逐渐才消亡下去。② 恩格斯还指出："每一个时代的哲学作为分工的一个特定的领域，都具有由它的先驱传给它而它便由此出发的特定的思想材料作为前提。因此，经济上落后的国家在哲学上仍然能够演奏第一小提琴。"③ 这进一步指明了社会意识的相对独立性。同时，社会意识不仅相对独立于社会存在，而且还能够正确反映社会存在，先进的社会意识能够预见未来社会的发展趋势。

2. 对精神力量的论述

马克思恩格斯在论述物质和意识关系的过程中，也充分认识到意识对物质、社会意识对社会存在的巨大反作用，他们深刻阐述了人的精神力量对人类社会生存和发展的重大意义。马克思指出："批判的武器当然不能代替武器的批判，物质力量只能用物质力量来摧毁；但是理论一经掌握群众，也会变成物质力量。理论只要说服人，就能掌握群众；而理论只要彻底，就能说服人。"④ 这充分说明了理论对于群众的重要性，广大无产阶级群众只有把先进的理论作为自己的精神武器，才能够摧毁压榨人民大众的物质力量。"一个民族要想站在科学的最高峰，就一刻也不能没有理论思维。"⑤ 马克思恩格斯十分重视哲学作为时代精神的精华所发挥的巨大作用，他们自己也以锐利的哲学武器同残酷的敌人做坚决的斗争。马克思指出："哲学把无产阶级当作自己的物质武器，同样，无产阶级也把哲学当作自己的精神武器；思想的闪电一旦彻底击中这块素朴的人民园地，德国人就会解放成为人。"⑥ "德国唯一实际可能的解放是以宣布人是人的最高本质这个理论为立足点的解放。……这个解放的头脑是哲学，他的心脏是无产阶级。"⑦

---

① 《马克思恩格斯全集》第12卷，人民出版社1962年版，第31页。
② 《马克思恩格斯全集》第21卷，人民出版社1965年版，第134页。
③ 《马克思恩格斯选集》第4卷，人民出版社1995年版，第704页。
④ 《马克思恩格斯选集》第1卷，人民出版社1995年版，第9页。
⑤ 《马克思恩格斯全集》第20卷，人民出版社1971年版，第384页。
⑥ 《马克思恩格斯选集》第1卷，人民出版社1995年版，第15—16页。
⑦ 《马克思恩格斯选集》第1卷，人民出版社1995年版，第16页。

马克思号召德国无产阶级运用哲学作为自己的精神武器,以进步的哲学精神引领时代的步伐,以求得无产阶级自身的解放。恩格斯在晚年更加注重对意识形态等上层建筑所具有的反作用做进一步的阐述,他指出:"根据唯物史观,历史过程中的决定性因素归根到底是现实生活的生产和再生产。无论马克思或我都从来没有肯定过比这更多的东西。如果有人在这里加以歪曲,说经济因素是唯一决定性的因素,那么他就是把这个命题变成毫无内容的、抽象的、荒诞无稽的空话。经济状况是基础,但是对历史斗争的进程发生影响并且在许多情况下主要是决定着这一斗争的形式的,还有上层建筑的各种因素:阶级斗争的政治形式及其成果——由胜利了的阶级在获胜以后确立的宪法等等,各种法的形式以及所有这些实际斗争在参加者头脑中的反映,政治的、法律的和哲学的理论,宗教的观点以及它们向教义体系的进一步发展。"① 可见,除了经济、政治因素之外,以思想理论形式表现出来的人类精神成果也是对历史斗争实际进程产生重要影响的因素。

3. 对宗教的批判

宗教是人类精神世界的一种特殊的产物。马克思恩格斯指出,宗教从一开始就是超验性的意识,这种意识是从现实的力量中产生的。宗教的苦难既是现实苦难的表现,又是对这种现实苦难的抗议。宗教是被压迫生灵的叹息,是无情世界的感情,是人民的鸦片。② 恩格斯描述了宗教在欧洲中世纪的巨大影响,指出那时的哲学、政治、法学都不过是神学中的科目,社会运动和政治运动都采取神学的形式,群众的切身利益也披着宗教的外衣。他认为,简单地把宗教说成是骗子手凑集而成的无稽之谈,是不能解决问题的,要根据宗教借以产生和取得统治地位的历史条件去说明它的起源和发展。马克思认为,"反宗教的斗争间接地就是反对以宗教为精神抚慰的那个世界的斗争""废除作为人民的虚幻幸福的宗教,就是要求人民的现实幸福。要求抛弃关于人民处境的幻觉,就是要求抛弃那需要幻觉的处境。因此,对宗教的批判就是对苦难尘世——宗教是它的神圣光环——的批判的胚芽"③。马克思认为,对宗教的批判是其他一切批判的前提,对无产阶级现实处境的反抗首先就要废除那"作为人民的虚幻幸福的宗教",使苦难人民从宗教对人的精神奴役和束缚中解脱出来。"这种批判撕碎锁链上那些虚构的花朵,不是要人依旧戴上没有幻想没有慰藉的锁链,而是要人扔掉它,采摘新鲜

---

① 《马克思恩格斯选集》第4卷,人民出版社1995年版,第695—696页。
② 《马克思恩格斯选集》第1卷,人民出版社1995年版,第2页。
③ 《马克思恩格斯选集》第1卷,人民出版社1995年版,第2页。

的花朵。对宗教的批判使人不抱幻想，使人能够作为不抱幻想而具有理智的人来思考，来行动，来建立自己的现实；使他能够围绕着自身和自己现实的太阳转动。宗教只是虚幻的太阳，当人没有围绕自身转动的时候，它总是围绕着人转动。"① 在这里，马克思用诗一般的语言描绘了对人民群众摆脱精神束缚，实现自身解放的向往。当然，对宗教的批判只是对一切现实批判的开始，摧毁旧的上层建筑，除了对宗教进行批判，彻底解除它对人们思想的奴役以外，还要对现实的法权体系和政治制度进行批判和摧毁，从而建立起与新的经济基础相适应的上层建筑。马克思和恩格斯关于宗教这一精神现象的批判，对于我们理解人类的精神世界和精神家园具有十分重要的作用。

1.1.3 精神家园的内涵、类型及特征

1. 精神家园的内涵

根据前述对精神现象进行的哲学分析，本书所探讨的"精神"是从狭义上来理解，它是包括人类各种知识特别是哲学知识、以理想信念信仰为核心的价值观念以及情感意志在内的人的思想观念的总和。"家园"一词的本意从物理意义上来说是指供家庭共同体日常生活的专用空间，它往往是与住宅联系在一起的。把"精神"和"家园"两个词组合在一起构成"精神家园"这一合成词，它相对于人类的物质家园而言，是一个比喻性的说法，表明了人在精神和情感上的归宿，是人在精神上停泊的港湾。从这个意义上来说，"家园"可以理解为是由文化认同所引发的精神上的归属感、思想上的一致性和思维上的一贯性，在文化认知上表现为对作为民族文化之根的思想传统、精神理念、文化习俗乃至生活方式的认同、尊崇和追随。② 欧阳康教授认为，精神家园可以泛指人们的心灵追求和精神期盼，它在更多的场合则是指建立在理性思维和理想信念基础之上的文化认同和精神寄托。③ 借鉴这一观点，我们认为，所谓精神家园，就是指人的精神支柱、情感寄托和心灵归宿，它是建立在文化认同的基础上，由文化体验、认知模式、价值观念、情感方式、理想信念、信仰体系等多种要素有机构成的精神文化系统。对个人而言，精神家园就是其内心精神世界与心灵归宿，是对其生活世界中具有价值与意义的东西的认识与追寻；对一个民族而言，则与其民族文化内在关联，是一个民族在文化认同基础上产生的文化寄托和精神归宿，包含了一个民

---

① 《马克思恩格斯选集》第1卷，人民出版社1995年版，第2页。
② 侯小丰：《精神家园、情感依恋与马克思主义哲学中国化》，《学术研究》2007年第9期。
③ 欧阳康主编《民族精神——精神家园的内核》，黑龙江教育出版社2010年版，第1页。

族经过长期的历史积淀所形成的特有的传统、习惯、风俗、精神、心理、情感等。① 作为文化和文明的历史性积淀，精神家园"种植"了一个地域或民族文明的基因，构成了民族延续的精神血脉和民族生命之树的根。黑格尔曾说："一提到希腊这个名字，在有教养的欧洲人心中，尤其是我们德国人心中，自然会引起一种家园之感。"② 可见，历经千年而不衰的希腊文化已经深深化作欧洲人的精神故乡，崇尚自由的欧洲人在古老的希腊神话中寻找到了他们的精神依归，而正是这种"家园"般的精神依归延续了欧洲的民族文化和现代文明。

2. 精神家园的类型

任何精神家园都是属于其主体的精神家园，精神家园的主体既可以有个人作为其主体，也可以有群体作为主体，而作为群体的主体按照不同的群体范围又可以区分为家庭群体、社区群体、企业群体、城市群体，以及更大范围的政党、民族、国家，甚至整个人类本身就是一个最大的群体。因此，根据这些不同的主体范围，精神家园也可以相应地划分为不同的类型。

一是个体精神家园。每个人自己都有着对其生命意义独特的体验和感悟，并以此为基础建构起他自己坚信不疑的、被认作是其生存的根本及其生命意义之所在的终极价值和目标体系。精神家园作为个体的精神支柱、情感寄托和心灵归宿，它从根本上推动和主导着个体的未来发展。作为一种精神存在，个体精神家园以其自身独特的价值形态表达着人与自身、人与社会、人与自然之间的内在关系，向人们展示了美好的未来前景。个体精神家园具有鲜明的个性化与多样化的特点。从精神家园本身来看，它是个体主观建构的理想境界，同个体自身所处的环境和经历密切相关。这就决定了个体精神家园会因人而异，每个人在建构其精神家园的过程中表现出个性化和多样性的特点。因为精神家园是为主体认知、认同和内化在其个人的思维方式之中的价值选择，而每个人的生活阅历、知识积累和生命感悟的程度都存在着差异，每个人都有自己的不同价值选择，都有对真、善、美的不同认识和体会，这就决定了个体精神家园个性化和多样化的特点。但是，人们个体精神家园的个性化和多样化并不能代替群体精神家园所反映的主流价值观念，个体精神家园总是依托于一定范围的群体精神家园，并有一个主流的价值取向引导和统领着人们个体的价值观念。

二是社区精神家园。社区本身就是人们生活在其中的物质家园。但是人类除

---

① 欧阳康主编《民族精神——精神家园的内核》，黑龙江教育出版社2010年版，第5页。
② 黑格尔：《哲学史讲演录》第1卷，商务印书馆1959年版，第157页。

了物质的追求，还要有精神的需要，因此，社区建设还应该开展精神文明建设，努力建设社区文化，使社区成员拥有共同的精神家园，满足人们精神文化的需要。一般来说，社区精神家园建设着重要从提高社区居民文明素质，开展社区居民公民道德教育，营造和谐共建的社区文化，维持社区治安秩序等方面进行。社区是人们每天居住和生活的地方，良好的社区环境有利于保持心情舒畅，形成良好的邻里关系，提高人们的生活品质和幸福指数。这就需要加强社区精神家园建设，营造温馨和谐的社区文化，使社区居民共同建设和维护社区文明，把社区建设成为美好的物质家园和精神家园。

　　三是政党精神家园。一个政党的精神家园一般都体现在政党的纲领或章程中，反映了政党成员所共同拥有的理想信念以及政党所要实现的价值目标，它是每个政党成员的精神归宿和精神支柱，是激励和鞭策所有政党成员共同为之奋斗的重要精神力量。与个体精神家园相比，政党精神家园具有很强的约束性和强制性，因为它是每个成员在加入这个组织时都经过了慎重选择和庄严宣誓的，政党成员需要把政党的理想信念内化成自己的内心信念，自觉地完成组织所确定的目标任务，共同为政党所设立的目标而努力奋斗。如果有成员背离了政党的理想目标，或是违反了政党的纪律，就要被组织开除。正因为政党精神家园所具有的这些特点，才能够使政党成为一个严密的组织，才能够保证政党目标的实现。

　　四是民族共有精神家园。民族共有精神家园是群体精神家园中十分重要的一种类型。民族共有精神家园是在民族认同和文化认同的基础上所形成的民族精神和文化系统，它体现着民族成员的共同理想和价值追求。其中，民族文化是民族共有精神家园的土壤根基和资源宝库，民族共有精神家园的建构需要在传承民族文化的基础上不断进行变革和创新。如果脱离了一个民族的文化，民族共有精神家园就如同一朵没有根茎的花朵，会因为缺乏养料而枯萎。民族精神作为一个民族的思想观念、价值信念和心理特征的总和，是民族成员所共同拥有的社会化和普遍化的精神形态。黑格尔认为民族精神是构成一个民族意识的其他种种形式的基础和内容，民族的宗教、民族的政体、民族的心理、民族的立法、民族的风俗，甚至民族的科学、艺术等等都会带有民族精神的标记。[①] 民族的价值体系是包括一个民族的理想信念、价值取向、信仰系统、价值评价等多种因素在内的价值系统，而其中的核心价值体系在民族共有精神家园中占据着最重要的地位，它统领着民族成员和整个社会的价值观念，是弘扬和培育民族精神，推动民族发展

---

① 黑格尔：《历史哲学》，王造时译，上海书店出版社2001年版，第64页。

的内在动力。

3. 精神家园的特征

根据前述对精神家园含义和类型的理解，这里重点对民族共有精神家园的特征进行分析，可以概括为以下几个方面的特征：

第一，共同性与个别性。精神家园的共同性就是指某一民族的全体成员对民族的文化、理想信仰、民族精神产生共同的体验、理解与感受，并通过他们共同的生产生活社会实践活动体现出来。在这里，民族的全体成员成为精神家园的基本单位，民族共有精神家园由民族的全体成员共同塑造、共同拥有，并影响、制约、规范着整个民族成员的言行。民族精神家园作为一种带有广泛性、稳定性和普适性的精神文化现象，它成为民族成员共同的心理、思想和信念。在多元文化背景下，民族共有精神家园的共同性确保着民族的辨识度，是区分世界上各个不同民族的重要标志。民族精神家园以其共同性规定着精神家园的传承与稳定，而其个别性则决定了民族精神家园具有与时俱进和不断发展的特点。民族共有精神家园的个别性表现在民族的精神文化离不开每个个体成员对它的认同、接受和自觉，民族精神家园既是整个民族的精神支柱，又是内化于个体心理意识、言论行为中的"精神细胞"。精神家园的个别性首先表现为每个民族所特有的文化现象，每个民族总是在一些特定的文化现象上突出地彰显出自己民族的精神家园特性。德国人精神文化中的思维严谨、信仰虔诚、性格刚毅；法国人的浪漫、崇尚自由与民主、革命与共和精神；英国人富于探索和冒险、勇于创新、重视传统的精神；俄罗斯人好战尚武、顽强不屈、坚忍不拔的精神；等等，都表现了他们自己民族独具特色和个性的精神家园。辜鸿铭在《中国人的精神》中把中国人的精神特性概括为"他们过着一种心灵的生活"，因而缺乏精确的习惯，这是一种"宁静祥和的心态"，它"充满想象力的理性"，让我们看清了万物的生命，这就是中国人的精神。[①] 这从一个方面反映了中国人精神家园的独特个性。精神家园的个别性还表现在特定的历史人物或历史事件对民族的精神家园所产生的影响。虽然民族的精神家园具有稳定性，但是民族历史上一些特殊的历史事件和人物往往最能彰显这个民族的品格，从而成为民族精神家园的闪光点。在中华民族的历史上，从屈原、苏武、岳飞、文天祥到林则徐、秋瑾、谭嗣同，从李大钊、鲁迅、刘胡兰到雷锋、焦裕禄、郑培民，无不体现了伟大的历史人物对民族精神家园建设的特殊作用。

---

① 辜鸿铭：《中国人的精神》，黄兴涛、宋小庆译，人民出版社2010年版，第46—48页。

第二，现实性与超越性。精神家园是人类精神文化生产的重要成果，体现了人们对人类世界的认识、理解和感悟。一方面，精神家园建立在一定的物质基础之上，受到特定时代物质条件的制约，并与该时代的政治、经济、文化紧密相连，是特定时代的物质生活条件以及政治、经济、文化在人们思想观念上的反映。因此，精神家园具有深刻的现实性。另一方面，精神家园还具有超越性。由于构成精神家园的诸要素如理想信念、信仰体系、价值观念、文化模式等不仅是对现实世界的直接反映，而且它们还超越于现实世界而对人类未来世界进行描绘，从而引领人们社会实践的前进方向。因此，精神家园又是人类自我创造的意义世界和理想境界，它来源于现实而又超越现实世界，为人类朝着美好的未来世界努力奋斗提供前进的动力和指南。正因为精神家园具有超越性的特点，它为民族和国家的发展前景进行了远景设计和规划，一个民族的共有精神家园就能够为民族的发展提供强大的精神动力和民族凝聚力，激励着全体成员为实现民族的伟大梦想而不懈奋斗。

第三，传承性与时代性。任何一个民族的精神家园都是人类社会实践的产物，是在人类求生存求发展的实践过程中产生和逐步形成的。民族精神家园的形成不是一朝一夕能够实现的，而是经历了数十代甚至上百代人的长期实践、思考、总结、提炼、升华、传承孕育而成的。它是贯穿于民族延续发展过程中带有持久性、稳定性的根本精神的提炼，是民族文化延绵不断的历史传统和文明的结晶。作为民族优秀传统文化的凝结，民族精神家园的基本内容是相对稳定的。任何一个民族精神家园在发展过程中，必然要结合本民族的历史文化传统，在消化、吸收和弘扬本民族优秀传统文化的同时，构建新的符合时代潮流的精神家园。民族精神家园只有深深地植根于本民族的文化传统之中，与本民族的历史传统保持同一性，才具有深厚的文化底蕴，从而具有强大的凝聚力和影响力。民族共有精神家园与本民族的传统精神文化之间有着这种水乳交融的联系，这就是精神家园的传承性。正是由于这种传承性的特点，我们在研究现时代的民族共有精神家园建设过程中，就有必要对历史上的民族精神家园展开研究，从民族的优秀传统文化中汲取养分。同时，民族精神家园还具有时代性。民族的精神家园随着社会的进步是不断转化的，从而在不同历史时期表现出具体的时代特点。所有的历史评论和认识，都会不经意地打上特定历史阶段的烙印，精神家园也不例外。民族精神家园作为复杂的精神文化系统，作为时代思想精华的凝结，它必然随着时代变迁和社会发展进步而被赋予鲜活的时代内容。总之，一个民族的共有精神家园既是有着深厚的历史积累和积淀，又是一个随着时代进步而与时俱进的精神文化体系。民族共有精神家园的建构必须把握好传统与现代、继承与创新之间的关系，既保持传统，吸取传统文化精华为精神家园提供深厚的历史底蕴，又与时代接轨，吸取时代精神以获得发展的活力与动力。

第四，民族性与开放性。民族共有精神家园反映了民族成员对本民族主体文化的认同与归属感，体现了一个民族独特的精神风貌和性格特征，是一个民族区别于其他民族的重要标志。从这个意义上说，民族精神家园应该具有本民族的鲜明个性。孟德斯鸠对欧洲国家的民族性做了生动的阐述，他曾谈道："在南方的国家，人们的体格纤细、脆弱，但是感受性敏锐……在北方的国家，人们的体格健康魁伟，但是迟笨，他们对一切可以使精神焕发的东西都感到快乐。"北方的气候使得这里的人民"邪恶少，品德多，极诚恳而坦白"，而"当你走近南方的时候，你便将感到自己已完全离开了道德的边界"。[①] 斯大林以英吉利人、美国人和爱尔兰人进行对比，说明他们虽然语言相同，但因生存条件不同而形成了各自的"共同心理素质"，这一"共同心理素质"是民族形成的必备条件，也是反映一个民族共有精神家园的重要组成部分。民族性是民族发展进程中与生俱来的个性特征，其中蕴含着民族精神，规定着民族精神的特殊性。每个民族在建设精神家园的过程中，要充分保持自己的民族文化与民族个性，防止在全球化过程中泯灭自己民族所独有的精神个性。保持民族精神家园的民族性并不意味着一个民族要与世隔绝、自我封闭，排斥世界其他民族优秀文化和精神文明成果。与此相反，民族精神家园的建构还要坚持开放性的原则。所谓民族精神家园的开放性，就是要把建设民族精神家园作为开放的系统，积极吸取其他民族文化精神中的优秀成果，在保留自身传统的前提下，持续融合，整合创新，从而始终保持民族精神家园旺盛的生命力和广泛的适应性。现代民族精神家园是开放的、流动的，不断地吸收世界各民族优秀的文化因素，只有在不断地对话与交流中才能更好地构建出具有现代性的新质文化。人类历史发展表明，世界文明就是在不同文明体系相互碰撞、互相融合的过程中，不断向前推进的。一个有自信心的民族，应当使自己的文化具有海纳百川的气魄和能力，这是永远保持民族精神家园生机和活力的源泉所在。

第五，抽象性与能动性。民族精神家园作为一个民族文化认同基础上的精神文化系统，它以抽象的潜在的形态存在着，基于社会生活中人们对现实的思索与体验，是人类思想与智慧的积淀。民族精神家园作为一个民族生存和发展中的精

[①] 孟德斯鸠：《论法的精神》上册，张雁深译，上海人民出版社1961年版，第230页。

神文化、灵魂归宿,在民族社会生活实践的各个方面居于支配性和统摄性的地位,具有高度抽象性和超越性的特点。因此,在把握民族精神家园时往往难以直观把握,很难用简明的语言高度准确地概括出它的定义和内涵,因而就需要从各个角度来进行概括和总结,详细地分析其内涵的组成要素,从而得出对这一精神文化系统更为准确的认识。建立在文化认同基础上的精神文化系统,它与一般意义上的文化还有区别,精神家园虽然由文化构成,但是它不像一般的文化现象可以比较直接地用现实的事物加以把握,例如城市建筑所体现出来的城市文化,中国书法所蕴含的传统文化,但是由价值观念、文化模式、民族精神、性格情操所构成的精神文化系统本身就难以具体地加以描述了,因此精神家园就显得更为抽象。它不以独立的形式出现,所以看不见、摸不着,但是在现实生活中,它又是无处不在、无时不有的。它渗透于民族的政治法律思想、哲学理念、道德修养、宗教信仰、科学艺术等各个意识层面之中,对民族心理产生熏陶和制约作用,构成人们的精神港湾和情感归宿,从而成为民族成员心灵深处的精神支柱。除了抽象性,精神家园还具有很强的能动性。作为民族成员的精神支柱、情感寄托和心灵归宿,民族共有精神家园具有强大的感召力、感染力,它表现为民族的亲和力、凝聚力和向心力,从而为民族的强盛提供强大的精神支柱和智力支持,对维系民族团结、维护国家稳定起到巨大的促进作用。特别是当一个民族面临生死存亡的危急关头时,民族共有精神家园所激发出来的精神能动性会更加巨大而猛烈,会像火山爆发般激起整个民族的革命热情,展现出强大的精神动力,从而推动社会实现超常规的发展和变革。伟大的抗日战争,使古老的中华民族激发出前所未有的能量,亿万中国人民构建起强大的精神家园,推动抗日战争最终走向胜利,正是精神家园能动性的生动写照。

1.2 中华民族:从民族融合到自觉认同

研究中华民族共有精神家园,首先有必要对中华民族从民族融合走向自觉认同的历史进程做一分析,因为中华民族是共有精神家园的主体、承载者,民族共有精神家园是由中华民族所创造,并随着中华民族的社会实践而不断发展。对中华民族发展演进历史的分析,有助于加深对民族共有精神家园这一概念的理解,对实现中华民族伟大复兴历史使命的自觉体认。正如费孝通先生所说:"中华民族作为一个自觉的民族实体,是近百年来中国和西方列强的对抗中出现的,但作为一个自在的民族实体则是几千年的历史过程所形成的。"① 我们在这里对中华民族的形成发展历程做一简单的回顾。

1.2.1 古代的民族融合与中华民族的形成

中华民族历史悠久，在中华大地上曾生活着许许多多分散的民族单元，他们之间经过交流与融合，同时伴随着分裂与消亡，共有56个民族延续到今天。在古代传说中，黄帝是中华民族共同的祖先。《大戴礼记·五帝德》记载："黄帝，少典之子也，曰轩辕。生而神灵，弱而能言，幼而慧齐，长而敦敏，成而聪明。治五气，设五量，抚万民，度四方……"传说中黄帝部落和炎帝部落是中原地带的两大氏族集团，后两大氏族集团发生冲突，黄帝部落战胜炎帝部落，炎黄部落结为联盟，成为后来华夏族的主干。在中华民族形成的历史上，发生过三次大的民族大融合。第一次民族大融合发生在春秋战国时期。在这一时期，各诸侯国争地以战，纷纷通过改革实现变法图强，出现了百家争鸣的局面。在前所未有的大争斗、大统一、大分化、大融合中，华夏文明得到更新和发展，也得到了更大范围的承继与认同。这一时期频繁的交往，密切的政治经济联系，以及华夏文明坚实而富有活力的文化内核，吸引着周边民族，不少原来被当作蛮夷戎狄看待的民族，接受了华夏族的生活方式、文化观念，而成为华夏族的组成部分。经过春秋战国时期的发展，秦、楚、吴、越先后融入华夏，由于他们的加入，使华夏族从北方民族发展成为地跨黄河、长江流域的整个中国的主体民族。秦汉时期，通过秦始皇推行郡县制，统一度量衡，统一货币和文字，汉武帝"罢黜百家，独尊儒术"，为各民族的进一步融合奠定了坚实的基础，直接促成了华夏族向汉族的转化。第二次民族大融合发生在魏晋南北朝时期。这一时期，各民族在战乱中相互渗透融合，北方的少数民族大规模内迁，一些少数民族在内迁的过程中主动学习汉族先进文化知识，学习农耕生产方式，汉族文化和少数民族文化相互融汇吸收，以儒家文化为核心的中华文化得到各族人民的认同，促进了民族融合的进一步发展。隋唐时期，统治阶级主张修文德以服远，采取宽厚的民族政策，使经过魏晋南北朝的民族大融合至唐朝时期形成了更多民族、更大规模的统一，出现了"胡、越一家"、天下一家的鼎盛局面。唐灭亡后的五代十国及宋辽金时期是我国历史上第三次民族大融合时期。在这一时期，北宋和南宋的军事力量比较弱，而许多少数民族政权在汉族先进的经济、文化影响下迅速崛起，至元和清两个朝

---

① 费孝通：《中华民族多元一体格局》，中央民族学院出版社1989年版，第1页。

代则都是由少数民族统治者建立的政权。他们在入主中原以后,大力推崇儒学,定官制、立行省、备礼乐、行科举,这一时期民族融合的程度和范围都超过以往任何时代,促进了中华民族多元一体格局的形成和发展。可以说,经过宋、元、明、清时期的发展,中华民族的内部关系更趋合理、稳定和密切,中华民族多元一体的格局得到进一步巩固和扩大。正是因为有了这样的基础,面对19世纪末到20世纪初帝国主义的屡次入侵,中华民族不仅没有内部分裂,反而在内忧外患中更加团结,形成了整体的"中华民族"观念。

1.2.2 "中华民族"观念的产生与广泛认同

从根本上说,"中华民族"概念及其思想观念的出现,是鸦片战争以来不断加剧的民族危机的产物。各国列强对中国一再变本加厉的侵略扩张,加重了中国境内各民族人民的灾难,同时也逐步唤醒了他们的民族意识。这种民族意识在一些先进的知识分子中首先得到阐扬,并使得他们在救亡图存的政治活动中采取一致行动。1895年,清政府在甲午中日战争中战败,被迫与日本签订丧权辱国的《马关条约》,引起国内一片抗议之声。康有为联合18省举人上书朝廷,沉痛地指陈当时严峻的民族危机,要求"破除旧制,更新大政",实行政治改革。满族人寿富创办知耻学会,他认为知耻方知自强,借鉴"西学自强之新术",才能摆脱亡国的厄运。梁启超在为知耻学会写的"叙"中指出,中国四万万"轩辕之胤"应耻于"为臣为妾为奴为隶为牛为马于他族"[①],他号召海内外同胞通过不断的自我训诫合群以自强,以此"振兴中国,保全种族"。满洲贵族盛昱目睹国家积贫积弱、列强瓜分势力范围的现状,大声疾呼:"起我黄帝胄,驱彼白种贱,大破旗汉界,谋生皆自便。"[②] 主张全体中国人不分民族,联合一致共御外侮。这表明各民族在救亡图存运动中已摆脱狭隘的民族主义界限,开始将中华民族认同为一个民族共同体。

尽管严峻的民族危机和救亡图存运动已使"中华民族"观念浮出水面,但这一概念从被提出到认可还是经历了一个复杂的过程。率先使用"中华民族"一词的是梁启超,他在1902年《论中国学术思想变迁之大势》一文中说:"齐,海国也。上古时代,我中华民族之有海权思想者,厥惟齐。故于其间产出两种观念焉,一曰国家观;二曰世界观。"[③] 后来,他在《历史上中国民族之观察》一

[①] 梁启超:《饮冰室合集》(文集2),中华书局1989年版,第67页。
[②] 张菊玲:《清代满族作家文学概述》,中央民族学院出版社1990年版,第279页。
[③] 梁启超:《饮冰室合集》(文集7),中华书局1989年版,第21页。

文中又数次使用"中华民族"一词，他指出："今之中华民族，即普通俗称所谓汉族者"，它是"我中国主族，即所谓炎黄遗胄"，他还分析了先秦时期除了华夏族之外的其他八个民族，并用他们最后大都融入华夏族的史实来论证"中华民族自始本非一族，实由多数民族混合而成"①。在这里，尽管梁启超仍把"中华民族"作为汉族的代名词，但显然他已经不是把汉族看作单一的民族，而是由多民族"混合而成"，这就昭示着"中华民族"这一概念最终必将成为各民族共同体的统一名称。由此可见，在承认"中华民族"代表着历史上长期由各民族混合而成的民族共同体的认识上，梁启超已具有了相当的自觉性。梁启超之后，晚清立宪派代表人物杨度也使用"中华民族"一词，阐发他的民族观念和对于民族问题的看法。他认为"中华民族"不同于西方主要以血统来区分的种族概念，而是一文化概念，"乃为一文化之族名"，"经数千年混杂数千百人种，而称中华如故"②，这实际是对中国特有的文化民族观念的现代阐发，从他的阐发中已经包含了现代"中华民族"观念含义的雏形。梁启超、杨度等人对于"中华民族"的阐发，代表着晚清时期中国社会在民族观念上的转变，即以历史连续性、文化包容性来看待汉民族形成和发展的历史。在严重的民族危机面前，这种具有包容性的民族观念有助于民族共同体意识的激发，有助于团结以汉族为主体的各民族力量共渡难关。

当然，在清朝末期，立宪派与革命派思想交锋激烈，知识分子对民族认同还没有形成一致的观点，各种政治力量对"中华民族"形成认同共识是在辛亥革命以后中华民国的建立与发展时期。在这一时期，孙中山的民族观产生了至关重要的影响，而中华民国的建立则在体制上确保了中华民族认同的实现。孙中山的民族思想起初具有浓厚的排满革命性，他所提出的同盟会革命纲领"驱除鞑虏，恢复中华"就明显体现了这一特征。但孙中山所主张的排满革命已经完全超越了狭隘的民族主义境界，他主张把满族统治者和满族人民区别开来。中华民国的建立，为辛亥革命前已经萌生的中华民族观念的广泛流传提供了广阔的舞台，也为国内各民族的平等融合提供了可能性。民国初期，孙中山接受"五族共和"思想作为处理国内民族关系的准则。他在《中华民国临时大总统宣言书》中宣告："国家之本，在于人民。合汉、满、蒙、回、藏诸地为一国，即合汉、满、蒙、回、藏诸族为一人。是曰民族之统一。武汉首义，十数行省先后独立，所谓独

---

① 梁启超：《饮冰室合集》（文集41），中华书局1989年版，第4页。
② 王晴波编《杨度集》，湖南人民出版社1986年版，第374页。

立，对于清廷为脱离，对于各省为联合，蒙古、西藏亦同此。行动既一，决无歧趋，枢机成于中央，斯经纬周于四至。是曰领土之统一。"① 同时，《中华民国临时约法》规定："中华民国人民一律平等，无种族、阶级、宗教之区别"，从制度上保障各民族平等，也非常有利于"中华民族"观念的深入人心，使其渐被广泛接受。以民主共和国的形式缔造统一的"中华民族"，是孙中山的伟大历史贡献。从此，中国民族主义运动以殖民地的身份反抗作为宗主国的西方列强，以民族革命抗争帝国主义，紧密地和世界潮流联系在一起。②

1.2.3 抗日战争促成中华民族的精神觉醒

伟大的抗日战争是中国人民自鸦片战争以来第一次取得完全胜利的民族解放战争，它洗雪了近代以来中国人民抗击外国侵略屡战屡败的民族耻辱，创造了半殖民地弱国打败帝国主义强国的奇迹，显示了中华民族伟大觉醒所迸发出的巨大力量。胡锦涛在纪念抗日战争胜利60周年大会上指出："伟大的抗日战争，唤起了全民族的危机意识和使命意识。在中华民族反抗外来侵略的历史上，从来没有像抗日战争这样，民族觉醒如此深刻，动员程度如此广泛，战斗意志如此顽强。""抗日战争，既是一场军事实力和经济实力的较量，更是一场意志和精神的较量。"③ 经过这场战争，浴火重生的中华民族在精神上、组织上的进步达到了前所未有的高度，古老的中华民族焕发出巨大凝聚力和旺盛生命力。抗日战争锻造出了崭新的中华民族和伟大的民族精神，使中华民族的觉醒达到新阶段。抗日战争时期，中国共产党提出建立抗日民族统一战线的主张，得到全国各派政治力量和各阶层的广泛响应，成为坚持抗战并赢得抗战胜利的政策保证。毛泽东在《为动员一切力量争取抗战胜利而斗争》一文中，满怀信心地说："只要四亿五千万同胞一齐努力，最后的胜利是属于中华民族的！"④ "中华民族"这一概念，成为抗日战争时期最响亮的号召、最鲜明的旗帜。正如学者徐迅所说，抗日战争"最终把'中华民族'凝结为一个共同体，中国人的民族意识在承担生死存亡共同命运的关头发扬光大"。抗日战争"第一次从社会整体上唤醒了中国人民的民族意识，锻造了'中华民族'的整体感情"⑤。正是在这一伟大历史进程中，中华

---

① 《孙中山全集》第2卷，中华书局1982年版，第2页。
② 徐迅：《民族主义》，中国社会科学出版社2005年版，第262—264页。
③ 《胡锦涛在纪念抗日战争胜利60周年大会上的讲话》，2005年9月3日。
④ 《毛泽东选集》第2卷，人民出版社1991年版，第357页。
⑤ 徐迅：《民族主义》，中国社会科学出版社2005年版，第265—266页。

民族凝结成团结一心的共同体，塑造了全民族的共有精神家园，从而赢得了抗日战争的伟大胜利，迎来了中华民族伟大复兴的历史开端。

1.3 中华民族共有精神家园的概念和内涵

前面探讨了人的精神现象以及精神家园的含义，分析了中华民族由多元文化融合走向民族自觉认同的历史进程。在此基础上，我们就可以进到对中华民族共有精神家园概念的探讨了。

1.3.1 中华民族共有精神家园的含义

党的十七大首次提出"中华民族共有精神家园"的概念，十七届六中全会再次强调，要加强社会主义精神文明建设，建设中华民族共有精神家园，为人类文明进步做出更大贡献。习近平总书记在十二届全国人大一次会议闭幕会上的讲话中指出："中华民族具有5000多年连绵不断的文明历史，创造了博大精深的中华文化，为人类文明进步作出了不可磨灭的贡献。经过几千年的沧桑岁月，把我国56个民族、13亿多人紧紧凝聚在一起的，是我们共同经历的非凡奋斗，是我们共同创造的美好家园，是我们共同培育的民族精神，而贯穿其中的、更重要的是我们共同坚守的理想信念。"[①] 习近平总书记的这一讲话虽然没有直接使用"中华民族共有精神家园"的概念，但是对我们加深对民族共有精神家园概念的理解具有重要的启迪作用，同时，也说明中华民族共有精神家园历经了漫长历史岁月的洗礼，在中国共产党的领导下实现了民族独立和解放，开辟了民族复兴的伟大征程，才能够把各族中华儿女紧密地凝聚在一起，为了共同的理想信念而奋斗。

目前，学术界关于中华民族共有精神家园的概念没有形成一个统一的说法，但普遍都是围绕民族精神家园的形成、功能以及民族精神、民族文化等角度来展开论述的。有的学者从民族共有精神家园的形成角度来理解，如纪宝成教授认为，民族共有精神家园是建立在个体精神家园基础之上，集腋成裘，聚沙为塔，最终形成的作为民族独特精神气质和共同价值取向起作用的精神家园。[②] 欧阳康教授认为，对中华民族共有精神家园的理解可以从多个角度进行分析，其中，从原始生成看，精神家园是中华民族成员基于其生存的自然和社会环境而生成的精

---

① 《习近平同志在十二届全国人大一次会议闭幕会上的讲话》，2013年3月17日。
② 纪宝成：《弘扬中华优秀传统文化建设民族共有精神家园》，《教学与研究》2008年第4期。

神文化，是对其原初自然属性的超越和对其物质生活及精神追求的反思，精神家园的形成表征着中华民族的精神自觉。从历史演进看，不同历史时期的中华民族共有精神家园有不同发展程度和不同的内涵，但有一些一以贯之的核心内容深入民族文化心理的潜意识，内化为民族的文化本能，长时期以来都为中华民族成员所高度认同。① 有学者从民族共有精神家园的功能角度来理解，认为民族共有的精神家园是中华民族认同和尊崇的心灵寄托、灵魂安顿和精神归宿的安身立命之所。还有学者将民族的文化视为该民族共有的精神家园，认为民族的文化凝聚着该民族对世界和自身的历史认知和现实感受，积淀着这个民族最深层的精神追求和行为准则。葛晨虹教授认为，民族精神及其文化传统就是一个民族栖息本质自我的精神家园，是一个民族安身立命、获得精神支柱和不竭发展动力的终极所在。我们无论身处何处，都可以在我们的文化观念和精神向往中，在我们"乡愁"式的情感寄托中，找到我们所归属的那片精神家园。② 李德顺教授认为，中华民族共有精神家园就是指中华民族这个共同体所拥有和依托的精神家园，是指这个共同体历史形成并发展着的、具有精神支撑功能的精神文化系统，是成为全体民族成员精神生活依托和归宿的一个文化空间。它是每个自我认同的中国人都在内心深处自觉不自觉地"心系之，情系之，命系之"的社会文化形态。③

学术界关于中华民族共有精神家园含义的探讨从各个角度深化了对这一研究对象的认识，对于我们从事这方面的研究有着非常重要的启发作用。借鉴当前学术界取得的研究成果，本书认为，所谓中华民族共有精神家园，是指中华民族全体成员在民族文化自觉认同的基础上形成和发展着的，以全民族的理想信念、价值观念、文化模式、民族精神和情感方式等多种要素有机构成的具有精神支撑功能的精神文化系统。对这一概念的理解要注意以下几个方面的问题：

首先，中华民族共有精神家园是建立在对民族文化自觉认同的基础上的。关于"认同"，它主要体现为对精神文化的认同，这种精神文化以共同价值和价值观为标志，主要是指我国各民族认同程度最高、最普遍、最具典型性的价值观念，它是中华民族的精神旗帜和标志。这种认同具有大众化的信念和信仰功能，是人民大众安身立命的精神依托。作为中华民族的精神生活传统和文化命脉，这种认同是中华民族生存发展实践的切实反映和积淀，它不仅仅停留在人们的头脑

---

① 欧阳康主编《民族精神——精神家园的内核》，黑龙江教育出版社2010年版，第7页。
② 葛晨虹：《论民族精神的社会功能》，《道德与文明》2007年第1期。
③ 李德顺：《关于"共有精神家园"的几点思考》，《北京日报》2009年4月20日第17版。

中，而是与中国人民的整体命运密切相连。

其次，关于精神家园的"共有"。在汉语字典中，"共"的意思主要有：①相同、一样；②彼此都具有、使用或承受；③一起、一齐；④总计、合计；⑤与、和。"共有"就是指共同具有，在法律上指公共的或联合的所有权、占有权。根据对"共有"的理解，精神家园的"共有"则是指各族人民群众作为主体对精神家园的共同拥有。李德顺教授把"共有"理解为"共生""共识""共建""共享"，值得我们借鉴。"共生"，就是指民族共有精神家园是由中华民族共同体在生存发展过程中土生土长并不断吸纳各种文化而造就的一种独特文化体系。"共识"，指这一精神文化系统是在人民日常生活中共同认可和接受的精神价值系统。"共建"，即是说民族共有精神家园是由中华民族各阶层的人们共同建设而成。"共享"，指民族共有精神家园是属于中华民族全体成员共同享有的文化权利体系和精神生活空间。

再次，关于民族共有精神家园的"形成"和"发展"。如前所述，中华民族从自在的民族实体发展成为自觉的民族实体，经历了漫长的历史过程，到了近现代特别是辛亥革命以后这种自觉认同的进程加速，抗日战争时期，在中国共产党领导全民抗战的历史进程中，中华民族逐渐形成一个坚不可摧的民族自觉共同体，"用我们的血肉筑成新的长城"，在这一过程中才能够形成全民族所共有的精神家园。中华人民共和国的建立，使"中华民族"这一民族共同体获得了正式的政治和法理依据，为全民族的共有精神家园确立了坚实的政权保障，从而为中华民族共有精神家园的发展奠定了坚实的条件和深厚的土壤。由此可见，作为全民族所共有的精神家园，它的形成和发展有一个从自在到自觉的历史过程。

最后，关于民族共有精神家园的"要素"和"系统"。很显然，"精神家园"是一个非常复杂的精神心理学问题，它具有高度的抽象性，要想运用逻辑、描述和实证的方法把它说清楚非常困难，更何况是"中华民族"的"共有精神家园"。因此，本书在借鉴学术界研究成果的基础上，将"中华民族共有精神家园"作为一个整体的精神文化系统，并将其分解成若干个要素加以分析。根据前文对精神系统的论述，我们可以把民族共有精神家园这一整体精神文化系统分解成民族的理想信念、价值观念、文化模式、民族精神、情感方式等多个组成要素。这些要素规定了民族共有精神家园的发展方向、内部结构和整体框架，它们在民族共有精神家园系统中处于最重要的地位。其中，理想信念表明了社会成员对美好社会和生活的共同追求和向往，并矢志不移为之奋斗的坚定决心。一个民族的价值观念是指导社会成员对世界形成正确认识和态度的观念形态，在当代中国,马克思主义是中华民族价值观念的内核,是社会主义核心价值体系的灵魂。理想信念和价值观在民族共有精神家园中处于核心地位,是引领民族前进的精神旗帜。文化模式是指统治阶级所坚持的社会主流文化形态及其对待本国传统文化和外来文化的态度,它构成民族共有精神家园的土壤根基。民族精神是一个民族生存和发展的精神支柱,它是为民族大多数成员所认同和接受的思想品格、价值取向和道德规范,是一个民族的心理特征、文化传统、思想情感等的综合反映。随着时代的不断发展,还会赋予民族精神不同历史时期的时代内涵,形成时代精神。把这些要素综合起来形成有机统一的整体,就构成了一个完整的精神文化系统,形成中华民族共有精神家园。本书对延安时期民族共有精神家园的研究,也将围绕这些具体的精神文化要素展开分析。

1.3.2 中华民族共有精神家园的功能

中华民族共有精神家园是全体中华儿女的精神支柱和心灵归宿,是人们对祖国表达热爱之情的精神港湾,是激励人们为民族复兴不懈奋斗的强大精神动力。它的功能主要体现在以下几个方面:

第一,情感寄托功能。精神家园是人们的心灵港湾,它具有情感寄托和心灵依归的重要功能。正因为它具有这一功能,才使精神家园在人们的日常生活中具有不可替代的作用。一方面,精神家园是一种形象的说法,看不到也摸不着,但是它却可以在人们的内心中产生深深的共鸣。当人们拥有了精神家园,人们心中的诸多情感诸如幸福感、安全感、归属感、信任感等等就得到了寄托和归宿,当人们拥有了这些情感,人的精神就在精神家园中找到了归属,从而使人们能够切身地感受到精神家园的存在。如同个体精神家园一样,民族共有精神家园的形成更加能使民族成员在其中找到情感的寄托和释放,增加民族成员对他所生活的民族集体的热爱。另一方面,精神家园在寄托人们的情感,同人们的心灵进行交流的过程中,它还可以成为人们行动的指南和导向,体现在人们日常生活的言行举止当中。

第二,价值导向功能。精神家园是生命的价值追求和终极关怀,因而具有价值导向的作用。精神家园作为一个精神文化系统,它无论是对个人还是民族群体,都具有重要的价值导向作用。一个民族如果没有统一的精神取向和价值要求,就不可能形成统一的意志和价值目标,也不可能有维系自身的凝聚力和向心力。民族共有精神家园是一个民族作为主体所共同认同和接受的价值理念、追求目标,因而是民族精神、情感、意志和准则的集中体现。民族共有精神家园就像一座航标,指引着民族成员的追求方向。由于民族共有精神家园积淀着民族发展的心路历程，凝聚着民族的道德价值和精神追求，在平静的社会生活中，它像四通八达的神经维系着民族成员的身心，捍卫着本民族认同的价值标准；在急剧的社会变迁中，它维系并牵引着民族躁动不安的心理，使之朝向正确的方向前行。

第三，精神激励功能。精神激励是民族共有精神家园的重要功能之一。精神家园作为人的精神支柱、情感寄托和心灵归宿，它是人们安身立命的根本，是激励民族成员一往无前的强大动力。对于个人来说，特别是在遇到困难和挫折的时候，精神家园是支撑人们继续前行的动力，是抚慰人们心灵伤口的一剂良药。对于一个民族来说，民族共有精神家园更是增强民族团结、促进民族发展的强大精神动力。抗日战争时期，无论身处何地的海外华侨，无不被祖国抗战的召唤所牵挂、所打动，在民族共有精神家园的激励下，他们克服重重困难回国参战，报效祖国，显示出了民族精神家园所具有的强大的精神激励作用。

第四，凝聚人心功能。民族共有精神家园能够形成强大的民族凝聚力，具有凝聚人心的重要功能。民族凝聚力是使民族及其成员保持在民族群体内的向心力或合力，它伴随着民族文化的发展、民族意识的增长而得以加强。一个民族的民族精神是民族凝聚力、向心力形成并发挥作用的思想基础，是一种能够激发民族成员为实现全民族的共同目标而不懈奋斗的精神力量。民族共有精神家园的凝聚功能不是一种制度上的强制力，而是"信念""情操""良知"所起的作用，是民族成员所秉持的集体规范和道义力量。这种力量通过民族成员间在文化心理、认识水平、感情倾向、思想态度方面的相互交流、相互制约和推动，形成整个民族共同的心境和心态，受这种内在强力所推动和制约，人们规范和引导自己的行为，从而增强民族国家的整体功能，切实地为民族的强盛提供精神支柱和智力支持。可以说，任何一个民族，如果没有昂扬奋进的民族精神，没有坚韧不拔的民族品格，没有万众一心的民族志向，总之，如果没有强大的民族共有精神家园，就不可能在世界民族之林占有一席之地。

1.3.3 几组相关概念的比较

1. 民族文化

党的十八大报告指出，文化是民族的血脉，是人民的精神家园。从这一意义上说，民族文化同民族共有精神家园是具有同一种含义的两种表达方式，建设中华民族共有精神家园就是要不断丰富、发展和弘扬中华文化，使中华文化成为引领中华民族实现伟大复兴的精神旗帜。有学者将民族精神看作是精神家园的灵魂与纽带，将民族文化看作是精神家园的土壤和根基，这一认识是很深刻的。一般而言，民族文化是一个民族的生活方式，是以符号的形式所体现出来的民族的价值观念，它包含一个民族的器物文化、制度文化、精神文化和行为文化四个层面。民族文化的内容和要素极其丰富多彩，单从民族的精神文化层面来看，就包含了诸如民族心理、思维方式、审美情趣、道德情操、理想信念、科学技术、文学艺术等诸多内容。民族文化是一个民族在其历史发展中创造和发展起来的具有本民族特点的文化，它既具有文化的一般特质，也带有本民族的特色。民族文化反映着该民族历史发展的水平，是孕育民族精神的母体和源泉，是建设民族精神家园的深厚土壤和根基。本书所研究的民族精神家园主要指的是民族的精神文化层面，特别是指一个民族的文化模式、价值观念、理想信念、信仰体系和情感方式等，这些方面是民族共有精神家园最主要的构成要素。

2. 民族精神

民族精神是一个民族在长期共同生活和实践中逐步形成和培育起来的，并通过他们特定的社会行为方式表现出来的思想观念、价值信念、性格与心理的总和。作为一种特定的文化现象，民族精神是一个民族共同的思想品格、价值取向和道德规范的综合体现，是被高度综合和概括了的一个民族的共同的精神品质和风貌。① 民族精神是民族的"守护神"，是民族之魂。它是直接寓于民族意识中的具有最高的自觉性、整体性、普遍性和超越性的意识和信念，是民族意识的真理与核心所在，它远离民族的劣根性，闪烁着"积极""进步"的光环。民族精神又是民族文化的精华和灵魂，是民族文化中最为核心也最具普遍性和统摄作用的因素。从这种意义上来说，一个民族的民族精神就是全民族共有精神家园的灵魂和核心，甚至有许多学者将民族精神直接等同于民族共有精神家园，认为建设中华民族共有精神家园就是要在新的历史时期不断发扬以爱国主义为核心的团结统一、爱好和平、勤劳勇敢、自强不息的民族精神。本书将建立在抗日民族统一战线基础上的爱国主义民族精神作为延安时期中国共产党构建民族共有精神家园的主要内容之一，全面论述延安时期中国共产党发扬爱国主义传统，凝聚中华民族力量的历史进程。

延安精神是中国共产党在继承、丰富和发展中华民族优秀传统精神基础上形成的具有时代品质的民族精神的精华，是中国共产党在延安时期的革命实践中，以马克思列宁主义为指导，对中华民族优秀的传统精神文明继承、扬弃、提炼、

---

① 张曙光主编《民族信念与文化特征——民族精神的理论研究》总序，人民出版社2009年版，第2页。

升华的结果。它不仅深深植根于源远流长、博大精深的中华民族精神，而且渗透了无产阶级革命精神的精华，成为中华民族宝贵的精神财富。1942年，毛泽东就指出，延安同志们的精神"完全是布尔什维克的精神"。延安精神是中国共产党在延安时期全部优良传统和优良作风的概括，我们党把它的主要内容概括为：坚定正确的政治方向；解放思想、实事求是的思想路线；全心全意为人民服务的根本宗旨；自力更生、艰苦奋斗的创业精神[1]。研究延安时期中国共产党构建民族共有精神家园，当然离不开对延安精神展开探讨，不过不是单独来剖析延安精神的主要内容，而是把延安精神作为中国共产党构建民族共有精神家园的核心内容，从民族共有精神家园的理想信念范畴展开论述。

3. 民族意识

民族意识作为一种特殊的群体意识，是指某一民族在自身形成与发展中，在争取生存的实践中所逐渐凝聚的、具有共同性的观念。民族意识是民族成员对本民族与他民族交往的自主性、独立性、整体性、生产生活方式、习俗观念、行为观念等诸方面，以及个体的民族相属性的认知与体验结果。这种心理认知与体验结果既凝结着共同体中个体的认知与体验，又凝结着共同体的集体认知与体验，并潜移默化地影响着民族个体因素。民族意识指导与约束着个体带着自己民族的印记与烙印，以本民族的意识准则来进行认知和交往活动。民族意识是民族心理的核心部分，是表征一个民族共同性的显著特征。民族认同感、归属感，民族自尊心、自豪感，民族凝聚力、向心力以及民族崇拜等都是民族意识的重要内容。[2] 民族意识可以分为"自在"和"自为"两种存在形式，自在的民族意识是民族群体对于自身的存在方式和环境的生理、心理反映和直接体现，在这一层面上，民族意识还处于心理意欲和文化本能的阶段，没有达到精神上的自觉。自觉的民族意识是对民族历史及其传统的有意识地反映和把握，它是由初级的民族意识发展而来的具有反思向度和能力的自觉意识，这一层面的民族意识是民族传统得以传承并不断推陈出新的文化生命所在。民族意识并不完全等同于民族精神家园，但民族意识特别是自觉的民族意识是民族共有精神家园的重要组成部分，同时也可以把民族共有精神家园看成是自觉民族意识的一种系统的表达和体现。只有具备强烈民族意识的民族共同体才能够形成强大的共有精神家园，才能够产生强大的民族凝聚力和向心力。

---

[1]《毛泽东邓小平江泽民论弘扬和培育民族精神》，学习出版社2003年版，第319页。
[2] 李静：《民族心理学教程》，民族出版社2006年版，第256—258页。

4. 民族心理

民族心理就是民族基于共同物质和精神生活之上的、表现在心理活动诸方面的、具有相对稳定性和独立性的心理特征。① 民族共同心理融会在其载体——共同的物质和精神生活之中，不同的民族共同心理又铸就各具特色的民族物质和精神生活，并通过民族物质文化和精神文化得以体现。一般来说，同一民族共同体成员内部有着彼此相近的血缘关系，有着大致相同的语言文字、生产方式、宗教信仰和统一的社会制度，民族共同体以其稳定的结构整体影响着各个民族成员，使其成员不仅具有相似的身体形态、心理活动水平，而且具有相似的个性心理特征及行为方式。这一切又作用于民族团体，使民族团体形成较稳定的社会实体。可见，民族共同心理与民族共有精神家园之间有密切的联系，民族共同心理通过民族共有精神家园得以体现出来，民族共有精神家园的形成又能够进一步强化民族心理。

5. 民族性格

民族性格又被许多学者称为"民族群体人格"，它是指一个民族在共同的文化背景和特定的社会历史条件下形成的对社会与他人稳定的、共同的态度和习惯化了的行为方式。② 民族性格是民族文化在其成员心理上的投射，生活在同一民族群体中的人，由于大致相同的生存环境、文化背景以及宗教信仰、习俗等，从而铸就了本民族的群体性格。民族性格具有稳定性的特征，它是一个民族共同体全体成员长期共同生产斗争和社会斗争的文化结晶，是民族文化的心理表现形式，它受着本民族生产生活方式、社会习俗、法律、信仰、制度、民族意识、世俗舆论的维护与不断强化，一些传统的心理特点经过民族特有的社会化过程，变成了约定俗成的、习惯化了的思维方式或思想方法并代代相传。如同性格能够决定一个自然人的命运，民族性格对一个民族的生存发展也起着至关重要的作用。一个愚昧懦弱的民族将会任人鱼肉，而坚强勇敢的民族在遭遇外敌侵略时能够和衷共济、同仇敌忾，抵御外侮。在中国近现代历史上，众多思想家讨论了中国人的"国民性""民族性"的问题，大抵就是对中国人的民族性格的探讨。由上可见，一个民族的民族性格与民族精神家园的形成有着十分重要的关系，具备优良性格品质的民族能够形成强大的民族共有精神家园，而懦弱愚昧的民族则很难产生向心力，形成团结向上的精神力量。

---

① 李静：《民族心理学教程》，民族出版社2006年版，第178页。
② 李静：《民族心理学教程》，民族出版社2006年版，第453页。

第二章
延安时期中国共产党
构建民族共有精神家园的基本概况

滔滔延河水，承载了民族的重负；巍巍宝塔山，唤起了备受欺凌的中国人民。在面临严峻民族危机的近代中国，延安成为中国人民心中的革命圣地，成为广大爱国青年热心向往的革命热土。何其芳在《我歌唱延安》的诗中写道："延安的城门成天开着，成天有从各个方向走来的青年，背着行李，燃烧着希望，走进这城门。"① 1935年10月，党中央率领中央红军经过长征到达陕北后，这里成为中国革命的中心，从此，中国革命进入了一个崭新的时代。延安时期是中国共产党走向成熟的重要历史时期，也是中国共产党带领全国各族人民开启中华民族伟大复兴征程的重要里程碑。这一时期，党领导全国各族人民团结一心，砥砺奋斗，构建起全民族的共有精神家园，筑起了中华民族坚固的精神长城，赢得了抗日战争和新民主主义革命的伟大胜利，为实现中华民族复兴奠定了坚实的基础。

2.1 延安时期民族共有精神家园建设的历史背景

2.1.1 近代以来民族精神家园面临的危机

中华民族是世界上历史悠久的伟大民族，曾经创造了灿烂辉煌的古代文化，历经数千年的中华文明延绵不绝，锻造了中华民族的凝聚力和自强不息的民族精

---

① 申沛昌、高杰编《延河情怀》，陕西人民教育出版社1999年版，第35页。

神。步入近代以来，伴随着鸦片战争的爆发，中国逐渐沦为半殖民地半封建社会，传统的中国文化已经不能适应新的时代要求。面对"天朝上国"日益衰微的悲惨境遇，古老的中国文化亟待实现向近现代的转型，处在这一历史条件下的中国人民面临前所未有的精神家园上的危机，他们迫切地需要寻找到新的精神文化寄托，以先进的文化形态挽救民族危亡的命运。

近代以来，面对国家和社会的危机，先进的知识分子在向西方学习、寻找新的精神家园过程中，经历了一个从器物到制度，再到思想文化的艰难认识历程。其中，率先主张了解和探求西方知识，向西方寻求真理的是林则徐和魏源。他们主张学习西方的科学技术知识，仿造西方先进的炮舰，"师夷长技以制夷"。魏源还编纂了巨著《海国图志》，向人们介绍世界各国的历史地理知识，增强人们对西方国家的了解。在封建、愚昧落后的专制体制下，"师夷长技以制夷"口号的提出，无疑给极端困苦的中国人民带来思想上的震动，对封闭保守的传统文化造成严重冲击。但是，这一口号一开始就遭到封建统治者的攻击和反对，被斥之为"有失天朝大吏的体面""一派胡言"①。兴起于19世纪60年代的洋务运动，是封建统治者为维护封建统治所进行的一场以标榜"自强"和"求富"为中心内容的自救运动。面对中国社会"千古未有之变局"，洋务派认识到中国欲图自强，必须睁眼看世界，寻找自身不足，学习西方先进的科学技术。他们以"中学为体、西学为用"为指导思想，主张采用西方国家的军事装备和工业技术，兴办近代军事工业和民用工业，创办新式学校，培养技术人才。虽然洋务运动最终以失败而告终，但它的兴起加快了中国近代化的步伐，促进了近代文化的转型。中日甲午战争以后，面对灾难深重的民族危机，以康有为为代表的维新派提出在中国建立立宪政治体制，"君与国民共议一国之政法""以国会立法，以法官司法，以政府行政，而人主总之"②，以挽救日益加深的民族危机和社会危机。梁启超在上海创办《时务报》，主张救亡之道惟有变法自强，认为"开议院""兴民权"是国家摆脱危机之本。严复在天津创办《国闻报》，抨击封建君主专制制度，号召向西方学习，变法图强。他还翻译《天演论》一书，介绍"物竞天择、适者生存"的进化论学说，激发国人救国图存的爱国热情。维新变法运动是资产阶级改良派自上而下推行的变法改良，它促进了近代中国人民思想上的启蒙，但是由于其自身的软弱性，它也不可能带领中国人民寻求到自立自强的民族精神家园。

---

① 刘健清、李振亚主编《中国近现代政治思想史》，南开大学出版社1993年版，第16页。
② 陈国庆主编《晚清社会与文化》，社会科学文献出版社2005年版，第14页。

1905年，孙中山创立中国同盟会，主张"驱除鞑虏、恢复中华、建立民国、平均地权"，他把这16个字解释为"民族""民权""民生"的三民主义。孙中山认为，民族主义就是把反满与建立资产阶级统一的民族国家结合起来，民权主义就是反对封建专制统治，建立资产阶级共和国，民生主义就是平均地权，以防止资本主义矛盾所带来的社会问题。三民主义的提出是对封建传统思想文化的彻底批判，它体现了中国近代资产阶级思想文化发展的基本要求，尽管它还存在一定的历史局限性，但这个代表了资产阶级政治要求的纲领在思想上达到了当时的最高水平，成为广大爱国知识分子追寻救国救民真理的精神家园。辛亥革命推翻了君主专制，成立中华民国，颁布了中国历史上第一部资产阶级共和国宪法《中华民国临时约法》，中国社会的近代转型在制度层面取得重大成就。但是由于资产阶级的软弱性，辛亥革命的成果被袁世凯窃取，这场轰轰烈烈的资产阶级革命最终以失败告终。它的失败说明，以资产阶级革命派为代表的知识分子依然不能够带领中国人民寻找到救国救民的真理，依然不能够带领中国人民建立起共同的精神家园，中国人民在探求传统文化的现代转型、追寻民族精神家园的艰辛历程中注定还有更长的路要走。

2.1.2 国民党专制主义文化思潮泛滥

南京国民政府成立以后，国民党和蒋介石就极力加强在思想文化领域的统治，他们一方面宣扬法西斯主义，另一方面提倡"尊孔读经"的复古主义教育，企图以此建立起国民党专制主义思想文化体系，加强对全国人民的精神文化控制。

首先，国民党民族主义文化甚嚣尘上。1934年，国民党政府发起以"礼义廉耻"为内容的新生活运动，成立以陈立夫为首的"中国文化建设协会"，提倡恢复中国的固有文化与道德，从而达到巩固国民党统治地位的目的。以陶希圣为代表的一批国民党文人联名发表《中国本位的文化建设宣言》，号召从事"中国本位的文化建设"，不要模仿英美和苏俄，对传统文化"存其所当存，去其所当去"，对欧美文化"吸收其所当吸收"，从而以变相的"中体西用"论抵制全盘承受外国文化，抵制效仿苏俄和全盘西化，宣扬国民党的封建复古思想。在20世纪30年代初，国民党当局还策划一批反动文人发起所谓的"民族主义文艺运动"，鼓吹文艺的最高意义就是民族主义，中国文坛艺坛面临的危机就是"对于文艺缺乏中心意识"，即缺乏"民族意识"。他们号召开展"以民族意识为中心思想的文艺运动"，反对无产阶级大众文艺理论，极力美化国民党蒋介石的专制独裁政策。茅盾曾指出："国民党维持其反动政权的手段，向来是两方面的：残酷的白色恐怖与无耻的麻醉欺骗"，所谓民族主义文艺，便是对人民大众的"白色恐怖以外的欺骗麻醉的方策"，是"国民党的白色文艺政策"，他们口中的"民族利益"就是"统治阶级的利益"。民族主义文艺运动"干干脆脆地鼓吹屠杀""完全暴露了法西斯的面目"①。这一评价道出了国民党民族主义文艺运动的实质。

其次，大肆宣扬法西斯专制独裁思想。法西斯主义作为一种国际性的社会政治反动思潮，于30年代初开始在中国形成气候。在1931年5月召开的国民会议开幕词中，蒋介石就公开亮出了法西斯主义的旗号。他说，当今世界除君主专制外，有三种政治理论：即"共产主义之政治理论"，它"不适于中国产业落后情形及中国固有道德"；"自由主义之政治理论"，即英美式民主主义，它"高唱自由，各据议席，群疑满腹，众难塞胸"，造成"今岁不征，明年不战，使共产党坐大"；"法西斯蒂之政治理论"，"认定国家为至高无上之实体，"系"进化阶段中统治最有效能者""国家主义既为神圣，纵横发展，遑恤其它"②。由此可见蒋介石对法西斯主义的推崇。其后，在他的倡导下，全国掀起一股宣传法西斯主义的浪潮，《中国革命》《社会主义月刊》等几十种刊物专门宣传法西斯主义。他们公然叫嚣法西斯主义为"中国所急需"，国民党"要注射法西斯蒂的新血液，才有出路"，要用"法西斯蒂的阶级协力主义"对付"普及于大部中国共祸"，"消除一般深入民心的阶级仇恨"。③他们号召以法西斯主义"扫荡国内动荡不安"，并以此"更生国家的灵魂""发扬我们中国的固有道统"④，以达到"复兴民族"的目的。抗战中后期，国民党统治区形成的反动文化团体"战国策派"专门从事法西斯主义的宣扬，他们鼓吹"权力意志""英雄史观"，主张建立"超人主义"的独裁政治，使中国的法西斯主义理论更加体系化。

最后，鼓吹"一个主义、一个政党、一个领袖"。"一个主义、一个政党、一个领袖"的主张是中国法西斯主义最主要的内容，是蒋介石南京国民政府建立以后一直宣扬的。1939年初，国民党召开五届五中全会，其后又制定《国民精神总动员纲领》，蒋介石还发表《三民主义之体系及其实行程序》的演讲，强调

---

① 张静如主编《中国共产党思想史》，青岛出版社1991年版，第178页。
② 刘健清、李振亚主编《中国近现代政治思想史》，南开大学出版社1993年版，第313页。
③ 转引自张静如主编《中国共产党思想史》，青岛出版社1991年版，第290页。
④ 刘健清、李振亚主编《中国近现代政治思想史》，南开大学出版社1993年版，第314页。

人民群众不会运用民权,现在不能实行"宪政",只能实行"军法之治"的"军政",要以国民党来"管理一切",实行"以党治国""以党建国",从而使"一个主义、一个政党、一个领袖"的法西斯主义老调重又甚嚣尘上。特别是1943年蒋介石发表《中国之命运》一书,更加完善了他的这一理论。蒋介石在书中吹嘘他领导废除了"百年来不平等条约",实现了"国民革命初步的成功",自诩为孙中山事业的当然继承者,把他和国民党说成是抗战建国的领导者和中国前途命运的主宰者。他得出的结论是:"没有了三民主义,中国的建国工作就失去了指导的原理。所以三民主义是国家的灵魂。""没有中国国民党,中国的建国工作就失去了发动的枢纽。所以中国国民党是国家的动脉。"三民主义"不独是中国悠久的文化,和民族崇高的德性之结晶,而且为现代世界潮流必然的趋势","没有中国国民党,那就是没有了中国"①。

2.1.3 沦陷区奴化教育对精神家园的瓦解

日本帝国主义发动全面侵华战争以来,为了消灭中国人民的反抗斗争,瓦解占领区人民的民族意识,巩固对占领区的统治,日本侵略者极力加强对占领区的思想文化控制。他们采取的做法有:

第一,为了替侵华战争寻找理论根据,极力宣扬"侵略战争有理"的谬论。这些谬论,一曰为复兴东洋文化而战。他们说,欧战以来,"民本主义文明"渐次丧失其进展,使世界陷入对立和混乱之涡中,而共产主义则"举世界达到秩序丧失之状态",欲救治此等无秩序之世界,必须求助于东洋之家族主义。二曰为求日本之发展。他们叫嚣"日本民族之大陆发展,为宿命的事实"。三曰为了从欧美压迫下"解放"中国民众。日本侵略者极力为侵华战争蒙上一层种族主义面纱,他们说,发动侵华战争是为了"驱逐苏联的共产主义和击退欧美资本的支配势力","防止共产党的侵入,并从欧美资本和军阀的压迫中解放中国民众"。四曰为了促使中国"反省",放弃排日方针。② 由此可见,日本侵略者为了达到其侵略中国的目的,编造各种极其荒谬的理由来支持它的侵略行径,以此来麻痹中国人民的反抗意志。

第二,大肆鼓吹"王道主义",用帝国主义殖民思想麻痹中国人民的意志。日本侵略者为了达到"剿灭共党"的目的,大肆向沦陷区人民鼓吹"王道主

---

① 转引自张静如主编《中国共产党思想史》,青岛出版社1991年版,第291页。
② 刘健清、李振亚主编《中国近现代政治思想史》,南开大学出版社1993年版,第328—330页。

义"。他们说，共产主义和三民主义都不适合中国，而"王道"最适合于中国民族之生活。"王道"理论认为："生育万物之天地主宰者，名之为天帝，居人类社会而代表天地者，乃为天子。"天子奉行天意，"临其国土，统治万民"，万民"仰天子为民之父母，听从王命，服其指导统制"。如有"冥顽之徒"不服王命，则对之"加以刑戮，或征讨镇定"①。日本侵略者鼓吹的"王道""皇道"，是把中国封建主义神权思想赋予帝国主义殖民掠夺的内容，其目的是妄图用儒家的"天命论"来麻痹中国人民的思想，用帝国主义的殖民侵略思想来毒害中国人民。他们所宣扬的"王道"其实就是赤裸裸的侵略。

第三，宣扬以"王道"为灵魂的"新民精神"，瓦解沦陷区人民的反抗斗志。日本侵略者在侵华过程中，大力推行"以华制华"方针，扶植汉奸作为侵略者的帮凶，在华北沦陷区大力鼓吹"新民主义"。他们说，孔子所说"吾道一以贯之"，就是"人与天地同流"。"新民精神的人格就是与天地同流，与天地同其利，与天地同其名"，只有这样，"方能消除斗争，这就是王道"。"优者善者，适于道也，顺应自然之法则者也。劣者恶者，不适于道也，违反自然法则者也"，人类要生存，必须"向善以适其生，去恶以保其善"②。汉奸们所讲的"新民精神"，其实就是"奴隶精神"。面对日本侵略者的罪行，他们大讲逆来顺受者为"善"，从事斗争者为"恶"，要人们去"恶"扬"善"，其实质就是让中国人民放弃同日本侵略者的斗争，甘心充当"顺民"。可见侵略者的险恶用心。

第四，伪造新民主义的"三民主义"，借机宣扬尊孔复古思潮。沦陷区的汉奸们阉割孙中山的革命的三民主义，伪造出新民主义的"三民主义"。他们说，新民主义的民族主义以"克己复礼"为宗旨，克己包括格物、致知、诚心、正心、修身，复礼包括齐家、亲乡、治国、平天下。"只有克己复礼，这才是我们治国的要道"。新民主义的民权主义以"君子政治"为本。他们说："政治的主权政府的原动力，不在于人民，亦不在于政府，而在于能奉行天道的人。"他们鼓吹以"道义"制定宪法，这种"道义"所要求的宪法是"五伦"（君臣、父子、夫妇、兄弟、朋友）宪法，所要求的政治是"三礼"（天礼、地礼、人礼）

---

① 刘健清、李振亚主编《中国近现代政治思想史》，南开大学出版社1993年版，第330页。
② 刘健清、李振亚主编《中国近现代政治思想史》，南开大学出版社1993年版，第328—330页。

政治。新民主义的民生主义的要旨有二：一曰"劳资协调"，二曰改良"人生精神"①。在日本大举入侵中华大地的情况下，沦陷区的汉奸们却要中国人民"克己复礼"，用儒家的封建伦理道德束缚人们的思想，其目的是泯灭中国人民的民族意识，充当日本侵略者的"良民"，他们叫嚣的"三民主义"其实质就是地道的民族投降主义、民族卖国主义。

2.2 中国共产党是构建民族共有精神家园的领导者

近代以来，面对西方帝国主义的坚船利炮，中华文明失去了往日的光辉，中国人民陷入了深深的苦难与彷徨之中。中国共产党从诞生之日起，就将实现民族解放和人民幸福作为自己不懈奋斗的目标，在马克思列宁主义的指导下努力构建起中华民族共有精神家园，带领中国人民踏上民族复兴的伟大征程。正如毛泽东所说："灾难深重的中华民族，一百年来，其优秀人物奋斗牺牲，前仆后继，摸索救国救民的真理，是可歌可泣的。但是直到第一次世界大战和俄国十月革命之后，才找到马克思列宁主义这个最好的真理，作为解放我们民族的最好的武器，而中国共产党则是拿起这个武器的倡导者、宣传者和组织者。"② 在这一进程中，中国共产党担负起构建民族共有精神家园的坚强领导，成为引领民族解放和复兴的中流砥柱。

2.2.1 早期马克思主义者对民族共有精神家园的追寻

以孙中山为首的资产阶级革命派领导的辛亥革命并未为中华民族的复兴找到出路，那些不断探索救国救民真理的先进中国人仍然要在探寻民族精神家园的道路上继续摸索前进。在这一过程中，1915年爆发的新文化运动特别是1917年俄国十月革命的胜利，使先进的中国知识分子把目光逐步投向马克思主义，李大钊率先举起了马克思主义的旗帜，号召走俄国社会主义革命的道路，从而为中华民族的精神家园开辟了一条全新的道路。

1918年7月1日，李大钊在《言志》季刊上发表《法俄革命之比较观》，指出："俄罗斯之革命，非独俄罗斯人心变动之显兆，实二十世纪全世界人类普遍心理变动之显兆"，"吾人对于俄罗斯今日之事变，唯有翘首以迎其世界的新文明之曙光"。他认为同法国大革命预示着世界进入资产阶级革命时代一样，十月

---

① 刘健清、李振亚主编《中国近现代政治思想史》，南开大学出版社1993年版，第337—338页。
②《毛泽东选集》第3卷，人民出版社1991年版，第796页。

革命预示着世界社会主义革命时代的到来。在同一年,他在《庶民的胜利》和《布尔什维主义的胜利》两篇文章中,热情地赞扬十月革命,指出无产阶级的社会主义革命是世界历史的潮流,什么皇帝、军阀、帝国主义"遇见这种不可当的潮流,都像枯黄的树叶遇见凛冽的秋风一般,一个一个地飞落在地"。他热情地讴歌:"人道的钟声响了,自由的曙光出现了,试看将来的环球,必是赤旗的世界!""这是二十世纪世界革命的新信条",从此要开创人类的"新世元"。① 1919年5月,李大钊在《新青年》上发表《我的马克思主义观》一文,系统地介绍了马克思主义的唯物史观、政治经济学和科学社会主义的基本原理,他指出:阶级竞争是推翻旧制度,实行社会改造的"最后手段",它"恰如一条金线,把这三部分理论从根本上联结起来"②。李大钊的这些文章,给予那些拥护十月革命、渴望和追求马克思主义真理、向往社会主义社会的先进知识分子以启蒙和鼓舞,为他们继续追寻民族精神家园指明了前进的道路。

五四运动爆发以后,先进的中国青年更加清楚地看到国家命运岌岌可危,更加感受到社会现状的腐败黑暗,他们纷纷以救国救民、改造社会为己任,把探索中国前途的目光投向社会主义,认为"社会主义是现时和将来的人类共同的思想"。但是这一时期的社会主义流派纷繁杂陈,无政府主义、空想社会主义、基尔特社会主义等等,都被人们当作社会主义来接受。在各种学说争鸣斗胜的情形下,马克思主义逐渐以它高度的科学性和革命性吸引了众多的进步青年。他们开始认识到,无产阶级革命的时代已经到来,马克思、恩格斯创立的无产阶级解放运动的学说是救国救民、改造中国最好的思想武器,并逐渐树立起共产主义的信仰。1920年9月,陈独秀发表《谈政治》一文,批驳伯恩斯坦主义和无政府主义观点,号召"用革命的手段建设劳动阶级(即生产阶级)的国家"③。五四运动后,毛泽东在他主编的《湘江评论》上,热情讴歌十月革命,认为这个胜利"必将普及于全世界""我们应当起而仿效",在他第二次到北京后便建立起对马克思主义的信仰。④

早期马克思主义者在追寻精神家园的过程中,同胡适提出的"多研究些问题,少谈些主义"的观点进行了尖锐的斗争。针对主张走资产阶级改良主义道路

---

① 《李大钊选集》,人民出版社1959年版,第101—121页。
② 《李大钊选集》,人民出版社1959年版,第196页。
③ 《中国共产党历史》上卷,人民出版社1991年版,第38页。
④ 胡绳主编《中国共产党的七十年》,中共党史出版社1991年版,第18页。

的胡适提出"多研究些问题,少谈些主义",攻击马克思主义者对中国问题作"根本解决"是"自欺欺人的梦话",是"中国思想界破产的铁证"的论调,李大钊于1919年8月发表《再论问题与主义》一文,批驳了胡适的错误观点。他指出,社会主义是时代的旗帜,问题的解决离不开主义,"因为一个社会问题的解决,必须靠着社会上多数人共同的运动。那么我们要想解决一个问题,应该设法使它成为社会上多数人共同的问题,应该使这社会上可以共同解决这个那个社会问题的多数人,先有一个共同趋向的理想、主义……"他强调了主义的理想与实用两面,并说自己是"喜欢谈谈布尔什维主义的",这一主义的流行"实在是世界文化上的一大变动",应该大张旗鼓地研究。① 李大钊的观点正好道出马克思主义者以新的"主义"构建民族共有精神家园的根本目的,有力地批驳了胡适的改良主义思想,扩大了马克思主义的影响。

2.2.2 党成立后对民族共有精神家园的建设

首先,制定明确的革命纲领,引领革命前进的方向。我们党还在发起时期,就高举起共产主义的旗帜,向世界表明要"按照共产主义者的理想,创造一个新的社会"②。党的一大确定党的纲领是"以无产阶级革命军队推翻资产阶级""采用无产阶级专政,以达到阶级斗争的目的——消灭阶级""废除资本私有制"③。在此基础上,党的二大制定了明确的民主革命纲领,指出党在现阶段的纲领是:消除内乱,打倒军阀,建设国内和平;推翻国际帝国主义的压迫,达到中华民族完全独立;统一中国为真正的民主共和国。党的最高纲领是"建立劳农专政的政治,铲除私有财产制度,渐次达到一个共产主义的社会"④。在中国历史上,从来没有哪一个追求救国救民真理的人或组织提出如此鲜明而响亮的口号。"打倒列强、除军阀",新生的中国共产党从她诞生时起就向全世界宣告了她的奋斗目标和远大理想,以此激励全国各族人民为之努力奋斗,当之无愧成为民族共有精神家园建设的领导者。

其次,大力开展工人运动,宣传党的主张。我们党从成立时起,就十分注意领导开展工人运动和青年运动,加强对群众运动的组织领导,加强对马克思主义理论的普及宣传,努力以先进的理论建设人民群众共同的精神家园。党的二大就

---

① 《李大钊全集》,人民出版社2006年版,第2—5页。
② 张静如主编《中国共产党思想史》,青岛出版社1991年版,第33页。
③ 胡绳主编《中国共产党的七十年》,中共党史出版社1991年版,第28—29页。
④ 《中国共产党历史》上卷,人民出版社1991年版,第71页。

指出,"我们共产党,不是'知识者所组织的马克思学会',也不是'少数共产主义者离开群众之空想的革命团体'""我们既然是为无产群众奋斗的政党,我们便要'到群众中去',要组成一个大的'群众党'",使党的一切运动都深入到广大的群众里面去。① 在此之后,在党的领导下掀起了轰轰烈烈的工人运动,"劳工万岁""打倒列强、除军阀"的口号日益深入人心。1924—1927年爆发的国民大革命,正是中国共产党反帝反封建的主张被全国人民接纳而发生的一场影响深刻的群众革命运动,它表明我们党在建设民族共有精神家园过程中取得了显著成效。但是由于以蒋介石为首的国民党新军阀的破坏,这场中国历史上前所未有的大革命洪流最终以失败告终。

再次,大力开展马克思主义理论宣传。1921年9月,我们党在上海成立了第一个出版社——人民出版社,专门出版发行马克思主义理论著作。党还创立了《向导》《新青年》《前锋》《先驱》等刊物,专门开展马克思主义理论的宣传。1923年以后,又在上海建立印刷所和国内外13个发行机构,形成以上海为中心的马克思主义著作发行网。据粗略统计,1923年至1927年间,出版的马、恩著作有14种,出版列宁著作13种,出版解释马克思主义原理的书籍10多种。② 其中,瞿秋白撰写了《社会哲学概论》《现代社会学》《社会科学概论》,李汉俊撰写了《历史唯物史观讲义初稿》,李达撰写了《现代社会学》都较系统地介绍了马克思主义的基本原理。这些杂志书籍的出版,促进了马克思主义的传播和民族精神家园的建设。

2.2.3 延安时期党对民族共有精神家园建设的领导

在延安时期,我们党面临的国际国内环境和革命斗争形势发生了巨大变化。一方面,日本帝国主义对华发动全面侵华战争,企图吞并中国,中华民族面临亡国灭种的深重危机,中日之间的民族矛盾成为主要矛盾。另一方面,国民党蒋介石政权始终没有放弃对共产党的敌视政策,即使在国共合作共同抗日过程中,国民党政府也经历了一个从积极抗日到消极抗日、积极反共的转变。面对深重的民族危机,中国共产党积极促成国共合作顺利实现,广泛动员全国各族人民投身抗日的洪流,成功构建起全民族的共有精神家园,成为整个抗日战争的中流砥柱。之所以说中国共产党是构建民族共有精神家园的领导者,体现在以下几个方面:

---

① 《中国共产党历史》上卷,人民出版社1991年版,第37页。
② 张静如主编《中国共产党思想史》,青岛出版社1991年版,第28—29页。

首先，中国共产党主张建立巩固的抗日民族统一战线，始终是坚持团结抗战坚强的中流砥柱。坚持团结抗战，在抗战初期表现为我们党为争取建立抗日民族统一战线而不懈努力，在抗战进入相持阶段以后则主要表现为努力维护抗日民族统一战线，团结一切可以团结的力量投入抗日战争。早在1935年10月，中共驻共产国际代表团就对外发布了《为抗日救国告全体同胞书》，呼吁全国各党派、各军队、各界同胞不论过去有任何政见和利害的不同，都应当停止内战，集中一切国力为抗日而奋斗。1935年12月，中央召开瓦窑堡会议指出，为了结成广泛的抗日民族统一战线，就要组织和团聚千千万万民众和一切可能的革命友军，特别是要争取民族资产阶级加入抗日的营垒。西安事变发生以后，我们党从中华民族和中国人民的长远利益出发，坚决主张和平解决事变，并极力推动国民党政府走向抗日的道路。抗战进入相持阶段以后，由于国民党政府的抗战态度日益消极，这时我们党坚持抗战、团结、进步的方针就显得更为重要，面对国民党军队肆意挑起的皖南事变，我们党采取了坚决有力的回击措施，坚决维护抗日团结大局。在整个抗日战争期间，我们党始终坚持维护抗日民族统一战线，始终是坚决主张抗日的中坚力量和精神支柱。

其次，中国共产党主张发动全民族的抗战，坚持以全面抗战路线构建起民族共有精神家园。民族共有精神家园的主体是追求进步的中华民族各族人民，只有符合各族人民根本利益的方针政策才能得到广大人民群众的拥护，才能在此基础上构建起全民族的共有精神家园。中国共产党坚持全面抗战路线，主张只有全面的民族抗战才能彻底战胜日本侵略者，这一主张符合各族人民的根本利益，是动员全国人民参加抗战强有力的精神武器。1937年8月召开的洛川会议提出《抗日救国十大纲领》，把全国人民的总动员和抗日的民族团结作为我们党抗日救国的重要纲领，并指出面对抗战过程中出现的各种困难，共产党员及其领导的民众和武装力量应该站在斗争的最前线，使自己成为全国抗战的核心。相反，国民党政府害怕群众抗日救亡运动的蓬勃发展会危及自己的统治地位，实行只要政府和军队抗战的片面抗战路线，在日本侵略者强敌压境的情况下，这一路线必然会限制人民群众的爱国热情和抗日活动，不符合各族人民的根本利益，而只是从统治集团内部少数人的利益考虑出发的。因此，国民党政府在片面抗战路线指导下不可能构建起符合各族人民根本利益的民族共有精神家园。

再次，中国共产党坚持以马克思主义中国化的理论成果指导革命实践，指引着中国革命前进的方向，构建起全民族的共有精神家园。土地革命战争初期，毛泽东创造性地开辟了农村包围城市的革命道路，在斗争实践中回答了"红旗到底能打多久"的疑问，以雄辩的说服力论证了"星星之火，可以燎原"，引领中国革命顺利前进。延安时期，中国人民面对的革命斗争形势更为复杂，民族矛盾和阶级矛盾相互交织，广大人民群众对中国的前途和命运深感担忧。为了解答人们心中的疑惑，对"中国将向何处去"做出正确的回答，以毛泽东为代表的中国共产党人先后撰写了《论持久战》《中国革命和中国共产党》《新民主主义论》等一系列重要理论著作。这些著作坚持把马克思列宁主义基本原理同中国革命斗争的具体实践紧密结合，明确论证了抗日战争中的持久战略方针和新民主主义革命的基本观点，指明了中国革命的前途和命运。通过这些论述，消除了广大人民群众心中的困惑，增强了中国人民抵抗侵略的必胜信心，为各民族人民构建起牢固的共有精神家园，深深地激励着各族人民为实现民族解放不懈奋斗。1945年，党的七大将毛泽东思想确立为全党的指导思想，为中国人民竖起了一面实现民族解放和独立的光辉旗帜，指引着中国革命走向胜利的前进方向。毛泽东思想成为中国人民追求进步和光明的精神旗帜，成为中国人民共有精神家园的精神支柱和光辉指南。

最后，国民党统治集团推行的专制主义文化思想和妥协退让政策决定其不可能构建起全民族共有的精神家园。整个抗日战争期间，国民党和共产党都试图实现对抗战的领导，由于它们实行了不同的抗战路线，更由于两党的性质和它们所代表利益的差别，决定了国共两党对民族共有精神家园的构建存在着本质的差异。国民党所构建的是以三民主义为核心，标榜"一个政党、一个主义"的封建法西斯专制主义精神文化体系，它所实行的抗战是只要政府和军队抗战，不要人民抗战的片面抗战路线。尽管国民党不断加强思想文化宣传和控制，企图构建起符合国民党一党之私的专制独裁思想文化体系，由于这一政策从根本上不符合广大人民群众的根本利益，这本身就决定了它不可能构建起符合全民族利益的民族共有精神家园。更何况国民党政府是当时形式上唯一合法的全国性政权，面对日本帝国主义的侵略，国民党政府理应担负起领导全国人民实现坚决抗日的历史责任。但是，自日本发动"九一八"事变以后，国民党政府就采取不抵抗政策，先是期待国际社会"公理之裁判"，后又提出"攘外必先安内"的国策，完全无视广大国土沦陷和沦陷区人民的痛苦。国民党政府的妥协退让政策不仅没有阻止日本侵略者的步伐，反而更加助长了他们吞并中国的野心，这一政策违背了全国人民的共同意愿，受到全国人民的一致谴责。全面抗战开始以后，国民党政府曾试图通过发布《抗战建国纲领》，开展"国民精神总动员"和召开国民参政会等措施进一步统一国民思想，巩固其统治地位。当时许多人仍然对国民党政府抱有信心和幻想。但是，随着国民党统治集团的反动本质日益暴露，特别是其消极抗日、积极反共，实行法西斯专制独裁统治，遭到各界爱国民主人士的强烈反对，全国各地的爱国民主运动蓬勃发展，人们对国民党政府的幻想最终化为泡影。可以说，国民党统治集团的反动本质和腐败无能决定了其不可能构建起符合全国各族人民根本利益的民族共有精神家园，终将为向往光明的中国人民所抛弃。

2.3 延安时期民族共有精神家园的内涵和特征

2.3.1 延安时期民族共有精神家园的内涵

在前文对中华民族共有精神家园分析的基础上，本文认为，所谓延安时期的民族共有精神家园，就是指在延安时期，在中国共产党的领导下所构建起来的以共产主义理想信念为价值内核，以新民主主义文化为土壤和根基，以抗日民族统一战线为重要纽带，充分彰显了爱国主义精神和民主时代精神，并为追求进步的全国各族人民所认同的精神文化系统。它是激励全国各族人民为实现中华民族的独立和解放共同奋斗的强大精神动力，是引领中国新民主主义革命胜利前进的精神旗帜。对延安时期民族共有精神家园概念的理解，要注意以下几个方面的问题：

第一，这一概念的时间界限是延安时期。延安时期是中国共产党历史上一个特定的历史时期，是我们党领导全国人民实现中华民族伟大复兴的重要开端。这一时期从1935年10月19日中共中央和中央红军胜利到达陕北吴起镇起，到1948年3月23日东渡黄河转向华北为止，中共中央在以延安为中心的陕北地区领导中国革命，前后经历了约十三年时间。根据历史进程和中共中央所在地的变化，这十三年时间又划分为三个阶段。其中，从1935年10月到1937年1月13日进驻延安，为第一阶段；从1937年1月到1947年3月18日中共中央主动撤离延安，为第二阶段；从1947年3月中央转战陕北到1948年3月23日东渡黄河到达华北，为第三阶段。在这十三年中，我们党经历了从土地革命战争末期向抗日战争的转变、全面抗日战争时期和解放战争前期三个重要的历史时期。特别是抗日战争使这一历史时期具有了更加特殊的意义，抗日战争的洗礼深深地锻造了我们党，使我们党更加成熟和坚强，也给中华民族带来了深刻的民族觉醒，在这一过程中，我们党带领全国各族人民成功构建起中华民族共有精神家园，领导人民赢得了抗日战争的伟大胜利，实现了民族独立，为中华民族伟大复兴开辟了前进的道路。抗日战争是延安时期最典型、最鲜明的时代特征，也是延安时期最重要的一个历史阶段，本文在论述延安时期的精神家园建设时，重点就放在抗战时期我们党对民族共有精神家园的构建上。抗日战争胜利以后，中华民族走向复兴迎来了难得的历史机遇，中国共产党提出的建立联合政府的主张代表了全国各族人民的正义呼声，但是国民党蒋介石政府却极力维护其专制独裁统治，悍然发动内战，使国共合作走向破裂。解放战争时期，我们党领导的人民民主统一战线取代抗日民族统一战线，并且更加发展壮大，党的民主和正义主张受到更广泛人民群众的赞同和拥护，这一时期党领导下的民族共有精神家园更加巩固，从而为新中国的建立奠定了坚实的精神文化基础。

第二，这里所说的"民族共有"，是指中华民族各族人民共同拥有的精神家园。在这里，"共有"这一概念具有较强的抽象性，对"民族共有"主体的界定是一个抽象的概括，它包含了中华民族各族人民都在内，是由中华民族各族人民所"共生""共识""共建""共享"的精神家园。中国共产党从诞生之日起，就将中华民族的整体利益作为自己的最高利益，将实现中华民族的民族解放和国家富强作为自己为之不懈奋斗的目标。延安时期，我们党坚决维护各少数民族人民的根本利益，积极支持少数民族人民的革命斗争，始终同广大少数民族人民群众同呼吸、共患难，我们党提出的抗日民族统一战线政策得到了广大少数民族人民群众的热烈拥护。这一时期，东北抗日联军、冀中回民支队、琼崖纵队等少数民族抗日武装同共产党并肩作战，在党的领导下进行了艰苦卓绝的抗日斗争。因此我们说，在延安时期，包括各少数民族在内的中华民族各族人民在中国共产党的领导下，构建起了全民族共有的精神家园。另一方面，这里所说的各族人民"共有"虽然是一个抽象的概括，但它并不是也不可能指代无所不包的中华民族所有成员，因为这一民族共有精神家园是在中国共产党的领导下构建的，所以它是指那些愿意接受中国共产党的领导，认同党的路线方针政策，或者虽然在国民党统治区，但是接受了我们党提出的各项主张，以及受到党的方针政策影响追求进步的中华民族各族人民群众所共同拥有。以地域范围为基础划分，延安时期民族共有精神家园的主体主要由三部分组成，分别是：中国共产党领导的解放区和根据地的广大人民群众；国民党统治区内赞同我们党的主张、受到党的方针政策影响而英勇抗战的广大爱国民众；日伪统治区接受我们党的主张，同日伪军做坚决抵抗的爱国人民群众。而对于国民党统治集团以及国民党统治区内的部分人站在大地主大资产阶级的立场，拥护国民党大地主大资产阶级的统治，反对我们党提出的各项政策主张，极力攻击我们党的马克思主义指导思想，他们把抗战建国的希望寄托在国民党政权身上，这一部分人在思想文化领域根本不可能与我们党实现"共生""共识""共建""共享",因此也就不应该包含在我们所说的"共有"范围内。相反,在国民党政府的专制独裁统治下,他们企图建立一套专制主义思想文化体系,牢牢控制人民群众的思想和言论出版自由。对于汪精卫之流的卖国贼、汉奸,他们早已成为民族的叛徒和败类,更不应该包含在"共有"范围内。

第三,延安时期民族共有精神家园的具体内容可以概括为"坚定信念,创新文化,坚持抗战,争取民主"。这一概括生动直观地体现了精神家园所包含的理想信念、文化模式、价值观念、民族精神和情感方式等诸要素内容。其中,"坚定信念"是指坚定共产主义理想信念,这是中国共产党构建民族共有精神家园的价值内核。"创新文化"是指创造中华民族的新文化,建立新民主主义思想文化体系,这是党构建民族共有精神家园的土壤和根基。"坚持抗战"是指我们党通过建立巩固的抗日民族统一战线,坚持在统一战线基础上团结抗战,反对妥协投降和倒退分裂。"坚持抗战"表现了民族共有精神家园中两个方面的重要内容,其一,它充分体现了中国共产党人对爱国主义民族精神的继承和弘扬,这是民族共有精神家园宝贵的精神财富;其二,抗日民族统一战线既是坚持抗战的强大组织形式,也是坚持团结抗战的锐利思想武器,它是我们党构建民族共有精神家园的重要纽带。"争取民主"同"坚持抗战"互为条件,毛泽东指出:"对于抗日任务,民主也是新阶段中最本质的东西,为民主即是为抗日。""民主是抗日的保证,抗日能给予民主运动发展以有利条件。"[①] 这一时期党领导的民主运动包括建立"三三制"抗日民主政权、发起宪政促进运动、推动成立民主联合政府等一系列举措。可以说,我们党提出建立民主联合政府的主张是这一时期构建民族共有精神家园的政体目标。以上几个方面的内容,成为延安时期中国共产党构建民族共有精神家园五位一体的重要组成部分。对这几个组成部分进行详细的剖析,在此基础上展现我们党构建民族共有精神家园的全貌,是本课题着重思考和突破的重要任务。在后面的章节中,本书将延安时期民族共有精神家园的具体内容分别进行展开,其中,第三章论述了共产主义理想信念是延安时期民族共有精神家园的价值内核,第四章论述了新民主主义文化是延安时期民族共有精神家园的土壤和根基,第五章论述了爱国主义精神是延安时期民族共有精神家园的宝贵财富,第六章论述了民主时代精神是延安时期民族共有精神家园的时代精华,第七章论述了抗日民族统一战线是延安时期民族共有精神家园的团结纽带。

---

① 《毛泽东选集》第1卷,人民出版社1991年版,第274页。

第四，延安时期中国共产党所构建的民族共有精神家园可以划分为三个不同的层次。如前所述，民族共有精神家园是对民族解放复兴起着精神支撑和凝聚人心功能的精神文化系统。作为一个复杂的精神文化系统，它是由不同的层次构成的。通过对这一精神文化系统不同层次的剖析，就能够正确认识民族共有精神家园主体范围存在的差异性。在这一精神文化系统中，中国共产党所坚持的马克思主义指导思想和共产主义理想信念是这一系统的核心层次。没有马克思主义的正确指导，中国革命就只能在黑暗中摸索，看不到前途和希望。"自从有了马克思主义，中国的革命面貌就焕然一新。"正是在马克思主义的指导下，以毛泽东为代表的中国共产党人才实现了对中国革命性质和道路的正确认识，并团结一切可以团结的力量投身到民族解放运动中去。在这一层次中，以中国共产党人为代表、具有坚定共产主义理想信念的先进中国人构成民族共有精神家园核心层次的主体，他们成为领导实现民族独立和解放的中流砥柱。新民主主义思想文化体系是民族共有精神家园系统的中间层次。毛泽东在《新民主主义论》中对建设新民主主义的经济、政治和文化做了详细的论述，中国共产党高举新民主主义的伟大旗帜，团结带领全国各族人民，使广大民众看到了抗战胜利后的美好前景，从而实现了对整个民族解放战争的精神领导。在这一层次中，精神家园的主体包括了广大赞同我们党新民主主义路线方针政策、在民主革命中愿意接受中国共产党领导的爱国进步人士，包括广大爱国进步的工人、农民、城市小资产阶级和民族资产阶级在内。以抗日民族统一战线为基础所体现出来的坚持抗战、争取民主的爱国主义精神和民主时代精神，是民族共有精神家园这一系统的外围层次。抗日民族统一战线的建立，是对中华民族各族人民爱国主义精神的正确引领和发挥，它的建立和巩固有利于增强抗日的团结和力量，团结一切爱国人士共同抗日。同时，坚持抗战、争取民主是这一时期反映中国最广大人民群众呼声的时代最强音，是反映抗战时代潮流的时代精神的集中体现。在这一层次，民族共有精神家园的主体范围进一步扩大，不仅包括国民党统治区和日伪占领区范围内的各阶层爱国进步人士，而且包括了国民党统治集团内一些具有爱国进步思想的地方实力派和爱国官兵，他们赞同中国共产党提出的抗日民族统一战线政策，积极推动国共合作共同抗日，为了实现民族的独立和解放奔走呼号，对于这一部分人，也应该被纳入我们党所构建的民族共有精神家园的主体范围。延安时期，我们党所构建的民族共有精神家园的三个层次形成一个有机统一的精神文化系统，它成为支撑全民族抗战和民族解放事业的强大精神支柱，成为中华民族共有的精神家园。当然，由于这三个层次在思想意识和价值观念上并不完全等同，因此与其相对应的精神家园的主体范围从内向外也越来越宽泛。但主体范围的差异并不能改变精神家园作为"民族共有"的性质，相反，它更加表明我们党所构建的民族共有精神家园主体的广泛性。

第五，探讨延安时期中国共产党所构建的民族共有精神家园，有必要厘清它与延安精神之间的关系。延安精神是我们党在延安时期所形成的全部优良传统和作风的概括，它包括坚定正确的政治方向，解放思想、实事求是的思想路线，全心全意为人民服务的根本宗旨，自力更生、艰苦奋斗的创业精神这四个主要方面的内容。根据前述对民族共有精神家园内涵的分析可以看出，延安时期我们党所构建的民族共有精神家园的含义比延安精神的内涵更为广泛和丰富。这体现在：一是前者的主体范围更广，它包含了自觉认同党的政策、追求进步的中华民族各族人民，这一概念更加强调以中华民族作为共同主体，淡化了地域、政党以及阶级的界限。不仅各个解放区和根据地的人民拥有这一共同精神家园，国统区和少数民族地区的人民群众向往、响应共产党的政策号召，也包含在这一共有精神家园的主体范围内。抗战时期大后方的青年曾致信延安大学的学生："我们是在两个天地下读着书，你们在民主的新鲜空气中，自由地思想，自由地学习。你们的学习紧紧地联系着实际，你们和群众亲密地携着手，立刻就要献身到直接抗战和边区人民的建设事业。我们却和你们相反，几年来一直在极度的高压下生存。"[①]二是前者包含的内容更丰富，概括起来就是坚定共产主义理想信念、建设新民主主义文化、建立抗日民族统一战线、激发爱国主义精神以及高扬民主的时代精神旗帜这五位一体的组成部分，而延安精神则是我们党革命精神的集中概括，其精髓和灵魂主要体现为坚定的共产主义理想信念，延安精神的四个方面的具体内容都是坚定理想信念的生动阐释。因此，延安精神包含在民族共有精神家园之中，而且是民族共有精神家园的核心内容。关于这一点，下一章还将展开详细的论述。

2.3.2 延安时期民族共有精神家园的特征

延安时期，我们党身处战争年代，各方面的条件十分艰苦，党只在陕甘宁边区和各个根据地处于局部执政的地位，而当时的全国性政权由南京国民党政府统治，国民党蒋介石极力宣扬蒋记三民主义和专制主义文化思想，恶毒攻击党的共产主义指导思想。在这样的环境下，我们党如何领导全国各族人民共同构建民族

---

① 《大后方青年致书延大同学》，《解放日报》1944年10月28日。

共有精神家园,是对我们党的组织和动员能力的一个极大的考验,也是对我们党是否能够领导中国人民实现民族独立、解放和自由的检验。这一时期的民族共有精神家园建设同中国特色社会主义新时代我们党构建民族共有精神家园具有很大的区别,呈现出那个时代的鲜明特点。这体现在:

1. 时代性

任何一个时代的民族精神家园必然是时代精神的集中体现。延安时期民族共有精神家园是延安时期这一特定历史阶段中国社会经济和政治发展在思想文化领域的反映,对这一时期民族共有精神家园的构建离不开特定历史条件下的经济和政治条件。20世纪30—40年代,中华民族遭遇日本帝国主义的疯狂侵略面临亡国灭种的深重危机,国民党蒋介石政权采取"攘外必先安内"的妥协投降政策,不顾中华民族面临的巨大生存危机坚持实行内战政策。在这种时代背景下,中国人民和中华民族的前途命运更加黯淡无光,中国人民只有选择战争与革命作为挽救民族危亡的救济手段。在民族危难的紧要关头,中国共产党以大无畏的勇气和强烈的责任使命感肩负起构建民族共有精神家园,引领全民族共同抗战的前进步伐。延安时期,虽然中国共产党只是在陕甘宁边区和各抗日根据地进行局部执政,但是我们党的工作却在全国范围内广泛地开展起来,党的政策反映了全国各族人民的共同心声,深深地影响了包括国统区和日伪占领区内的广大进步爱国群众。这一时期,中日之间的民族矛盾成为最主要的矛盾,同时国内各阶级之间的矛盾也异常尖锐。在这种复杂的环境中,我们党牢牢把握抗战和民主这一时代最强音,紧握时代发展的脉搏,深刻地阐释并高扬民主和抗战的时代精神旗帜,为各族人民构建起牢固的共有精神家园,从而为团结抗战并赢得抗战胜利提供坚强的精神支撑和科学的思想引领。

2. 革命性

延安时期民族共有精神家园的一个显著特征就是它具有鲜明的革命性,这是在革命时期精神家园建设必然具有的一个特征。在革命战争年代,人民的对立面就是凶残的敌人,双方是生与死的较量,因此在思想文化领域也就表现出尖锐的斗争和对立,民族共有精神家园必然具有鲜明的革命性。延安时期民族共有精神家园的革命性主要体现在它是在马克思列宁主义指导下为了实现民族独立和人民解放而进行革命斗争所形成的精神文化系统。这一精神文化系统是为了维护中国最广大劳动群众的根本利益,因此它具有历史进步性,昭示了人类社会发展的方向。与之相反的是国民党统治集团所极力维护的封建专制主义思想文化体系,这一思想文化体系代表大地主大资产阶级的利益,极力鼓吹"三纲五常""四维八德"封建伦理道德，企图以此消弭人民群众的反抗情绪，维护国民党政权的统治地位。针对国民党大肆鼓吹"一个主义、一个党、一个领袖""共产主义不适合中国""三民主义可以满足中国现在和将来的一切要求"，并叫嚣取消陕甘宁边区，"将马克思主义暂搁一边"，对根据地发起思想文化领域的猛烈攻击，我们党进行了坚决有力的回击，深刻揭露了国民党三民主义的实质，明确指出我们党所承认的三民主义是孙中山在国民党第一次全国代表大会上重新解释的三民主义，这种三民主义是联俄、联共、扶助农工的三民主义，只有这种三民主义才是真三民主义，其他都是伪三民主义，有力驳斥了国民党以三民主义取消共产主义的谬论。

3. 民族性

延安时期民族共有精神家园的民族性体现在三个方面：一是这一精神家园是中华民族所共有，中华民族各族人民是精神家园的主体。虽然面临民族危难的深重危机，但是在中国共产党的领导下，伟大的中华民族精神在中华大地上迸发出勃勃生机，热爱和平的中国各族人民同仇敌忾，精诚团结，共赴国难，凝聚成了坚固的精神长城。这一精神家园是时代的产物，也是民族的产物。它所具有的精神品质不同于世界上其他国家和地区所形成的民族精神。二是这一精神家园继承了中国传统民族文化的精华，具有鲜明的民族特性。正如毛泽东所说："我们这个民族有数千年的历史，有它的特点，有它的许多珍贵品。""从孔夫子到孙中山，我们应当给以总结，承继这一份珍贵的遗产。"① 中华民族在五千年的文明发展历史中，形成了团结统一、热爱和平、勤劳勇敢、自强不息的伟大民族精神。延安时期民族共有精神家园正是我们党在继承、丰富和发展优秀民族精神和传统文化精华基础上形成的具有时代品质的精神文化系统。三是中国共产党坚持将马克思主义同中国革命具体实践相结合，用马克思主义中国化的理论成果来指导中国革命前进道路。毛泽东在六届六中全会上指出，使马克思主义与中国的民族特点相结合，按照中国的特点去应用它，使之具有中国老百姓所喜闻乐见的中国作风和中国气派，成为全党亟待了解并亟须解决的问题。正是我们党十分注重民族文化、民族的特点和国情的重要性，才使延安时期民族共有精神家园具有了鲜明的民族特性。

4. 地域性

由于延安时期我们党在陕甘宁边区和各抗日民主根据地处于局部执政的地

---

① 《毛泽东选集》第 2 卷，人民出版社 1991 年版，第 534 页。

位，这就使得党领导构建的民族共有精神家园呈现出地域性的特点。延安时期民族共有精神家园的地域性并不是说只有我们党所领导的地区才构建民族共有精神家园，国民党统治区和日伪占领区没有构建民族共有精神家园，而是说，在陕甘宁边区、国统区和日伪占领区，这三个地区在民族共有精神家园建设中分别具有不同的特点，呈现出不同的地域性特征。在陕甘宁边区和抗日民主根据地，民族共有精神家园建设是在党中央的直接领导下进行的，通过在边区和根据地实施党的各项政策，进行抗战动员和宣传报道，使党的主张成为边区广大人民群众的主张。在国民党统治区，在党的领导下构建民族共有精神家园则具有间接性，我们党主要通过团结国统区广大民主进步人士，开展群众性抗日救亡运动，以及通过发行《新华日报》《群众》周刊和党领导、影响下的其他进步刊物，多方面开展抗日统一战线工作等方式促进国统区民族共有精神家园建设。在日伪占领区，我们党则主要通过领导占领区人民开展抗日游击战争，同日伪军做坚决的抵抗，在日伪统治区的爱国人民群众中构建起特殊的共有精神家园。正如学者唐正芒所指出的，"作为真正意义上的抗战文化，在国统区实际上也是由共产党领导的"[1]。只是在性质不同的解放区和国统区，领导方式和途径不同。因此，我们说，由于政权的彼此独立，延安时期我们党构建民族共有精神家园在各个地区呈现出不同的特点。但各地区的民族共有精神家园建设都是在中国共产党的领导下，在抗日民族统一战线政策指引下实现的，这同国统区和日伪占领区所开展的反动思想文化建设具有本质的不同。

2.4 延安时期党构建民族共有精神家园的途径

延安时期，我们党通过广泛的理论宣传、政治动员以及文化艺术活动等多种多样的方式宣传党的抗日主张和各项方针政策，党提出的抗日民族统一战线政策逐步得到了越来越多人民群众的拥护和支持，在此基础上成功构建起全民族的共有精神家园。关于如何构建这一精神家园，毛泽东在《论持久战》中论述"抗日的政治动员"时有过专门的论述，他在文中着重强调了抗日的政治动员问题，其目的就是为了构建起全民族共有的精神家园，发动全国人民齐心协力共同抗日。他指出："什么是政治动员呢？首先是把战争的政治目的告诉军队和人民。""抗日战争的政治目的是'驱逐日本帝国主义，建立自由平等的新中国'，必须把这个目的告诉一切军民人等，方能造成抗日的热潮，使几万万人齐心一致，贡

---

[1] 唐正芒：《中国西部抗战文化史》，中共党史出版社2004年版，第83页。

献一切给战争。"同时还要有一个政治纲领,并将其"普及于军队和人民,并动员所有的军队和人民实行起来"。其次,"怎样去动员?靠口说,靠传单布告,靠报纸书册,靠戏剧电影,靠学校,靠民众团体,靠干部人员。……这是一件绝大的事,战争首先要靠它取得胜利"①。这不仅说明了构建民族共有精神家园的极端重要性,而且指明了构建民族共有精神家园的具体途径。以下从五个方面对延安时期我们党构建民族共有精神家园的途径进行介绍。

2.4.1 领导人著作是构建民族共有精神家园的光辉指南

延安时期,中国共产党处在一个相对安定的环境中,从而有利于毛泽东等一批党的领导人能够静下心来深入总结中国革命的经验教训,思考中国革命的前途命运,制定革命斗争的战略策略。这一时期毛泽东等许多党的领导人写下了大量的著作,指引中国革命的前进方向,激励中国人民团结抗战,在构建民族共有精神家园过程中发挥了极其重要的作用。

1. 毛泽东的著作在构建民族共有精神家园中的地位和作用

这一时期,毛泽东所写的重要著作有《论反对日本帝国主义的策略》《为争取千百万群众进入抗日民族统一战线而斗争》《抗日游击战争的战略问题》《论持久战》《中国共产党在民族战争中的地位》《中国革命和中国共产党》《新民主主义论》《论联合政府》等,同时,还写下了两篇重要的马克思主义哲学著作《实践论》和《矛盾论》。通过这些著作,使全国人民更加了解我们党的抗日主张,激励全国人民英勇抗战,增强必胜的信心。这些著作在构建民族共有精神家园中的地位和作用具体体现在以下几个方面:

首先,大力倡导和维护抗日民族统一战线,号召全国人民投入抗日救国伟大实践。1935年12月,在瓦窑堡召开党的活动分子会议,毛泽东在会上做《论反对日本帝国主义的策略》的报告,他指出:"目前是大变动的前夜。党的任务就是把红军的活动和全国的工人、农民、学生、小资产阶级、民族资产阶级的一切活动汇合起来,成为一个统一的民族革命战线。"这一时期党的基本的策略任务就是"建立广泛的民族革命统一战线"②,并详细论述了联合中国民族资产阶级共同抗日的重要性和可能性,为我们党在全面抗战爆发前结成广泛的抗日民族统一战线奠定了重要的基础。在1937年5月召开的党的全国代表会议上,毛泽东

---

① 《毛泽东选集》第2卷,人民出版社1991年版,第481页。
② 《毛泽东选集》第1卷,人民出版社1991年版,第151—152页。

又做了《中国共产党在抗日时期的任务》和《为争取千百万群众进入抗日民族统一战线而斗争》的报告，为我们党建立巩固的抗日民族统一战线做了重要的理论阐述。抗战进入相持阶段以后，随着国民党妥协投降的危险日益严峻，毛泽东发表了一系列文章坚决揭露了国民党顽固派的阴谋，号召全国人民坚持团结、进步，反对投降、分裂，坚决维护抗日民族统一战线，击退国民党顽固派多次反共高潮。以毛泽东为代表的中国共产党人高举抗战和民主的时代精神旗帜，成功地构建起中华民族的共有精神家园，领导中国人民取得了抗日战争的伟大胜利。

其次，《论持久战》对抗战前途的科学判断澄清了人们心中的疑惑，是我们党构建民族共有精神家园的重要体现。抗日战争爆发以后，许多人对战争将如何发展心存疑虑，"亡国论"和"速胜论"的观点充斥着人们的头脑。有人认为："中国武器不如人，战必败、再战必亡"；也有人说："只要打三个月，国际局势一定变化，最大的希望是苏联出兵，次之就是英美在上海干涉。"① 党内也有一些人有轻敌思想，以为依靠国民党正规军就可使抗战速胜。还有很多人认识到抗战将持久地进行，但是对于战争的具体发展过程以及如何争取最后胜利缺乏明确的认识。为了批驳各种错误观点，系统阐明党的抗战方针，毛泽东在1938年5月写下《论持久战》这一重要论著。《论持久战》在全面考察战争双方特点的基础上明确指出"抗日战争是持久战，最后胜利是中国的"②，并科学地论证了战争将经过战略防御、战略相持和战略反攻三个阶段，中国在战争中的力量将逐步由劣势转为优势，最终赢得战争。毛泽东强调"兵民是胜利之本""战争的伟力之最深厚的根源，存在于民众之中"，重点论述了抗日的政治动员。毛泽东指出："争取抗战胜利的中心关键，在使已经发动的抗战发展为全面的全民族的抗战。只有这种全面的全民族的抗战，才能使抗战得到最后的胜利。"③ 在抗战开始不久，《论持久战》在人们面前清晰而有说服力地描绘出战争发展全过程的完整蓝图，回答了人们头脑中存在的种种疑问，成为我们党构建民族共有精神家园的一部极为重要的论著，不仅在根据地，而且在国统区人们中产生了极为震撼人心的力量。

再次，对"中国向何处去"做出明确的回答，为中国人民指明革命的光明前景。国民党顽固派在发起反共军事高潮的同时，也在思想战线上向我们党发动

---

① 胡绳主编《中国共产党的七十年》，中共党史出版社1991年版，第165页。
②《毛泽东选集》第2卷，人民出版社1991年版，第515页。
③《毛泽东选集》第2卷，人民出版社1991年版，第514页。

进攻。一些国民党反动文人大肆贩卖反共理论,叫嚣"共产主义不适合中国国情""共产党不需要存在",宣扬"一个主义""一个政党""一个领袖"的专制独裁理论。民族资产阶级的一些代表人物虽然对国民党的独裁统治和抗战不力表示不满,但对共产党的主张和抗日战争的前途也抱有疑虑,有些人还企图在国共两党的政治主张之外走另一条道路,幻想抗战胜利后在中国走欧美式的资本主义道路。面对严峻的斗争形势,我们党必须从根本上向全国人民说明自己对中国革命的见解,对中国的前途和命运做出明确的回答。1939年10月和12月,毛泽东先后发表《〈共产党人〉发刊词》和《中国革命和中国共产党》,1940年1月,又发表《新民主主义论》一文,明确阐述了我们党关于新民主主义革命的理论。毛泽东指出:"我们共产党人,多年以来,不但为中国的政治革命和经济革命而奋斗,而且为中国的文化革命而奋斗;一切这些的目的,在于建设一个中华民族的新社会和新国家。"[①] 这种革命已"不是一般的旧式的资产阶级民主主义的革命,而是特殊的新式的民主主义的革命,而是新民主主义的革命""中国革命的终极的前途,不是资本主义的,而是社会主义和共产主义的"[②]。这些论著使党和人民清楚地看到中国革命的发展规律和前景,极大地鼓舞了胜利信心,有力地指导和促进了抗日战争和中国革命的胜利发展。

最后,对无产阶级革命精神进行高度概括,为构建民族共有精神家园增添了更丰富的内涵。延安时期,毛泽东高度评价了鲁迅的为人及鲁迅精神。毛泽东指出,鲁迅是"五四"以后中国文化新军的"最伟大和最英勇的旗手",是"中国文化革命的主将,他不但是伟大的文学家,而且是伟大的思想家和伟大的革命家。鲁迅的骨头是最硬的,他没有丝毫的奴颜和媚骨,这是殖民地半殖民地人民最可宝贵的性格"[③]。毛泽东在鲁迅逝世周年纪念大会上指出,鲁迅先生的特点,第一是他的政治远见,第二是他的斗争精神,第三是他的牺牲精神。他往往是站在战士的血痕中,坚忍地反抗着,呼啸着前进。综合鲁迅先生的特点,就形成了一种伟大的"鲁迅精神"。"我们纪念鲁迅,就要学习鲁迅的精神,把它带到全国各地的抗战队伍中去,为中华民族的解放而奋斗!"[④] 毛泽东赞扬鲁迅的方向"就是中华民族新文化的方向",他号召一切共产党员和革命的文艺工作者都应

---

① 《毛泽东选集》第2卷,人民出版社1991年版,第663页。
② 《毛泽东选集》第2卷,人民出版社1991年版,第650页。
③ 《毛泽东选集》第2卷,人民出版社1991年版,第698页。
④ 《毛泽东文集》第2卷,人民出版社1993年版,第43—44页。

该学鲁迅的榜样,鞠躬尽瘁,死而后已。除了对鲁迅精神的高度赞扬,毛泽东还写下了《纪念白求恩》《为人民服务》等著作,深刻阐述了共产主义道德品质的内涵。在《纪念白求恩》一文中,毛泽东高度赞扬白求恩所具有的毫不利己专门利人的国际共产主义精神,号召每一个共产党员都要学习这种精神。他指出:"一个人能力有大小,但只要有这点精神,就是一个高尚的人,一个纯粹的人,一个有道德的人,一个脱离了低级趣味的人,一个有益于人民的人。"① 在《为人民服务》一文中,毛泽东称赞在陕北山中烧炭牺牲的中央警备团战士张思德是为人民利益而死的,他的死比泰山还要重。他指出,只要我们是彻底地为人民的利益而工作,我们这个队伍就一定会兴旺起来,取得全民族的解放。通过这些论述,深刻阐明了无产阶级革命精神的内在本质,更加丰富了无产阶级革命精神宝库,为构建民族共有精神家园增添了更加丰富的素材和内涵,激励共产党员和广大人民群众树立崇高的精神和理想,为民族解放事业不懈奋斗。

2. 党的其他领导人的著作对构建民族共有精神家园的贡献

这一时期,除了毛泽东,党的其他领导人也都坚持把马克思列宁主义基本原理同中国革命具体实践结合起来,撰写了大量理论著作,指导中国革命的前进步伐,激发广大人民的革命斗志,为我们党构建民族共有精神家园做出了巨大贡献。

周恩来在这一时期的重要著作有《现阶段青年运动的性质和任务》《论统一战线》《论中国的法西斯主义——新专制主义》《在上海鲁迅逝世十周年纪念会上的演说》等。在《现阶段青年运动的性质和任务》一文中,周恩来号召广大的青年到军队里去,到战地服务去,到乡村中去,到被敌人占领了的地方去,加入挽救民族危亡的行动。他指出:"我们中国的青年,不仅要在救亡的事业中复兴民族,而且要担负起将来建国的责任。"他勉励广大青年:"我们去工作,我们要克服任何的困难,我们要解除任何的疑团,我们是勇敢的,沉毅的,艰苦的,深刻的……我们是抗战的支柱。"最后,他号召青年"努力去争取抗战的最后的胜利,努力去争取独立的自由的幸福的新中国的来临!"② 在抗战相持阶段,为了彻底揭露国民党思想文化的真面目,击退国民党顽固派在思想文化领域的进攻,周恩来发表《论中国的法西斯主义——新专制主义》一文,深刻剖析了打着抗战旗帜、戴着三民主义帽子的国民党法西斯主义的思想体系、历史根源、纲

---

① 《毛泽东选集》第 2 卷,人民出版社 1991 年版,第 660 页。
② 《周恩来选集》上卷,人民出版社 1980 年版,第 89—91 页。

领策略和组织活动,向全国人民揭露了国民党统治集团专制独裁思想体系的本质,对人们正确认识国民党的思想文化统治具有重要的教育意义。皖南事变发生后,《新华日报》冲破国民党的新闻封锁,刊发了周恩来为事变所写的题词"为江南死国难者志哀"和"千古奇冤,江南一叶;同室操戈,相煎何急?!"。这两条充满悲愤的题词,轰动了重庆和整个国民党统治区,使人们对我们党坚持抗战、坚持团结的方针有了更深刻的认识。在党的七大上,周恩来做了《论统一战线》的报告,全面回顾了我们党提出、建立和维护抗日民族统一战线的历程,总结了党在统一战线中的经验教训,对我们党构建民族共有精神家园的历程和努力做了深刻的阐述。

这一时期,刘少奇撰写了大量有关政权建设和党的建设的重要论著,其中最重要的是1939年7月在延安马列学院所做的《论共产党员的修养》的演说和1945年在党的七大上所做的《关于修改党章的报告》。在《论共产党员的修养》一文中,论述了共产党员进行革命锻炼和党性修养的重要性,要求广大党员牢固地树立共产主义世界观,认真学习马克思列宁主义,努力参加革命实践,研究社会发展规律,遵循共产主义道德规范。他强调,共产党员"应该有最伟大的气魄和革命的决心","应该具有人类最伟大、最高尚的一切美德,具有明确坚定的党的、无产阶级的立场。"①他号召共产党员要勇于克服困难,既要有远大的共产主义理想,又要有求实的精神。"只有把伟大而高尚的共产主义理想和切实的实际工作、实事求是的精神统一起来,才能成为一个好的共产党员。"②《论共产党员的修养》后来成为整风学习的重要文件,这一论著对广大党员坚定共产主义理想信念,成为无产阶级革命的先锋和模范具有重要意义。在中共七大上,刘少奇做《关于修改党章的报告》,将马克思列宁主义的理论与中国革命的实践之统一的思想——毛泽东思想作为我们党一切工作的指针。报告指出,正是在毛泽东思想的指导下,才使我们党及其领导的解放区成为全国抗日救国的重心,才能够取得伟大的成就,毛泽东思想将"马克思主义的普遍真理与中国革命的具体实践相结合,而把我国民族的思想水平提到了从来未有的合理的高度,并为灾难深重的中国民族与中国人民指出了达到彻底解放的唯一正确的道路"③。把毛泽东思想确立为党的指导思想,是马克思主义中国化取得的重大成果,从此以后,中华

---

① 《刘少奇选集》上卷,人民出版社1981年版,第127、133页。
② 《刘少奇选集》上卷,人民出版社1981年版,第128页。
③ 《刘少奇选集》上卷,人民出版社1981年版,第319页。

民族各族人民拥有了更加团结坚固的共有精神家园，毛泽东思想成为引领中国革命和民族解放胜利前进的精神旗帜。

朱德在抗战时期写了大量有关战争和军事的重要论著，如《论抗日游击战争》《八路军抗战两年来的经验教训》《论解放区战场》等，这些著作在指导八路军、新四军开展军事斗争中发挥了极为重要的作用。朱德十分重视政治斗争和人民战争在抗日战争中的重要作用，他在这一方面的论述为我们党构建民族共有精神家园做出了重要贡献。在《论抗日游击战争》一文中，专门论述了政治战争和人民战争在抗日游击战争中的地位和作用，他指出："我们每个抗日军人，每个有民族觉悟的黄帝子孙，都要竭力于注意抗日的政治战争，就是要努力揭破敌人一切侵略政策、分裂中华民族以华制华的阴谋，要努力巩固和扩大抗日民族统一战线。""我们不但要把广大的同胞唤醒起来，还要把他们组织得能发挥其最大的作用，使各人都能真正尽他的能力做实际的工作，而不是光有一个意志。要使老的、少的、男的、女的各有自己的事情做，学生、工人、农民、商人、教职员等等各人尽其所长来做工作。"① 在《论解放区战场》中，他总结指出："没有正确的政治方针，就不能有正确的军事方针。"② 土地革命战争时期，由于朱德带领中国红军取得的辉煌战绩，更由于工农红军真正代表广大贫苦人民的利益，朱德在民间早已成为一位传奇式的英雄人物，朱德和他领导的工农红军、八路军、新四军也就成为中国人民追求民族独立和人民解放的强大精神支柱。除了军事，朱德还十分重视文化艺术工作，他在《三年来华北宣传战中的艺术工作》中特别注意到敌人的宣传工作注重利用艺术的形式，因此他强调我们党的宣传工作要同艺术工作更紧密地结合起来。他强调从事艺术工作要认清对象，面向群众，面向士兵，同时要接受民族文化传统中的优良的东西而加以发扬，使艺术工作成为进行宣传斗争的重要武器。

张闻天是延安时期我们党主管宣传文化战线的主要领导人之一，他在这一时期撰写了大量有关知识分子以及文化建设的著作，如《发展文化运动》《抗战以来中华民族的新文化运动与今后任务》等，对新民主主义文化建设、党的知识分子政策以及宣传文化工作都做了详细的阐述，为我们党构建民族共有精神家园做出了重要贡献。1940年1月5日，陕甘宁边区文化界救亡协会第一次代表大会在延安举行，张闻天在会上做了《抗战以来中华民族的新文化与今后任务》的报

---

① 《朱德选集》，人民出版社1983年版，第40、50页。
② 《朱德选集》，人民出版社1983年版，第136页。

告，对新文化的性质、内容、任务与发展前途做了全面系统的论述，为中华民族新文化的发展起到了重要的促进作用。张闻天指出，中华民族的新文化必须是为抗战建国服务的文化，它是民族的、民主的、科学的、大众的文化。他还论述了建设中华民族的新文化与旧文化、外国文化以及三民主义文化之间的关系。他指出，要批判地接受中国的旧文化，要把旧文化仓库中反抗封建统治者、拥护真理与进步的文化因素发掘出来，加以接受、改造和发展。对待外国文化，不应该闭关自守，而是应该充分吸收外国文化的优良成果，使中国文化成为世界文化中优秀的一部分，他还批判了"中国本位文化"论和全盘西化论的观点。关于三民主义，张闻天指出，应该区分真假三民主义，要发扬孙中山新三民主义的精神，使之成为抗战建国统一战线的政治纲领，使之更能贡献于新文化的事业。他还对抗日文化统一战线和新文化运动的队伍进行了详细阐述。张闻天关于中华民族新文化的这些思想，对于我们党在新民主主义文化的土壤和根基上构建起中华民族的共有精神家园起到了重要的指导作用。

2.4.2　党的方针政策在构建民族共有精神家园中的地位

在我们党领导建设民族共有精神家园过程中，党中央制定的各项路线、方针和政策在这一过程中发挥了极其重要的作用，成为构建民族共有精神家园的重要指南。在党的路线方针政策指导下，延安时期的民族共有精神家园才能够不断得到巩固和发展，从而成为广大人民群众的精神支柱和依归。党的方针政策既体现在党的领导人的各种著作之中，又体现在党中央做出的各项决议和发布的各种文件之中。这里我们就党在延安时期制定的主要方针政策对构建民族共有精神家园产生的重大影响加以阐述。

第一，党的抗日民族统一战线政策是我们党构建民族共有精神家园的总依据。中国共产党提出建立抗日民族统一战线是根据共产国际第七次代表大会关于建立反法西斯人民统一战线的精神制定的，这一政策的提出在日本帝国主义妄图吞并中国，中华民族面临生死存亡的紧要关头具有极端重要的意义，也成为我们党领导构建民族共有精神家园的根本依据和举措。本来，国民党蒋介石领导下的南京国民政府是当时唯一合法的全国性政权，国民党当局是中华民国最主要的政治力量，它理当担负起领导全国人民抵御外侮，保家卫国，共建家园的历史责任。但是，国民党政府却违背广大人民群众的意愿，对民族敌人一再妥协退让，幻想与侵略者求和苟安，而把大量军事力量投入到对内剿杀共产党上来。国民党政府的这种不得人心的做法，遭到全国各界爱国人士的强烈批评和抵制。全面抗战开始以后，国民党又采取单纯政府和军队抗战的片面抗战路线，害怕发动人民群众，处处压制人民群众的抗日救亡运动。很显然，国民党蒋介石政府虽然接受了我们党的抗日主张，实现了国共合作，组织了正面抗战，但是在整个抗日战争过程中，国民党政府并未真正担当起领导全国人民坚决抗日，构建全民族的共同精神家园这一历史重任。那么，当时地处西北边陲，各方面力量都远不及国民党政权的中国共产党是如何构建起全民族的共有精神家园，从而实现对全民族抗战的政治领导的呢？这首先就是因为我们党制定了正确的抗日民族统一战线的总政策，并且坚强地领导这一政策得到充分的贯彻执行。可以说，如果没有我们党制定和正确实施抗日民族统一战线政策，就不能够实现全国人民团结抗战的局面，也不可能构建起全民族的共同精神家园，那么抗日战争的结局如何也就难以预料了。早在1935年10月，我们党就发表了《为抗日救国告全体同胞书》，呼吁全国各党派、各军队停止内战，集中一切国力共同抗日，并号召成立国防政府，组成抗日联军。卢沟桥事变发生以后，我们党制定了《抗日救国十大纲领》，号召实行全国的总动员，发动全民族抗战，建立全国各党各派各界各军的抗日民族统一战线，精诚团结，共赴国难。这些都表明我们党建立抗日民族统一战线，领导建立全民族共有精神家园的坚定决心，这些政策也成为我们党构建民族共有精神家园的重要依据和纲领性文件。抗日战争进入相持阶段以后，随着国民党的政策转向消极抗日、积极反共，我们党维护抗日民族统一战线的任务更重。在这种情况下，毛泽东在延安党的高级干部会议上专门做了《目前抗日统一战线中的策略问题》的报告，还起草了《论政策》的重要党内指示，指出我们党的政策在抗战相持阶段所具有的决定性的意义，对党在抗日战争中采取的主要政策做了详细的阐述。这些政策的制定，正确地回答了党的抗日民族统一战线政策在执行过程中遇到的问题，及时纠正了政策执行过程中出现的偏差，从而使我们党能够最大限度地团结一切爱国群众共同抗日。

第二，我们党制定的全面抗战路线是党领导构建民族共有精神家园的总方针。民族共有精神家园的构建，只能通过我们党提出的发动全民族抗战的全面抗战路线才能够实现，国民党政府所坚持的片面抗战路线不能够建立起共有精神家园，也不能够引领中国人民取得抗战的胜利。抗战一开始，我们党就号召全国人民总动员，广泛发动群众，武装群众，实行全民族抗战的人民战争路线。1937年8月召开的洛川会议制定了《抗日救国十大纲领》，提出了实行全民族抗战的各项主要政策，包括实行全国军事和全国人民的总动员、改革政治机构、改良人民生活、实行抗日的教育政策和抗日的民族团结等方针，这就明确了民族共有精神家园建设的具体途径。毛泽东在《论持久战》中特别强调:"动员了全国的老百姓,就造成了陷敌于灭顶之灾的汪洋大海"①,因此,在政治上动员全军全民起来奋斗,发动全面的全民族的抗战,才能取得抗战的最后胜利。正是在这一总方针的指导下,我们党组织领导了全国范围的群众性抗日救亡运动。在延安,召开了抗战动员大会,边区人民踊跃参军参战,积极投身抗日救亡运动。在国统区,中共中央长江局和南方局先后领导了以武汉和重庆为中心的抗日救亡群众运动,广泛开展职工运动、青年运动和妇女运动,动员大批青年参加抗日斗争,组织成立了戏剧界、电影界、文艺界等全国范围的抗敌协会,开展了轰轰烈烈的抗日救亡运动。在我们党的大力宣传和广泛动员下,全国人民的抗战热情大大增强,全民族的精神家园得到了巩固和进一步发展。

第三,延安时期党的民族政策是我们党构建民族共有精神家园的重要保障。中国是一个多民族的国家,制定正确的民族政策,团结广大少数民族人民共同抗日,是延安时期我们党构建民族共有精神家园的前提条件。日本帝国主义入侵中国以后,极力进行挑拨离间,分裂我国各民族的团结,在一些少数民族地区建立傀儡组织,实行"分而治之"的殖民统治。早在"九一八"事变后,他们就打着"满族自决"的幌子,在东北拼凑了"满洲帝国"傀儡政权;对内蒙古提出"蒙古自治""满蒙联合"的口号,策动成立伪"蒙古军政府";他们还在回族中策动搞"大回回国"的分裂活动。侵略者的这些活动破坏了中华民族的团结,严重影响了延安时期民族共有精神家园的建设。针对日本侵略者的罪恶行径,我们党指出,抗日战争是中国各族人民团结起来共同反对日本侵略者的全民族的解放战争,只有各民族团结抗战,才是整个中华民族的唯一出路。因此,我们党加强了对民族工作的领导,1937年7月,中共中央成立少数民族工作委员会。在《抗日救国十大纲领》中,我们党提出动员蒙古族、回族及一切少数民族共同抗日的方针。1938年召开的六届六中全会讨论了党对少数民族的工作问题,改变了我们党以前提出的"民族自决"和联邦制的设想,从我国国情出发,提出在祖国统一大家庭中,在少数民族聚居地区实行民族区域自治的重要政策。1939年成立的中共中央西北工作委员会专门设立民族问题研究室,对中国少数民族问题展开系统的研究。1940年,中共中央先后批准了西北工委起草的《关于回回民族问题的提纲》和《关于抗战中蒙古民族问题提纲》,这两个文件成为延安时期我们党的民族政策的重要纲领性文件。这两个"提纲"分析了回族和蒙古族

---

① 《毛泽东选集》第2卷,人民出版社1991年版,第480页。

的特点和现状，指出，少数民族的命运和整个中华民族的命运息息相关，只有从彻底抗日的斗争中，才能争取一切其他方面的解放。文件规定了我们党实行民族平等，发扬民主，尊重民族文化、风俗习惯和宗教信仰，帮助改善与提高各少数民族人民生活，发展生产，培养抗战建国人才，组织抗日武装，改善各民族间的关系，增强抗日团结等各项具体政策。这些政策成为延安时期我们党处理民族关系的指导方针，对我们党领导构建民族共有精神家园发挥了极为重要的作用。

2.4.3 革命知识分子积极参与构建民族共有精神家园

抗战爆发后，我们党高举坚持抗战的大旗，延安成为爱国进步青年向往的革命圣地，广大革命知识分子奔赴延安。据统计，抗战以后到延安的知识分子达4万余人，就文化程度而言，初中以上占71%（其中高中以上19%，高中21%，初中31%），初中以下约占30%。[①] 这一时期，在我们党正确的知识分子政策引领下，广大知识分子积极参与抗战文化建设，在抗日根据地汇聚成一股汹涌澎湃的抗战文化洪流，为这一时期的民族共有精神家园建设贡献了力量。

我们党认识到，构建民族共有精神家园离不开广大革命知识分子，只有充分调动知识分子的积极性，发挥他们在文化抗战中的作用，才能够建立起坚强巩固的民族共有精神家园。毛泽东指出："数十年来，中国已出现了一个很大的知识分子群和青年学生群。""他们有很大的革命性，……在现阶段的中国革命运动中常常起着先锋的和桥梁的作用。"[②] 为此，我们党发出《大量吸收知识分子》的指示，号召大量吸收知识分子加入我们的军队，加入我们的学校，加入政府工作。张闻天把知识分子称作是"精神劳动者""灵魂匠人""精神生产品的生产者"，他在为中宣部起草的《关于各抗日根据地文化人与文化团体的指示》中指出，要在物质和精神各方面为知识分子从事创作创造条件，充分发挥广大知识分子的创作积极性。我们党通过制定这些关于知识分子的政策，建立起文化领域的抗日民族统一战线，团结广大革命知识分子投入民族共有精神家园建设之中，在抗日根据地的文化建设方面取得了巨大的成绩。

为了联络各方面的知识分子在抗日民族统一战线的目标下共同推动新的文艺工作，1936年11月，中国文艺协会在陕北保安成立，毛泽东在成立大会上号召广大文艺工作者发扬苏维埃的工农大众文艺，发扬民族革命战争的抗日文艺。

[①]《胡乔木回忆毛泽东》，人民出版社1994年版，第279页。
[②]《毛泽东选集》第2卷，人民出版社1991年版，第641页。

1937年11月,陕甘宁边区文化界救亡协会成立,它是一个有着十分广泛的群众基础的文化组织,成为陕甘宁边区文化运动总的领导机关,由成仿吾、艾思奇、周扬、柯中平等负责,它的任务是"在抗战建国的原则下团结边区的一切文化工作者,推动和开展边区的战时文化工作,供给前方以文化食粮和文化干部"[①]。随后,又成立了边区文艺界抗敌联合会、边区音乐界救亡协会、边区戏剧界抗敌协会等组织,这些协会的建立有力地促进了边区文化的发展。在协会的领导下,延安涌现出大量文艺社团,其中文学社团有战歌社、鲁迅研究会、延安新诗歌会等,它们组织诗歌朗诵,发起"街头诗运动"。戏剧团体有抗战剧团、西北战地服务团、人民抗日剧社、烽火剧团等,它们的演出使延安剧团呈现出姹紫嫣红的景象。音乐社团有延安合唱团、民间音乐研究会、中央管弦乐团、延安作曲者协会等,在它们推动下,延安成了歌咏之城,焕发出高昂的抗日斗志。到1939年,根据地创作的大众化革命歌曲达300首以上,其中最负盛名的是冼星海创作的《生产大合唱》《黄河大合唱》,这些合唱歌曲气势磅礴,波澜壮阔,"走进了民族心灵的深处,激发起革命英雄的时代精神"[②]。周恩来在观看《黄河大合唱》的演出后亲笔题词:"为抗战发出怒吼,为大众谱出呼声!"[③] 美术方面的鲁艺木刻工作团、漫画研究会等也取得了很大成绩,特别是延安的木刻真实反映了抗战景象,在全国引起强烈反响,茅盾称赞它"手法新颖,富于创造性""融合了西洋技巧和中国优秀的传统,再加上翻身以后陕北人民的如火如荼的创造力",他认为延安木刻是民族形式"大辂的始基的椎轮"[④]。这些文艺社团积极开展群众文化活动,发展革命文艺,举办各种群众性文化娱乐活动和纪念会、报告会,极大地丰富了延安文化。当代学者朱鸿召在他的书中这样来形容延安文艺的繁荣景象:"圣地延安是座歌的城,是座诗的城。延安文人轰轰烈烈地掀起歌咏活动和朗诵诗运动,唤醒民众,激发起抗日救亡的热情和信心,并抒发自己融身黄土地上这片战时共产主义理想国的无限感怀。"[⑤] 同时,延安的文艺期刊也犹如雨后春笋般层出不穷。据统计,延安时期先后创办了21种文艺刊物。[⑥] 除了《文艺战线》《大众文艺》《戏剧工作》《前线画报》等专门性的文艺刊物外,还出版了

---

① 朱鸿召:《延安文人》,广东人民出版社2001年版,第77页。
② 朱鸿召:《延安文人》,广东人民出版社2001年版,第64页。
③ 朱鸿召:《延安文人》,广东人民出版社2001年版,第64页。
④ 沙建孙主编《中国共产党史稿》第4卷,中央文献出版社2006年版,第274页。
⑤ 朱鸿召:《延安文人》,广东人民出版社2001年版,第56页。
⑥ 郑师渠主编《中国共产党文化思想史研究》,中共中央党校出版社2007年版,第126页。

以文艺为主的大型综合刊物《中国文化》,《解放》和《中国青年》等刊物也都有专门的文艺创作栏目。这些文艺刊物的创办,为延安知识分子发挥他们的创作热情,积极投身抗日救亡文化运动起到重要作用。

延安文艺座谈会召开以后,边区戏剧运动呈现出一片欣欣向荣的景象,特别是热火朝天的新秧歌运动,更呈现出"鼓乐喧天,万人空巷"的盛况。这一时期,在群众性的秧歌运动基础上,产生了不少优秀的新秧歌剧,如被誉为"第一新秧歌剧"的《兄妹开荒》、"新秧歌剧代表作"《牛永贵受伤》,以及新编历史剧《逼上梁山》《三打祝家庄》、秦腔《血泪仇》等,特别是由鲁艺师生集体创作的《白毛女》,广泛吸收中国古典戏曲、西洋歌舞歌剧和"五四"后话剧创作的优点,是一部具有浓厚民族风格的大型民族新歌剧,轰动了延安全城,风靡各个抗日根据地。《解放日报》引用当时农民的话说:"这个戏为我们说出了穷人的心里话!"这一时期还产生了《东方红》《绣金匾》等优秀民歌,以及李季的长诗《王贵与李香香》,赵树理的小说《小二黑结婚》《李有才板话》,章回体小说《吕梁英雄传》等深受人民群众喜爱的文艺作品。这些文艺作品丰富了根据地人民群众的精神文化生活,促进了广大抗日根据地的民族共有精神家园建设。

这一时期,延安的社会科学研究也取得了重大成就,为我们党从更深层次上建设民族共有精神家园奠定了重要的理论基础。在哲学方面,首先是在党中央的领导下,马列经典著作的翻译、编辑和出版工作取得了重大成绩。据不完全统计,延安在抗战时期翻译出版的马克思主义著作约有30多种。[1] 马列经典著作的编译出版有助于提高广大党员的马克思主义理论水平,促进马克思主义理论在中国的进一步传播,在构建民族共有精神家园方面有极其重要的意义。1937年,毛泽东撰写了《实践论》和《矛盾论》,这两篇哲学论著为我们党确立实事求是的思想路线奠定了重要的理论基础。1938年,延安成立新哲学研究会,会员有艾思奇、何思敬、成仿吾、周扬、张如心、陈伯达等,这一研究会的成立促进了马克思主义理论的宣传普及和深入研究。在史学方面,有吕振羽的《简明中国通史》、范文澜主持的《中国通史简编》、翦伯赞的《中国史纲》、吴泽的《中国社会简史》等,其中范文澜主持编写的《中国通史简编》于1941年在延安出版,这是第一部应用马克思主义观点系统论述中国历史的著作,标志着唯物史观指导下新的中国通史体系初步形成。[2] 范文澜在序言中说:"我们要了解中华民族的

---

[1] 郑师渠主编《中国共产党文化思想史研究》,中共中央党校出版社2007年版,第134页。
[2] 郑师渠主编《中国共产党文化思想史研究》,中共中央党校出版社2007年版,第131页。

前途,我们必须了解中华民族过去的历史;我们要了解中华民族与整个人类社会共同的前途,我们必须了解这两个历史的共同性与其特殊性。"① 延安史学的兴盛为普及历史知识、激发民族精神做出了重要贡献。

总之,在延安时期,广大革命知识分子响应党的号召,积极投身抗日救亡民族运动之中,推动抗日民族文化运动蓬勃发展,创作出大量放射时代光芒的优秀文艺作品和理论著作,为抗日救亡浪潮中的人民群众提供了丰富的精神食粮,为民族共有精神家园建设做出了重大贡献。

2.4.4 党报党刊在构建民族共有精神家园中发挥的作用

党报党刊"是革命政策与革命工作的宣传者、组织者"②,是我们党构建民族共有精神家园的重要手段。通过党报党刊,使广大人民群众了解我们党的方针政策,激励他们积极投入抗日民族解放运动,为实现民族独立和人民解放努力奋斗。延安时期,我们党十分重视这项工作,成立了中央党报委员会,统一领导新闻出版工作,毛泽东为《八路军军政杂志》《共产党人》《中国工人》和《解放日报》撰写发刊词,并为《解放日报》撰写了大量社论。在党中央的领导下,党报党刊在构建民族共有精神家园方面发挥了极为重要的作用。

在抗日根据地,最重要的报刊是《解放日报》,这是由苏维埃时期的《红色中华报》以及其后的《新中华报》发展而来。《解放日报》是中共中央机关报,是抗日根据地出版的第一张大型的每日出版的报纸。毛泽东为《解放日报》撰写的发刊词指出:"本报之使命为何?团结全国人民战胜日本帝国主义一语足以尽之。""这是中国共产党的总路线,也就是本报的使命。"③《解放日报》创刊以后,成为党和人民的喉舌,我们党的一切重要政策,都是经过《解放日报》向全国传达。由此可见,《解放日报》在我们党构建民族共有精神家园过程中发挥了至关重要的作用,成为党联系广大群众,团结动员全国人民坚持抗战的桥梁和纽带。在全党整风中,中宣部发出改造党报的通知,1942年4月1日,《解放日报》在改版结束以后发表社论宣布报纸版面彻底加以改革,其目的是"要使《解放日报》成为真正战斗的党的机关报","要贯彻党的路线,反映群众情况,加强思想斗争,帮助全党工作的改进。这样贯彻我们报纸的党性、群众性、战斗

---

① 郑师渠主编《中国共产党文化思想史研究》,中共中央党校出版社2007年版,第131—132页。
② 《毛泽东年谱(1893—1949)》中卷,中央文献出版社2002年版,第410页。
③ 《毛泽东新闻工作文选》,新华出版社1983年版,第55页。

性和组织性"①。经过改版以后的《解放日报》更加体现出了党报的党性和战斗性。特别是1943年蒋介石出版《中国之命运》大肆宣扬法西斯主义,攻击我们党和马克思主义,《解放日报》连续发表重要社论,如《中国思想界现在的中心任务》《抗战与民主不可分离》《中国共产党与中华民族》《质问国民党》《没有共产党,就没有中国》《法西斯主义的末日》《评国民党十一中全会和三届二次国民参政会》《评〈中国之命运〉》等。这些社论有力驳斥了国民党的反动叫嚣,揭露了国民党蒋介石反共反人民的立场及其"一个主义、一个政党、一个领袖"的法西斯专制主义实质,宣扬了中国共产党的政治主张和历史功绩,有力地扫除了国民党及蒋介石反动言论造成的影响,更加提高了我们党在全国人民中的威信,为我们党构建民族共有精神家园做出了重要贡献。

除《解放日报》外,中共中央在延安还创办了《解放》和《共产党人》等党刊。《解放》为政治理论刊物,张闻天任总负责人,主要宣传党的抗日方针政策,介绍抗日根据地的抗战和建设,介绍马列主义的著作。《共产党人》是党内刊物,毛泽东为该刊写的《发刊词》指出,该刊的任务是"为了建设一个全国范围的、广大群众性的、思想上政治上组织上完全巩固的布尔什维克化的中国共产党"②。除中共中央的报刊外,各中央局、分局和各地区党委也都有自己的党报党刊。如中共中央北方局的党内刊物《党的生活》和《新华日报》华北版,晋察冀分局的《抗敌报》(后改名《晋察冀日报》),山东分局的《大众日报》,晋绥分局的《抗战日报》和华中局的《江淮日报》等。各抗日部队也办了不少报刊,其中最有影响的为总政治部机关刊物《八路军军政杂志》,毛泽东在《发刊词》中指出该刊出版的意义是"为了提高八路军的抗战力量,同时也为了供给抗战友军与抗战人民关于八路军抗战经验的参考材料"③。此外,还有八路军野战政治部的《前线》,新四军政治部的《抗敌报》,八路军留守兵团的《部队生活》等等。中共中央职工、妇女等运动委员会和各群众团体还创办了《中国青年》《中国妇女》《中国工人》《中国文化》等刊物。整风运动开始以后,这些报刊经过清理整顿,大大增强了它们作为党报的"党性、群众性、战斗性和组织性"原则,从而在宣传党的方针政策,建设民族共有精神家园方面发挥了更好的作用。

在国民党统治区由我们党创办的党报党刊主要有《新华日报》和《群众》

---

① 沙建孙主编《中国共产党史稿》第4卷,中央文献出版社2006年版,第276页。
② 《毛泽东选集》第2卷,人民出版社1991年版,第602页。
③ 《毛泽东新闻工作文选》,新华出版社1983年版,第42页。

周刊,这是中共中央长江局和南方局的机关刊物,它们在国统区产生了重大影响,对我们党在国统区构建民族共有精神家园产生了极其重要和特殊的影响。《新华日报》创刊于1938年1月11日,是我们党在国民党统治区公开发行的大型报纸,潘梓年任社长,总经理熊瑾玎、总编辑华岗。《新华日报》旗帜鲜明地宣传了八路军、新四军以及国民党军队英勇抗战取得的成绩,像灯塔一样为国统区人民指明了抗战的方向,深受国统区人民群众的欢迎。《新华日报》在出版的第二个月份即发行2万多份,四五月份达到5万多份,"在中国报纸中,算是最高的销量"①。1938年10月武汉沦陷以后,《新华日报》迁至重庆,在周恩来和南方局的领导下继续开展工作。由于国民党推行文化专制主义政策,对进步报刊采取严厉的审查措施,《新华日报》社同国民党当局进行机智灵活的斗争,使我们党的一些重要主张通过报纸能够传达到国统区人民群众中去,从而增强了国统区人民群众对我们党的了解,扩大了党的影响。皖南事变发生以后,《新华日报》冲破国民党当局的新闻封锁,刊发了周恩来所写的"为江南死国难者志哀"和"千古奇冤,江南一叶;同室操戈,相煎何急?!"两条重要的题词。这两条充满悲愤的题词轰动了重庆和国统区,使人们了解了事变的真相,了解了我们党坚持抗战的主张。1944年3月19日至22日,郭沫若在《新华日报》连载发表警世文章《甲申三百年祭》,指出李自成农民起义军在攻入北京推翻明朝后,因胜利而骄傲,因骄傲而丧失警惕,因不自警而腐化,因腐化而陷于失败。这篇文章对时局有很强的针对性,在全国引起了强烈反响。章汉夫等人还在《群众》周刊上发表多篇文章,批判国统区鼓吹封建法西斯主义的"战国策"派,这些文章也在国统区人民中产生了很大影响。同时,在国统区还有许多受我们党的领导或影响创办的抗日民族统一战线性质的刊物,如《全民抗战》《大众报》《救亡日报》《国民公论》等,将在第七章进行介绍。

2.4.5 新民主主义教育事业促进民族共有精神家园建设

除了发挥党报党刊在构建民族共有精神家园中的作用,我们党还十分重视通过发展教育事业促进抗日根据地的民族共有精神家园建设。早在1937年8月,我们党在《抗日救国十大纲领》中就提出要"改革教育的旧制度、旧课程,适应抗日救国为目标的新制度、新课程"②。毛泽东在六届六中全会上指出,根据

---

① 沙建孙主编《中国共产党史稿》第4卷,中央文献出版社2006年版,第322页。
② 《毛泽东选集》第2卷,人民出版社1991年版,第356页。

地必须采取如下各项文化教育政策:"创设并扩大增强各种干部学校,培养大批抗日干部","广泛发展民众教育,……提高人民的民族文化与民族觉悟","以民族精神教育新后代"①。在党的领导下,根据地大力发展各种形式的干部教育和社会教育,以新民主主义的文化教育思想促进抗日根据地的民族共有精神家园建设。

在干部教育方面,陕甘宁边区先后创办了中国人民抗日军政大学、陕北公学、鲁迅艺术学院、中国女子大学、泽东青年干部学校、行政学院、民族学院、延安大学等。"抗大"是由中国人民抗日红军大学发展而来,它的主要任务是培养抗日前线急需的军事、政治干部。毛泽东为"抗大"题写的教育方针是:"坚定正确的政治方向,艰苦奋斗的工作作风,加上灵活机动的战略战术","抗大"的誓言是:"我们是中华民族与中国人民优秀的儿女,我们永远忠实于中华民族与中国人民解放事业,誓死驱逐日寇出中国,为建立自由独立幸福的新中国而奋斗到底,反对任何汉奸妥协活动。"② 从1936年6月至抗战胜利,"抗大"总校共办了8期,共培养干部31345人。"抗大"还在敌后创办了12所分校和5所陆军中学、1所附设中学,培养了10万余名干部,使"抗大"之花开遍各抗日根据地。③ 陕北公学是1937年7月由中共中央创办的,毛泽东为"陕公"写的著名的题词是:"要造就一大批人,这些人是革命的先锋队。这些人具有政治远见。这些人充满着斗争精神和牺牲精神。这些人是胸怀坦白的,忠诚的,积极的与正直的。这些人不谋私利,唯一的为着民族与社会的解放。这些人不怕困难,在困难面前总是坚定的,勇敢向前的。这些人不是狂妄分子,也不是风头主义者,而是脚踏实地富于实际精神的人们。中国要有一大群这样的先锋分子,中国革命的任务就能够顺利的解决。"④ 毛泽东的这一题词生动地诠释了我们党所构建的民族共有精神家园的内涵。在近4年时间里,"陕公"共培养了11000多名抗战人才。鲁迅艺术学院成立于1938年4月,其任务是培养抗战的艺术干部,研究艺术理论,整理中国艺术遗产,建立中国新的艺术。1939年7月创办的中国女子大学是一所专门培养抗战建国妇女干部的学校,它担负着促进民族、社会、妇女解放的三种伟大任务。毛泽东在"女大"开学典礼上说:"假如中国没有占半数的妇女的觉醒,中国抗战是不会胜利的,妇女在抗战中有非常重大的作用,……只要妇女都动员起来,全国人民也必然会动员起来了""全国妇女站起之日,就是

---

① 黄兴涛主编《中国文化通史》民国卷,中共中央党校出版社2000年版,第350页。
② 郑师渠主编《中国共产党文化思想史研究》,中共中央党校出版社2007年版,第141页。
③ 沙建孙主编《中国共产党史稿》第4卷,中央文献出版社2006年版,第279页。
④ 《毛泽东年谱(1893—1949)》中卷,中央文献出版社2002年版,第33页。

中国革命胜利之时"①。"女大"的创办，足见我们党在构建民族共有精神家园的过程中十分注重发挥广大妇女的作用，广大妇女的觉醒也就是中华民族的觉醒，妇女的解放就是中华民族的解放。对此，正在延安访问的美国记者斯诺说："办起一座女子学校，这简直无异于发生了一场地震。"② 除了陕甘宁边区，敌后各抗日根据地也创办了许多干部学校和短期训练班，如在晋察冀边区有华北联合大学和抗大二分校，还有抗战建国学院、白求恩卫生学校、冀中民运干部学校等，在华中抗日根据地有新四军教导总队、江淮大学、"抗大"五所分校、"鲁艺"华中分院等。这一时期，我们党通过广泛开展的各种形式的干部教育，为抗战培养了数以万计的革命干部，提高了他们的政治觉悟、理论水平和文化业务素养，为中华民族的解放和复兴事业输送了大批栋梁之材。

同时，根据地还大力发展社会教育和儿童教育。通过发展社会教育"扫除文盲，提高边区成年人民主民族意识与政治文化水平"③，边区创造了多种多样的社会教育形式，如夜校、半日校、早班、识字班、冬学等。其中，冬学利用边区农村在冬闲时节举办群众教育，是边区社会教育最普遍的形式，"天寒地冻把书念，花开水暖务农庄"，大大提高了边区群众的文化知识和民族觉悟。在儿童教育方面，边区则规定："边区小学应依照国防教育方针及实施方法以发展儿童的身心，培养他们的民族意识及抗战建国所必需的基本知识技能"④。在边区政府的大力推动下，陕甘宁边区的儿童教育迅猛发展，边区小学由1937年春的320所，学生5000人，发展到1945年上半年的1377所（包括民办小学1057所），学生34004人（包括民办小学16797人），在抗战前只有3所中学，到1942年发展到11所。⑤ 抗日根据地的国民教育，其"基本内容为新民主主义的教育，这即是以马列主义的理论与方法为出发点的关于民族民主革命的教育与科学的教育"⑥。"百年大计，教育为本"，根据地的教育事业蓬勃发展，大大提高了人民群众的民族觉悟和抗日意识，在民族共有精神家园建设过程中发挥了不可替代的作用。

---

① 郑师渠主编《中国共产党文化思想史研究》，中共中央党校出版社2007年版，第141页。
② 郑师渠主编《中国共产党文化思想史研究》，中共中央党校出版社2007年版，第141页。
③ 郑师渠主编《中国共产党文化思想史研究》，中共中央党校出版社2007年版，第142页。
④ 郑师渠主编《中国共产党文化思想史研究》，中共中央党校出版社2007年版，第143页。
⑤ 沙建孙主编《中国共产党史稿》第4卷，中央文献出版社2006年版，第280页。
⑥ 《中共中央文件选集》第11册，中共中央党校出版社1991年版，第330页。

第三章
共产主义理想信念：
延安时期民族共有精神家园的价值内核

鲁迅曾说："人类总有一种理想，一种希望，不过其中有高下不同。"① 共产主义的崇高理想就是中国共产党成立以来不懈为之奋斗的价值目标和力量源泉。延安时期，我们党领导全国各族人民坚定共产主义理想信念，为实现中华民族的解放和复兴英勇奋斗，共产主义的理想信念成为激励广大先进的中国人为追求民族独立和国家富强不懈奋斗的强大精神动力，成为延安时期我们党领导中国人民构建中华民族共有精神家园的价值内核。在这一远大而崇高精神信念的浸染下，历尽沧桑的中华民族焕发出新生的活力，她将以昂扬的姿态通往新的复兴之路。

3.1 马克思主义经典作家关于共产主义的论述

19世纪40年代，马克思和恩格斯在人类社会实践的基础上创立无产阶级革命学说，他们第一次提出在全人类实现共产主义远大理想后，这一理想就成为无产阶级及其政党的奋斗目标。马克思和恩格斯将他们的毕生精力奉献于人类共产主义事业，列宁把马克思主义运用于无产阶级革命实践并进一步丰富和发展了共产主义学说。马克思主义经典作家关于共产主义的论述可以从以下几个方面来谈。

---

① 《鲁迅选集》第1卷，人民文学出版社2004年版，第8页。

3.1.1 共产主义是无产阶级解放条件的学说

第一，论述了关于无产阶级解放的条件。马克思和恩格斯在《共产党宣言》中指出："共产党人的理论原理，决不是以这个或那个世界改革家所发明或发现的思想、原则为根据的。这些原理不过是现存的阶级斗争、我们眼前的历史运动的真实关系的一般表现。……共产主义的特征并不是要废除一般的所有制，而是要废除资产阶级的所有制。""共产党人可以用一句话把自己的理论概括起来：消灭私有制。"① 马克思和恩格斯在论述了现有的所有制关系和阶级对立后指出，"共产主义革命就是同传统的所有制关系实行最彻底的决裂；毫不奇怪，它在自己的发展进程中要同传统的观念实行最彻底的决裂"②。这就表明，只有消灭资产阶级私有制，无产阶级才能获得自身的解放，无产阶级"如果不炸毁构成官方社会的整个上层，就不能抬起头来，挺起胸来"③，因此，共产党人的目的"只有用暴力推翻全部现存的社会制度才能达到"④。

第二，描述了共产主义社会的特征。马克思在《哥达纲领批判》中把共产主义社会分为初级阶段和高级阶段，他在论述共产主义初级阶段时指出："我们这里所说的是这样的共产主义社会，它不是在它自身基础上已经发展了的，恰好相反，是刚刚从资本主义社会中产生出来的，因此它在各方面，在经济、道德和精神方面都还带着它脱胎出来的那个旧社会的痕迹。"⑤ "在共产主义社会高级阶段上，在迫使人们奴隶般地服从分工的情形已经消失，从而脑力劳动和体力劳动的对立也随之消失之后；在劳动已经不仅仅是谋生的手段，而且本身成了生活的第一需要之后；在随着个人的全面发展生产力也增长起来，而集体财富的一切源泉都充分涌流之后，——只有在那个时候，才能完全超出资产阶级法权的狭隘眼界，社会才能在自己的旗帜上写上：各尽所能，按需分配！"⑥ 列宁还论述了在共产主义社会国家的消亡，他指出："国家完全消亡的经济基础就是共产主义的高度发展，那时脑力劳动和体力劳动的对立已经消失，因而现代社会不平等的最重要的根源之一也就消失，而这个根源光靠生产资料转为公有财产，光靠剥夺资

---

① 《马克思恩格斯选集》第1卷，人民出版社1972年版，第264—265页。
② 《马克思恩格斯选集》第1卷，人民出版社1995年版，第293页。
③ 《马克思恩格斯选集》第1卷，人民出版社1972年版，第262页。
④ 《马克思恩格斯选集》第1卷，人民出版社1972年版，第285页。
⑤ 《马克思恩格斯选集》第3卷，人民出版社1972年版，第10页。
⑥ 《马克思恩格斯选集》第3卷，人民出版社1972年版，第12页。

本家，是决不能立刻消除的。"①

第三，论述了现实的共产主义运动。正如《共产党宣言》中所说："共产党人为工人阶级的最近的目的和利益而斗争，但是他们在当前的运动中同时代表运动的未来。"② 在《德意志意识形态》一文中，马克思和恩格斯指出："共产主义对我们说来不是应当确立的状况，不是现实应当与之相适应的理想。我们所称为共产主义的是那种消灭现存状况的现实的运动。这个运动的条件是由现有的前提产生的。"③ 恩格斯也指出："共产主义不是学说，而是运动。它不是从原则出发，而是从事实出发。被共产主义者做为自己前提的不是某种哲学，而是过去历史的整个过程，特别是这个过程目前在文明各国的实际结果。"④ 这个运动不同于过去的一切运动都是少数人的或者为少数人谋利益的运动，"无产阶级的运动是绝大多数人的、为绝大多数人谋利益的独立的运动"⑤。

3.1.2 坚定共产主义的理想信念

马克思主义经典作家不仅创建了无产阶级革命学说，而且论证了资本主义必然灭亡，无产阶级必然胜利的人类历史发展趋势，向全世界的无产阶级宣告了共产主义必胜的坚定信念，激励着各国无产阶级为之不懈奋斗。马克思和恩格斯在《共产党宣言》中，从生产力和生产关系的矛盾运动出发，论述了随着大工业的发展，资产阶级赖以生产和占有产品的基础逐渐丧失，资产阶级不仅锻造了置自身于死地的武器，而且还生产了它自身的掘墓人，因此，资产阶级的灭亡和无产阶级的胜利都是不可避免的。后来，马克思在《资本论》中更是以严密的事实和逻辑论证了资本主义必然灭亡的历史发展趋势。恩格斯在评论《资本论》第一卷时说：作者"以无可争辩的罕见的博学，在与整个经济科学的联系中，考察了资本与劳动之间的全部关系，把'揭示现代社会的经济运动规律'作为自己的终极目的，并且根据以无可怀疑的知识所作的绝对认真的研究，得出了这个结论：整个'资本主义生产方式'必定要被消灭。"⑥ 列宁在《我们的纲领》中指出："我们完全站在马克思理论的基础上，因为它是第一次把社会主义从空想变

---

① 《列宁选集》第3卷，人民出版社1972年版，第253页。
② 《马克思恩格斯选集》第1卷，人民出版社1995年版，第306页。
③ 《马克思恩格斯选集》第1卷，人民出版社1972年版，第40页。
④ 《马克思恩格斯全集》第4卷，人民出版社1958年版，第311—312页。
⑤ 《马克思恩格斯选集》第1卷，人民出版社1972年版，第262页。
⑥ 《马克思恩格斯全集》第16卷，人民出版社1964年版，第237页。

成科学,给这个科学奠定了巩固的基础,规划了继续发展和详细研究这个科学所应遵循的道路。它揭示了现代资本主义经济的实质,说明了雇佣工人、购买劳动力怎样掩盖着一小撮资本家、土地占有者、厂主、矿山主等等对千百万贫苦人民的奴役。它表明了现代资本主义发展的全部进程怎样使小生产逐步受大生产的排挤,怎样创造条件,使社会主义社会制度成为可能和必然。它教导我们透过那些积习、政治手腕、奥妙的法律和诡辩的学说看出阶级斗争,看出形形色色的有产阶级同广大的贫苦人民,同领导一切贫苦人民的无产阶级的斗争。它说明了革命的社会主义政党的真正任务不是臆造种种改造社会的计划,不是劝导资本家及其走狗改善工人的处境,不是策划密谋,而是组织无产阶级的阶级斗争,领导这一斗争,争取达到最终目的——由无产阶级取得政权和组织社会主义社会。"① 通过这些论述,进一步论证了资本主义必然被社会主义所取代的历史必然性,更加坚定了广大无产阶级的理想信念。

3.1.3 扩大共产主义的宣传教育

马克思主义经典作家十分重视用科学的理论武装无产阶级的头脑,指导无产阶级的革命运动。没有科学的理论作为指导,工人运动就会陷入盲目斗争,甚至被统治阶级所利用。因此,革命导师都十分强调要扩大共产主义的宣传教育,抵制错误思想的影响。恩格斯指出:"社会主义自从成为科学以来,就要求人们把它当作科学看待,就是说,要求人们去研究它。必须以高度的热情把由此获得的日益明确的意识传布到工人群众中去,必须日益加强团结党组织和工会组织。"② 列宁在谈到政治鼓动和阶级观点时说道,社会民主党"应当始终坚持不懈地扩大工人运动对现代社会的一切社会和政治生活领域的影响。它不仅应当领导工人的经济斗争,而且应当领导无产阶级的政治斗争,它应当时刻不忘我们的最终目的,随时进行宣传,保卫无产阶级的思想体系不遭到歪曲,并把它继续发展。"③ 社会民主党"必须把整个雇佣工人阶级培养成为使全人类摆脱一切压迫而斗争的战士;必须经常教育这一阶级的不断出现的新阶层;必须善于接近这一阶级的最不开化、最不成熟、而我们的科学和生活的科学也很少触动的代表们,以便能够跟他们谈得来,能够接近他们,能够坚持不懈地耐心地提高他们,使他们具有社会民主主义的觉悟;但不要把我们的理论变成枯燥乏味的教条,不要光用书本子

---

① 《列宁选集》第1卷,人民出版社1972年版,第202页。
② 《马克思恩格斯全集》第18卷,人民出版社1964年版,第567页。
③ 《列宁全集》第5卷,人民出版社1959年版,第309页。

教他们理论，而要让他们参加日常的斗争"①。由此可见，一种科学的理论并不能自发地为广大群众所接受，而是要坚持不懈地扩大宣传，用先进的理论武装人们的头脑，自觉地建设人类的精神家园，才能够发挥精神武器的作用，推动革命的运动向前发展。

3.2 延安时期党对共产主义理想和道德的阐述

延安时期，我们党在总结以往革命斗争经验教训的基础上，更进一步加深了对共产主义理想内涵和层次的理解，并从理论上做了系统的阐述。以共产主义理想信念为内核，中国共产党领导各族人民构建起民族共有精神家园，激励着全国人民为实现民族自由和解放英勇奋斗。

3.2.1 对共产主义思想体系的论述

毛泽东在《新民主主义论》一文中指出："共产主义是无产阶级的整个思想体系，同时又是一种新的社会制度。这种思想体系和社会制度，是区别于任何别的思想体系和任何别的社会制度的，是自有人类历史以来，最完全最进步最革命最合理的。"封建主义的思想体系和社会制度已经进了历史博物馆，资本主义的思想体系和社会制度也已"日薄西山，气息奄奄"，"惟独共产主义的思想体系和社会制度，正以排山倒海之势，雷霆万钧之力，磅礴于全世界，而葆其美妙之青春。中国自有科学的共产主义以来，人们的眼界是提高了，中国革命也改变了面目"②。在《中国革命和中国共产党》一文中，毛泽东详尽地分析了中国社会和革命的性质，分析了新民主主义革命的任务和前途，指出中国革命必须分两步走，先进行新民主主义革命，然后进行社会主义革命，渐次达到共产主义。新民主主义革命和社会主义革命是两个性质完全不同的革命过程，民主革命是社会主义革命的必要准备，社会主义革命是民主革命的必然趋势。两个革命过程既不能合并，又必须衔接，只有把文章的上篇作好，才能继续完成下篇，从而最终完成向人类最高理想的过渡。那么，怎样才能保证民主革命的成功呢？毛泽东指出："中国的民主革命，没有共产主义去指导是决不能成功的，更不必说革命的后一阶段了。""现在的世界，依靠共产主义做救星；现在的中国，也正是这样。""在现在，新民主主义，在将来，社会主义，这是有机构成的两部分，而为整个

---

① 《列宁全集》第 8 卷，人民出版社 1959 年版，第 423 页。
② 《毛泽东选集》第 2 卷，人民出版社 1991 年版，第 686 页。

共产主义思想体系所指导的。"① 由此可见，我们党已更清醒地认识到共产主义对中国革命和建设的作用，从而更坚定了在共产主义思想体系指导下，完成民主革命和社会主义革命的信心。

3.2.2 共产党员必须加强思想道德修养

共产主义事业是人类历史上空前伟大的事业，它要消灭剥削，消灭阶级，最终解放全人类。但是，这一事业又是人类历史上空前艰巨的事业，它的长期性和艰巨性决定了必须经过长期的艰苦曲折的斗争和顽强拼搏才能完成。鉴于这一历史发展规律的客观要求，决心为共产主义事业奋斗的共产党人必须要加强自身的修养，提高自身的思想政治素质。刘少奇在《论共产党员的修养》一文中对此做了丰富而深刻的论述。

第一，共产党员必须加强自身的思想道德修养。因为共产党人是"近代历史上最先进的革命者，是改造社会、改造世界的现代担当者和推动者"，他要担负历史赋予的空前未有的改造世界的大任，所以就必须注意在改造客观世界的同时，努力改造自己的主观世界，在革命的实践中发挥主观的能动性，加紧学习和修养。只有这样，才能发现自身不正确的思想、品质、习惯，并认真改正，从而提高自己的觉悟，培养革命的品质，改善革命的方法。共产党人的责任就是要遵循人类社会发展的规律，推动社会主义和共产主义事业不断前进。为了实现共产主义的奋斗目标，每个共产党员就必须参加革命的实践，加强自身修养和学习，用马克思列宁主义的立场、观点、方法去解决革命运动中遇到的问题。

第二，共产党员应在革命运动的实践中，努力为共产主义理想而奋斗。共产主义事业是一项"百年大业"，不能一蹴而就，因此，它不仅要求共产党人具有最雄伟的气魄和革命决心，同时还要有实事求是的精神和最切实际的实际工作。刘少奇在《论共产党员的修养》中说："我们共产党员，应该有最伟大的气魄和革命的决心。每一个党员都应该愉快而严肃地下定自己的决心，来担负实现共产主义这种人类历史上空前伟大而艰难的任务。我们清楚地看到共产主义事业实现过程中的困难，同时，我们又清楚地了解这种困难是一定能够在千百万群众的革命发动中完全克服的，绝不为困难所吓倒。我们有广大的人民群众作依靠，完全有信心在我们这一代完成共产主义事业中一段大工程，同时也完全相信我们的后代能够完满地完成这个伟大事业的全部工程。我们共产党员这种伟大的胸怀和气

---

① 《毛泽东选集》第2卷，人民出版社1991年版，第686页。

魄，是人类过去历史上任何阶级的英雄豪杰所不可能有的。"同时，对于一切共产党人来说，"只有把伟大而高尚的共产主义理想和切实的实际工作、实事求是的精神统一起来，才能成为一个好的共产党员"①。

第三，共产党员应坚持党的利益高于一切。我们党的性质决定她除了无产阶级解放的利益外，没有其他特殊利益。因此，"无产阶级解放的利益，人类解放的利益，共产主义的利益，社会发展的利益，就是共产党的利益"。每个党员在任何时候都应把党的利益、全体的利益放在首位，使个人利益与党的利益一致，毫不踌躇、毫不勉强地服从党的利益，甚至可以为党的利益牺牲自己的生命，这就是"共产主义道德的最高表现，就是无产阶级政党原则的最高表现，就是无产阶级意识纯洁的最高表现"②。

3.2.3 把共产主义宣传与革命实践统一起来

延安时期，为了把中国革命从新民主主义革命向社会主义革命推进，毛泽东指出，要扩大共产主义的宣传。同时，毛泽东强调进行共产主义教育不能脱离当前的斗争实际，要把马克思主义基本原理同中国革命的具体实际相结合，从而使共产主义思想教育和当前纲领的实践更加紧密地统一起来。首先，在现时，毫无疑义应该扩大共产主义思想的宣传，加紧马克思列宁主义的学习，因为"没有这种宣传和学习，不但不能引导中国革命到将来的社会主义阶段上去，而且也不能指导现时的民主革命达到胜利"。其次，由于现时社会的整个国民文化还是新民主主义的，而不是社会主义的，所以，"我们既应把对于共产主义的思想体系和社会制度的宣传，同对于新民主主义的行动纲领的实践区别开来；又应把作为观察问题、研究学问、处理工作、训练干部的共产主义的理论和方法，同作为整个国民文化的新民主主义的方针区别开来"③。把二者混为一谈无疑是很不适当的。再次，中国社会的半殖民地半封建社会性质决定了中国革命面对的敌人是帝国主义、封建主义和官僚资本主义，这就决定中国的革命将会异常艰难而曲折，绝不是一蹴而就能够完成的。中国革命的特点要求我们党处理好共产主义的远大理想同现阶段革命斗争的实践，这就要求我们一方面加大共产主义的宣传，运用崇高的理想信念教育广大党员干部，坚定人民群众革命的意志，另一方面要运用共产主义的理论方法指导当前斗争的实际，把马克思主义的基本原理同中国革命的具

---

① 《刘少奇选集》上卷，人民出版社1981年版，第127—129页。
② 《刘少奇选集》上卷，人民出版社1981年版，第130—131页。
③ 《毛泽东选集》第2卷，人民出版社1991年版，第706页。

体实践结合起来。只有这样，我们党才能领导新民主主义革命取得胜利，朝着社会主义革命的道路不断前进。

3.2.4 延安精神：布尔什维克精神的生动展示

延安精神是中国共产党人在延安和陕甘宁边区13年实践中形成的一整套革命传统和优良作风的集中概括，是我们党把马克思列宁主义普遍真理与中国革命具体实践相结合的产物，也是我们党的无产阶级政治本色与中华民族优秀传统道德相统一的结晶。它的产生，是我们党的共产主义理想信念在延安时期特定历史条件下的生动展现，它成为延安时期中国共产党构建民族共有精神家园的精神精华，在延安时期的民族共有精神家园中处于核心层次。

1942年12月，在中共中央西北局高干会议上听取《经济问题与财政问题》报告时，毛泽东对延安县干部为人民服务的作风大加称赞，他指出："延安县同志们的精神完全是布尔什维克的精神。"并对延安精神的基本内涵做了阐述：一是"延安同志们没有一件事不是实事求是的。他们对于他们所领导的延安全县人民群众的情绪、要求及各种具体情况是充分了解的，他们完全和群众打成一片，他们有很好的调查研究工作，因而他们就学会了马克思主义的领导群众的艺术，他们完全没有主观主义、宗派主义与党八股"。二是延安县的同志对人民的事业"充满了负责精神"，体现了为人民服务的观念。三是不怕困难，艰苦奋斗，"他们像生龙活虎一般能够征服一切困难，他们能够根据群众的需要，创造生动的办法，解决群众的问题"[①]。除了延安县精神，延安精神还具体体现为：第一，抗大精神。抗大精神主要体现为坚定正确的政治方向，艰苦奋斗的工作作风，誓死保卫国家，为建立自由独立幸福的新中国而奋斗到底的决心和意志。第二，延安整风精神。我们党从1941年至1944年开展为期三年的整风运动，主旨是反对主观主义以整顿学风，反对宗派主义以整顿党风，反对党八股以整顿文风，其中主要是反对主观主义，用马列主义毛泽东思想武装全党，树立实事求是的精神作风。第三，南泥湾精神。延安时期，特别是1941—1942年间，抗日战争处于极端困难时期，面对日本帝国主义集中进攻敌后抗日根据地以及国民党顽固派对陕甘宁边区实行军事包围和经济封锁的险恶局面，为了保存和发展革命力量，边区开展了轰轰烈烈的大生产运动，基本实现了军民丰衣足食，粉碎了国民党的经济封锁。以八路军三五九旅开垦南泥湾为代表的大生产运动，充分体现了根据地独

[①]《毛泽东文集》第2卷，人民出版社1993年版，第458页。

立自主、自力更生、艰苦奋斗的精神气概。第四，白求恩、张思德精神。白求恩、张思德都是为中国人民的解放事业献出了宝贵生命的光辉榜样，毛泽东专门写了《纪念白求恩》《为人民服务》这两篇光辉著作，对他们进行悼念和表彰，并号召每一个共产党员都要学习这种精神，在他们的身上闪烁着完全彻底为人民服务的精神和毫不利己、专门利人的国际共产主义精神。我们党全心全意为人民服务的精神赢得了民众的心，也深深地感动了到延安采访的外国记者。美国记者斯蒂尔在访问延安后称赞共产党常说的"为人民服务"是"货真价实"的，"我要是在延安住上十天，那我一定也将变成一个共产主义者"①。

正如一位老延安回忆说道："延安时期那么淳朴，那么美好的生活气氛，就是由于大家抱着一个崇高的理想，要创造一个新的美妙生活，新的中国与世界。"②抗战期间，延安成为无数革命者向往和敬仰的地方，数以万计的进步青年为了追求革命的理想和信念，奔赴延安。他们在这座革命的大熔炉中，经过血与火的洗礼，使自己的灵魂得到净化，思想境界得到升华，从而坚定了共产主义信念，将共产主义远大理想作为一生的追求。在中国抗战最艰难的岁月，抗日军民在党的领导下，情绪饱满、士气高昂，充满着革命乐观主义的精神气概，正是这种始终不渝、顽强拼搏、不怕牺牲和为人民解放事业献身的精神气魄，以及为崇高的共产主义理想奋斗的坚强意志成为延安精神的灵魂，成为民族共有精神家园建设的价值内核。

3.3 党对共产主义与三民主义关系的理论阐述

我们党在构建民族共有精神家园过程中，正确地认识和处理三民主义同共产主义之间的关系，是一个极其重要的理论和现实问题。我们党坚持以共产主义思想体系为核心构建民族共有精神家园，而这一时期国民党政府大肆宣扬"一个政党""一个主义"，对共产主义进行恶毒攻击，企图建立国民党三民主义专制独裁思想文化体系，对我们党及其领导的民族共有精神家园建设带来了严峻的挑战。因此，揭露国民党三民主义的真面目，正确认识三民主义的真实含义及其与共产主义的关系，阐明我们党对待三民主义的立场，成为延安时期党构建民族共有精神家园的一项重要内容。

---

① 罗忠敏、崔岩主编《毛泽东是延安精神的缔造者》，陕西人民教育出版社1993年版，第77页。
② 郭德宏主编《永恒的延安精神》，天津古籍出版社2005年版，第63页。

3.3.1 国民党三民主义文化对中国共产党的挑战

孙中山逝世以后,国民党内出现了多个派别的三民主义,除了以宋庆龄为代表的国民党左派始终不渝地忠实于孙中山的革命精神和他提出的"联俄、联共、扶助农工"的三民主义革命宗旨外,其他派别都把孙中山及其三民主义当作谋取宗派私利的招牌。日本侵华以后,汪精卫公然宣称日本旨在灭亡中国的"善邻友好、共同防共、经济提携"三原则就是三民主义的根本精神,把孙中山反帝爱国的三民主义篡改成迎合日本侵略的反共卖国主义,汪精卫的伪三民主义遭到全国人民的声讨和唾弃。除了汪伪三民主义以外,国民党蒋介石大力支持的以叶青为代表的三民主义极力攻击共产主义,宣扬"共产主义不合于中国需要",对我们党及其所构建的民族共有精神家园带来了严峻挑战。这种挑战主要表现在:

第一,叶青三民主义歪曲孙中山的革命学说,妄图消灭共产党。叶青借研究三民主义之名,行歪曲篡改之实。在民族主义问题上,他反对国民党一大提出的反对帝国主义的原则,吹捧代表大地主大资产阶级的国民党是"革命的""统一势力",污蔑中国共产党及其领导的革命武装和政权是"割据势力"。他认为要抗日就要统一,要统一就必须首先用武力"消灭共产党"[①]。在民权主义问题上,叶青认为中国"现在虽然没有宪法和国会,但是政治不是专制,又无王权;一切政府中人皆非贵族,反之,都是平民","中国现在的统一,已经立足于民主政治之上了"[②]。他还把民主与抗战、军事对立起来,主张对民众实行"统制"。在民生主义问题上,他否认中国存在着土地问题,认为中国社会已"不是半封建,而是初期的资本主义""土地所有权,现今大半商业化"[③],既然不存在封建土地制度,也就没有必要搞"平均地权""耕者有其田"了。他还极力反对作为新三民主义的三大政策,认为三大政策只不过是"随时代随环境""可变的""政策"或"具体办法","它对于主义底新旧和真伪没有关系"。[④] 这样,他就抽去了三民主义的灵魂,同孙中山提出的"联俄、联共、扶助农工"的新三民主义完全对立起来。

第二,借三民主义排斥和反对马克思主义。叶青把孙中山的革命学说完全歪曲成一种反共反马克思主义的思想,竭力制造伪据证明"共产党主张之错误"

[①] 转引自张静如主编《中国共产党思想史》,青岛出版社1991年版,第273页。
[②] 转引自张静如主编《中国共产党思想史》,青岛出版社1991年版,第273页。
[③] 转引自张静如主编《中国共产党思想史》,青岛出版社1991年版,第273页。
[④] 转引自张静如主编《中国共产党思想史》,青岛出版社1991年版,第274页。

和"共产主义之不合于中国需要",他说,马克思的共产主义"是欧洲社会发展之产物,仅仅适合于欧洲",对中国来说是"舶来品","与中华民族没有关系"。① 他认为,马克思的社会主义不含有民族主义、民权主义,不能解决民族、民权问题,声称三民主义比共产主义完美,能解决中国的一切问题,所以中国应行三民主义而不是共产主义。叶青还借用孙中山讲的"举行政治革命与社会革命毕其功于一役"的观点,制造反动的"一次革命论",攻击我们党提出的革命发展阶段论违背中国国情。他还十分恶毒地攻击中国共产党用马克思主义指导中国革命"等于未病而吃药","是制造毛病的办法"。② 就这样,叶青将三民主义篡改成了彻头彻尾的反共理论。

第三,借三民主义宣扬法西斯主义。在国民党蒋介石的支持下,叶青之流公开鼓吹"一个主义、一个政党、一个领袖"的法西斯主义论调。他的同伙吴曼君说:"法西斯主义主张一个主义、一个政党、一个领袖,即主张集中主义。民权主义亦系如此。所以在这一点上民权主义与法西斯主义是相同的。"③ 叶青宣称:"中国只需要三民主义,不需要别的主义"④。在党派问题上,叶青极力鼓吹强化国民党的一党政治,吹捧国民党是"中国唯一的革命政党",恶毒诽谤中国共产党的成立不是"中国历史发展的结果",中国共产党"为外力所支持",是"封建""反动的势力",应该"解散"。⑤ 他极力鼓吹蒋介石,说蒋介石不仅是"革命底领袖,统一底领袖,而且是民族底领袖,其事业甚为伟大"⑥,要求对蒋介石要"绝对信任""绝对服从"。将三民主义同法西斯主义混为一谈,足以见叶青三民主义的险恶用心和反动立场。

3.3.2 新三民主义的内涵及其与共产主义的异同

延安时期,面对叶青三民主义对共产主义的猖狂进攻,我们党进行了坚决的斗争,对国民党各种假三民主义进行了系统的批判。特别是毛泽东在《新民主主义论》一文中阐明了我们党对待三民主义的基本态度,阐明了共产主义与三民主义的关系,深刻揭露了假三民主义的反动性,彻底驳斥了假三民主义的谬论,向

---

① 转引自张静如主编《中国共产党思想史》,青岛出版社1991年版,第274页。
② 转引自张静如主编《中国共产党思想史》,青岛出版社1991年版,第274页。
③ 转引自张静如主编《中国共产党思想史》,青岛出版社1991年版,第275页。
④ 转引自张静如主编《中国共产党思想史》,青岛出版社1991年版,第275页。
⑤ 转引自张静如主编《中国共产党思想史》,青岛出版社1991年版,第275页。
⑥ 转引自张静如主编《中国共产党思想史》,青岛出版社1991年版,第275页。

全国人民表明了我们党的态度和主张，对以共产主义思想理论为核心构建民族共有精神家园起到了重要作用。

我们党通过阐明真三民主义与假三民主义的本质区别，论述了我们党所坚持的新三民主义的内涵，揭露了假三民主义的虚伪性和反动性。我们党指出，由于阶级立场的不同，对孙中山三民主义的理解和认识从来就是不一致的。中国共产党认为，三民主义是个历史的范畴，有其形成和发展演化的过程。1924年国民党"一大"宣言对三民主义的重新解释，区分了三民主义的两个历史时代，并且为以后鉴别三民主义的真假提供了唯一的尺度。毛泽东指出，只有这个宣言对三民主义的解释，"才是'真释'，其他一切都是伪释"，"新三民主义或真三民主义，是联俄、联共、扶助农工三大政策的三民主义。没有三大政策，或三大政策缺一，在新时期中，就都是伪三民主义，或半三民主义"①。张闻天等人撰文揭露了叶青三民主义"伪释"和篡改孙中山三民主义的手法和目的，指出："一切叶青之流的任务，现在都集中他们的全部力量"，"把三民主义转变为可以对内反共，又可以对外妥协的工具"。"他们抽去三民主义中的全部革命精神，他们把三民主义同马列主义完全对立，他们甚至企图把三民主义曲解成为法西斯主义"②。"叶青的假三民主义，正是取消三民主义，叶青的言行，正是反对整个中华民族与中国人民"③。

我们党还阐明了共产主义与三民主义的关系，驳斥了所谓共产主义"已包括于三民主义之中"，以"民生主义代替共产主义"的谬论。毛泽东指出，我们党予以承认和"愿为其彻底实现而奋斗"的是孙中山在国民党"一大"宣言中解释的三民主义，即以三大政策为基础的新三民主义。新三民主义中的革命的民族主义、民权主义和民生主义这三个政治原则同共产主义在中国民主革命阶段的政纲基本上是相同的。"由于这些相同，并由于三民主义见之实行，就有两个主义两个党的统一战线。"④ 二者的不同部分，则有："（一）民主革命阶段上一部分纲领的不同。共产主义的全部民主革命政纲中有彻底实现人民权力、八小时工作制和彻底的土地革命纲领，三民主义则没有这些部分。""（二）有无社会主义革命阶段的不同。共产主义于民主革命阶段之外，还有一个社会主义革命阶段，

---

① 《毛泽东选集》第2卷，人民出版社1991年版，第689—690页。
② 张静如主编《中国共产党思想史》，青岛出版社1991年版，第276页。
③ 张静如主编《中国共产党思想史》，青岛出版社1991年版，第276页。
④ 《毛泽东选集》第2卷，人民出版社1991年版，第688页。

因此，于最低纲领之外，还有一个最高纲领，即实现社会主义和共产主义社会制度的纲领。三民主义则只有民主革命阶段，没有社会主义革命阶段。""（三）宇宙观的不同。共产主义的宇宙观是辩证唯物论和历史唯物论，三民主义的宇宙观则是所谓民生史观，实质上是二元论或唯心论，二者是相反的。""（四）革命彻底性的不同。共产主义者是理论和实践一致的，即有革命彻底性。三民主义者除了那些最忠实于革命和真理的人们之外，是理论和实践不一致的，讲的和做的互相矛盾，即没有革命彻底性。"①毛泽东强调，"由于这些不同，共产主义者和三民主义者之间就有了差别"。忽视这种差别，"无疑是非常错误的"②。毛泽东的这一论述，是对那些主张"以三民主义取代共产主义"的最有力的回击，是我们党坚持以共产主义思想理论为核心构建民族共有精神家园的有力论证。

3.3.3 新三民主义成为民族共有精神家园的基石

在抗日战争刚刚爆发之际，我们党为了促成国共合作早日实现，构建起全民族的共有精神家园，在《中国共产党为公布国共合作宣言》中郑重宣告："孙中山先生的三民主义为中国今日之必需，本党愿为其彻底的实现而奋斗。"如前所述，我们党所承认和"愿为其彻底的实现而奋斗"的是孙中山"三大政策"的三民主义，即新三民主义。这就说明，我们党在促进国共合作建立抗日民族统一战线过程中，把新三民主义作为构建民族共有精神家园的重要基石。正是由于承认"孙中山先生的三民主义为中国今日之必需"和"愿为其彻底的实现而奋斗"，我们党才能够以革命的三民主义为旗帜，团结更多的人们加入抗日民族统一战线，成功构建起民族共有精神家园。

周恩来指出："共产主义是我们的信仰，三民主义是统一战线的政治纲领。"③我们党把革命的三民主义作为抗日民族统一战线的政治纲领，作为建设民族共有精神家园的基石，始终坚持孙中山先生三民主义的革命精神，并将其发扬光大，从而成为孙中山的革命三民主义的真正继承人。"九一八"事变发生后，我们党为了动员一切可能的力量参加抗日民族统一战线，为恢复孙中山革命的三民主义奔走呼号，竭尽全力。抗战爆发后，我们党不仅反复声明愿为孙中山三民主义的彻底实现而奋斗，而且通过自己领导的抗日根据地和抗日民主运动，努力贯彻和实践革命的三民主义，通过同汪精卫、叶青和其他形形色色的伪三民

---

① 《毛泽东选集》第2卷，人民出版社1991年版，第688页。
② 《毛泽东选集》第2卷，人民出版社1991年版，第688页。
③ 中共延安市委统战部编《延安时期统一战线史料选编》，华文出版社2010年版，第186页。

主义者、假三民主义者做坚决的斗争,捍卫孙中山的革命三民主义的纯洁性。"实践是最好的证明与公证人。历史的滑稽事情恰好如此:那些高唱三民主义反对共产主义马列主义的最积极的分子,恰好是修正的三民主义者与假三民主义者,而实行三民主义革命纲领最彻底最坚决的分子,恰好就是中国共产主义者,中国的马克思列宁主义者。"① 延安时期,正是我们党在理论和实践中坚决地捍卫孙中山革命的三民主义基本精神,才能够以新三民主义为基石构建起强大的民族共有精神家园,推动中国革命走向胜利。

共产主义理想和信念,是中国共产党人的精神支柱,是我们党构建民族共有精神家园的价值灵魂。延安时期,共产主义思想理论体系不仅是具有丰富深刻内涵的科学理论,而且成为各族人民共同的心声和自觉的行为准则,成为贯穿延安精神的灵魂和主线。虽然在国共合作共同抗日过程中,三民主义成为国共合作的政治基础,成为中华民族团结抗战的旗帜,但我们党所坚持的三民主义是三大政策的三民主义,它正是共产主义在民主革命阶段的最低纲领。以共产主义理想信念为价值内核,我们党构建起全民族的共有精神家园,引领各族人民为实现民族独立和解放而奋斗,从而使中国人民在深重灾难中看到了民族新生的希望。

---

① 张静如主编《中国共产党思想史》,青岛出版社1991年版,第279页。

第四章
新民主主义文化：
延安时期民族共有精神家园的土壤和根基

> 随着抗战以来文化中心城市的相继失去，以及国内政治倒退逆流的高涨，大后方的文化阵地已显得一片荒凉，只有延安不但在政治而且在文化上作中流砥柱，成为全国文化的活跃的心脏。
>
> 延安的古城上高竖起了崭新的光芒四射的新民主主义文化的旗帜，在这个旗帜下萃聚了不少优秀的科学艺术人才，从事着启蒙的研究和实际建设的工作。建立新民主主义文化已成了全国进步文化工作者共同努力的目标，而只有在抗日民主根据地的边区，特别是延安，他们才瞧见了他们的心灵自由，大胆活动的最有利的场所。
>
> 这就是为什么他们在延安身上看见了生机，一个民族的生机，寄托完全的信赖和希望，这就是为什么他们到延安来，仿佛回到自己的故乡，家庭。
>
> ——《解放日报》社论（1941年6月10日）

这段文字是发表在1941年《解放日报》上的一篇社论，它的字里行间深刻体现了延安时期中华民族优秀儿女汇聚在新民主主义的旗帜之下，视新民主主义为自己的精神家园。党的十八大报告指出："文化是民族的血脉，是人民的精神家园"[1]。我们党历来高度重视运用文化引领前进方向、凝聚奋斗力量，团结带

---

[1] 胡锦涛：《坚定不移沿着中国特色社会主义道路前进，为全面建成小康社会而奋斗》，2012年11月8日。

领全国各族人民不断以思想文化新觉醒、理论创造新成果、文化建设新成就推动党和人民事业向前发展。延安时期是我们党在政治、组织和理论上走向成熟的时期,这一时期全党高度重视文化的引领和启迪作用,大力建设中华民族的新文化,开创了新民主主义文化新局面,为构建中华民族的共有精神家园提供了深厚的土壤和根基。

4.1 建设新民主主义文化构建民族共有精神家园

延安时期是我们党取得长足发展并且日趋成熟的时期,这一时期不仅党的组织日益发展壮大,而且在思想文化方面成功构建起新民主主义思想文化体系。新民主主义思想文化体系是对近代以来特别是五四新文化运动以来中国民族新文化的总结和发展,它代表了半殖民地半封建社会里的中国先进文化发展的前进方向。我们党以新民主主义思想文化体系为根基,成功构建起这一时期的中华民族共有精神家园,引领中国人民朝着民族解放和复兴的征程迈进。

4.1.1 抗战初期中国共产党文化思想的转变

在抗日战争爆发以前,特别是在江西瑞金时期,我们党实行的是苏维埃文化政策。苏区文化强调文化教育工作要为革命战争和阶级斗争服务,主张废除国民党反动政府的封建、买办和法西斯的文化教育制度,保证工农及其子女的教育权,对工农大众进行革命教育和文化教育,发展无产阶级的大众文艺。1934年1月,毛泽东在全国苏维埃代表大会上指出,苏维埃文化教育的总方针"在于以共产主义的精神来教育广大的劳苦民众,在于使文化教育为革命战争与阶级斗争服务,在于使教育与劳动联系起来,在于使广大中国民众都成为享受文明幸福的人。"从而创造"新的工农的苏维埃文化"[1]。红军长征到达陕北以后,随着民族危机日益深重,我们党根据抗日民族统一战线总方针的要求,对党的文化思想路线做了适应时代需要的调整,提出建立文化领域的抗日民族统一战线,实现了从苏区文化向抗日文化的转变。1936年11月22日,毛泽东在陕北保安中国文艺协会成立大会上指出:"发扬苏维埃的工农大众文艺,发扬民族革命战争的抗日文艺,这是你们伟大的光荣任务。"[2] 抗日战争爆发以后,我们党又在《抗日救国十大纲领》中提出要实行抗日的教育政策,要求"改变教育的旧制度、旧课程,

---

[1] 邓力群主编《毛泽东的文化思想》,中央民族大学出版社2006年版,第11页。
[2]《毛泽东年谱(1893—1949)》上卷,中央文献出版社2002年版,第612页。

实行以抗日救国为目标的新制度、新课程"。毛泽东在鲁迅艺术学院开学典礼上讲话指出,"山顶上的人"的原苏区文艺工作者和由大城市赴延安的被称为"亭子间人"的文艺工作者,彼此都应当去掉自大主义,要在民族解放的大时代去发展广大的艺术运动,在抗日民族统一战线方针指导下实现文学艺术的使命和作用。① 他还指出,艺术界也要搞统一战线,不管他什么派,都应当团结抗日。艺术品要有内容要适合时代要求,大众的要求。一种艺术品不只是要在现状中看出缺点,同时要看出将来的光明和希望,才能鼓舞人们前进。艺术家要有远大的理想、丰富的生活经验和良好的艺术技巧。他希望艺术工作者不但要抗日,还要在抗战过程中为建立新的民主共和国,为实现共产主义的理想而努力。② 可见,在严峻的民族危机面前,中国共产党为了团结全国各族人民共同抗日,构建起全民族的共有精神家园,对党的思想文化政策做了重大调整,实现了由苏区文化向抗日文化的转变,从而为新民主主义思想文化体系的建立奠定了基础。

抗战爆发前,我们党还发起了一场旨在继承和发扬五四新文化运动精神的新启蒙运动。新启蒙运动认为,虽然在救亡运动中民族战争高于一切,但是也要有文化的建设,"哪怕在战时,我们一样需要教育、文学、艺术、科学、哲学等等研究工作,一样需要电影、报纸、出版等等事业"③,只有这样,才能避免"中国文化的空虚、贫弱,文化部门的寂寞、消沉"④。号召不仅要批判旧思想,还要"在中国多方面地创造新文化","为现代文化中国而奋斗"⑤。他们认为,"一个有前途的民族,决不因有外敌,而现出轻浮,对于文化失去沉潜的努力"⑥,因此必须弘扬科学的精神,对文化的各方面进行脚踏实地的深入研究,创造适合现实需要的文化新形式、新内容,营造丰富多样、生气勃勃的思想文化氛围,创造中华民族的新文化。抗战爆发前,在我们党的倡导下发起的新启蒙运动,"既团结了拯救我们在危亡中的祖国的活力,同时又建立了我们现代中国新文化的基础"⑦。正如这一运动所提出的,"新启蒙运动的目标是要唤醒中国民众的民族自

---

① 《毛泽东年谱(1893—1949)》上卷,中央文献出版社2002年版,第62页。
② 沙建孙主编《中国共产党史稿》第4卷,中央文献出版社2006年版,第269页。
③ 《柳湜文集》,三联书店1987年版,第723页。
④ 《柳湜文集》,三联书店1987年版,第711页。
⑤ 郑师渠主编《中国共产党文化思想史研究》,中共中央党校出版社2007年版,第85页。
⑥ 《柳湜文集》,三联书店1987年版,第723页。
⑦ 郑师渠主编《中国共产党文化思想史研究》,中共中央党校出版社2007年版,第86页。

觉"，建立中国自己的"真正的民族文化"①，这一运动的蓬勃开展为新民主主义文化思想的建立以及唤醒全民族的抗战意识起到了重要的启蒙作用。

4.1.2 新民主主义文化思想体系的初步形成

1938年10月，在党的六届六中全会上，毛泽东就指出："一切有研究能力的共产党员，都要研究马克思、恩格斯、列宁、斯大林的理论，都要研究我们民族的历史，都要研究当前运动的情况和趋势；并经过他们去教育那些文化水准较低的党员。""指导一个伟大的革命运动的政党，如果没有革命理论，没有历史知识，没有对于实际运动的深刻的了解，要取得胜利是不可能的。"② 毛泽东的这一论述，为全党开展思想文化建设提出了一个总的要求，是我们党建立新民主主义文化思想体系的理论根基。1940年1月，陕甘宁边区文化协会第一次代表大会在延安召开，毛泽东为大会题写了"为建立中华民族的新文化而斗争"和"鲁迅的方向就是中华民族新文化的方向"两条重要的题词，吴玉章也写了"文化是时代物质的反映，但文化又是时代精神的先导。因此，文化人必须站在时代思潮的最前线"③的题词。毛泽东和张闻天分别做了《新民主主义的政治和新民主主义的文化》和《抗战以来中华民族的新文化运动与今后任务》的报告。延安文代会的召开，标志着我们党在延安时期已经具备了深刻的文化自觉性，我们党对建设中华民族的新文化——新民主主义文化已经有了全面的认识，它为我们党以新民主主义文化构建民族共有精神家园产生了十分重要的作用。我们党关于新民主主义文化的理论阐述可以概括为这几个方面：

首先，将新文化运动区分为新民主主义文化和旧民主主义文化。毛泽东考察了中华民族新文化运动的发展历程，他认为五四运动是新民主主义文化和旧民主主义文化的分水岭。在"五四"以前，中国文化战线上的斗争，是资产阶级的新文化和封建阶级的旧文化的斗争，这一时期中国的新文化，还是旧民主主义性质的文化，属于世界资产阶级的文化革命的一部分。在"五四"以后，情形则发生了根本变化，"由于中国政治生力军即中国无产阶级和中国共产党登上了中国的政治舞台，这个文化生力军，就以新的装束和新的武器，联合一切可能的同盟军，摆开了自己的阵势，向着帝国主义文化和封建文化展开了英勇的进攻"。这一时期中国的新文化，已是新民主主义性质的文化，属于世界无产阶级文化革

---

① 刘辉：《中国共产党人的文化自觉》，中共党史出版社2008年版，第143页。
② 《毛泽东选集》第2卷，人民出版社1991年版，第533页。
③ 朱鸿召：《延安文人》，广东人民出版社2001年版，第73页。

命的一部分，无产阶级承担了这一时期新文化运动"盟长"的资格。

其次，论述了新民主主义文化的概念和基本纲领。毛泽东指出，新文化"是在观念形态上反映新政治和新经济的东西，是替新政治新经济服务的"①，它是中国的革命力量，反对中国的旧政治旧经济旧文化。所谓新民主主义的文化，"就是人民大众反帝反封建的文化；在今日，就是抗日统一战线的文化。这种文化，只能由无产阶级的文化思想即共产主义思想去领导"，"一句话，就是无产阶级领导的人民大众的反帝反封建的文化"。② 这种新民主主义的文化是民族的，它反对帝国主义压迫，主张中华民族的尊严和独立。这种文化又是科学的，它反对一切封建迷信思想，主张实事求是和客观真理，主张理论和实践的一致性。同时，它又是大众的和民主的，应为全民族中百分之九十以上的工农劳苦民众服务，并逐渐成为他们的文化。毛泽东对新民主主义文化基本纲领的阐述，为我们党以此为基础构建民族共有精神家园指明了明确的方向。

再次，主张建立新民主主义文化革命统一战线。建立文化领域的统一战线，团结中华民族的一切爱国进步知识分子，是建设民族共有精神家园的重要基础。毛泽东在考察新民主主义文化的发展阶段时指出："在中国，文化革命，和政治革命同样，有一个统一战线。"③ 这种文化革命的统一战线自五四运动至抗日战争分为四个时期，在这期间，民族资产阶级时而同无产阶级共同参加革命，时而附和大资产阶级背叛革命，对无产阶级实行文化"围剿"。直到抗日战争时期，中国革命运动中统一战线的范围更加放大了，全国各阶层包括许多上层统治者、民族资产阶级、小资产阶级和一切无产者都成了统一战线的盟员，坚决地反抗日本帝国主义。在这一过程中，文化统一战线更加巩固，民族共有精神家园的建设也才能够更加牢固和强大，这是新民主主义文化发展的最新阶段，也代表了新的时代要求和历史前进的方向。

最后，认为"五四"以后新的国民文化属于新民主主义性质。新民主主义革命的基本任务主要是反对外国的帝国主义和本国的封建主义，是资产阶级民主主义革命，还不是以推翻资本主义为目标的社会主义革命。因此，毛泽东对共产主义的宣传与国民文化的新民主主义方针进行了区分，他指出：在新民主主义革命时期，扩大共产主义的宣传，加紧马克思列宁主义的学习，无疑是很重要的，

---

① 《毛泽东选集》第2卷，人民出版社1991年版，第695页。
② 《毛泽东选集》第2卷，人民出版社1991年版，第698页。
③ 《毛泽东选集》第2卷，人民出版社1991年版，第699页。

但是我们在行动上又不能超越阶段，更不能将共产主义同新民主主义混为一谈，"我们既应把对于共产主义的思想体系和社会制度的宣传，同对于新民主主义的行动纲领的实践区别开来；又应把作为观察问题、研究学问、处理工作、训练干部的共产主义的理论和方法，同作为整个国民文化的新民主主义的方针区别开来"。他认为，新的国民文化的内容"既不是资产阶级的文化专制主义，又不是单纯的无产阶级的社会主义，而是以无产阶级社会主义文化思想为领导的人民大众反帝反封建的新民主主义"①。

4.1.3 文艺座谈会对新民主主义文化的发展

延安文代会召开和《新民主主义论》等发表后，新民主主义文化思想体系已经初步形成。但是，如何将这一新文化纲领贯彻于实践则还只是开始。毛泽东曾在《反对党八股》一文中批评那些在口头上赞成新民主主义文化纲领，而在思想上行动上并没有摆脱教条主义束缚的现象，要求全党在民族化、科学化、大众化的"化"上下功夫，指出："'化'者，彻头彻尾彻里彻外之谓也"，只有真正地实现"化"，才能够脱离教条主义和党八股，才不至于眼高手低，志大才疏。他还以大众化为例，要求广大党员干部和知识分子要向人民群众学习，"如果是不但口头上提倡提倡而且自己真想实行大众化的人，那就要实地跟老百姓去学，否则仍然'化'不了的"②。鉴于当时文艺界在文艺创作方法、服务对象、评判标准等问题上存在争论，1942年5月，毛泽东在延安文艺座谈会上发表讲话，全面系统地阐述了新民主主义的文艺方针，进一步深化了新民主主义文化思想体系。《在延安文艺座谈会上的讲话》的发表，对我们党建设民族共有精神家园和中华民族的新文化产生了深远的影响。其中，关于文艺工作的地位，毛泽东指出，抗战时期根据地文艺工作的主要任务，就是使文艺工作和根据地的人民群众完全地结合起来，"就是要使文艺很好地成为整个革命机器的一个组成部分，作为团结人民、教育人民、打击敌人、消灭敌人的有力的武器，帮助人民同心同德地和敌人作斗争"。其次，毛泽东着重论述了文艺工作的服务对象。他指出，中华民族的新文化是为人民大众服务的，这主要包括工人、农民、八路军新四军和其他人民武装、城市小资产阶级劳动群众和知识分子，他们是最广大的人民大众，是中华民族的最大部分，文艺工作者就是要深入工农兵群众，为这四种人服

---

① 《毛泽东选集》第2卷，人民出版社1991年版，第706页。
② 《毛泽东选集》第3卷，人民出版社1991年版，第841页。

务。关于文艺的普及与提高，毛泽东指出，当前的工农兵大众迫切地要求一个普遍的启蒙，得到他们所急需和容易接受的文化知识，对于他们，普及的任务显得更加迫切。关于文艺批评的标准，毛泽东指出，文艺批评有政治标准和艺术标准，虽然"各个阶级社会中的各个阶级都有不同的政治标准和不同的艺术标准。但是任何阶级社会中的任何阶级总是以政治标准放在第一位，以艺术标准放在第二位"①。他着重论述了文艺工作中政治立场的重要性，指出，无产阶级文艺家要彻底地破坏那些封建的、资产阶级的、个人主义的以及其他各种非无产阶级的创作情绪，并在破坏的同时建设起新东西来。

延安文艺座谈会是新民主主义文化思想体系形成过程中的重要里程碑。毛泽东不仅批评了根据地文艺界存在的各种非无产阶级思想，而且提出了文艺要为人民大众服务，文艺工作者要和人民群众相结合的重要思想，为中华民族新文化的发展提供了指导方针，为构建民族共有精神家园提供了丰厚的土壤和根基。在1945年召开的党的七大上，毛泽东向世人宣告：新民主主义文化是"'为一般平民所共有'的，即是说，民族的、科学的、大众的文化，决不应该是'少数人所得而私'的文化"。在新民主主义思想文化体系的浸润下，中华民族共有精神家园的建设走向更加博大、厚重和辉煌。

4.2 正确处理新民主主义文化同外国文化的关系

4.2.1 近代中国的中西文化论争：中体西用到全盘西化

1840年鸦片战争以后，西方列强的大炮轰开了"天朝上国"的迷梦，西方资本主义文化随之传入中国，对本土文化产生了强烈的冲击。从那时起，如何对待外来的西方文化与中国的传统文化，就成为近代中国知识分子苦苦思索的重大问题。

林则徐、魏源提出"师夷长技以制夷"的口号，呼吁广泛学习西方先进的科学技术。之后洋务派主张"中学为体，西学为用"，他们提倡学习西方的"技艺"，但不改变封建的纲常名教，不动摇中国封建文化之根本。甲午中日战争以后，严复提出"体用不二"，他认为体和用不可分，主张把西学之"体"和"用"一起学过来。严复从哲学、政治、财经、道德、伦理、民族心理和价值观念等方面对中西文化做了广泛的比较，他肯定西方比中国有许多优越的东西，批

---

① 《毛泽东选集》第3卷，人民出版社1991年版，第848—868页。

评了那些盲目排外、拒绝向西方学习的保守思想。从维新派到以孙中山为首的资产阶级革命派,他们引进西学的目的在于救亡图存,他们所说的西学包括现代科学和现代政治,但是他们的理论并没有从根本上动摇封建主义思想文化的基础。康有为甚至通过推衍和宣扬孔子改制说来为变法运动正名。辛亥革命之后,革命果实被袁世凯篡夺,伴随政治上的倒行逆施,文化思想领域也掀起了一股尊孔复古的逆流,他们主张保存"国粹",全盘保存封建文化,对于外国文化则采取闭关守旧政策,拒绝一切外来先进文化。

为了与这种文化复古逆流相抗争,以陈独秀、李大钊、鲁迅、胡适等人为首的一批先进知识分子发起新文化运动,他们高举"民主"和"科学"的旗帜,提出"打倒孔家店"的口号,对以儒家学说为代表的旧礼教、旧道德发起了猛烈的进攻。陈独秀认为,"伦理的觉醒,乃吾人最后觉悟之最后觉悟"[1]。针对封建顽固势力把"儒术孔道"当作中国的"固有文明",陈独秀以民主和科学深刻地抨击那些旧文化的卫道士,他指出:"要拥护那德先生,便不得不反对礼教,礼法,贞节,旧伦理,旧政治;要拥护那赛先生,便不得不反对旧艺术,旧宗教;要拥护德先生又要拥护赛先生,便不得不反对国粹和旧文学。"[2] 他在《敬告青年》一文中号召青年以"利刃断铁、快刀理麻"的锐气,抉择人间种种思想,号召"国人而欲脱蒙昧时代,羞为浅化之民也,则急起直追,当以科学与人权并重"[3]。新文化运动的倡导者传播西方的哲学、政治和伦理学说,试图"采用西洋的法子"以"冲决过去历史之网罗,破坏陈腐学说之囹圄",用"新鲜活泼而适于今世之争存"的思想来取代陈腐朽败的思想,以求得思想的解放。新文化运动是资产阶级新文化同封建主义旧文化的一次激烈交锋,沉重打击了封建主义旧文化的势力,促进了中国人特别是广大知识青年的思想解放和觉醒。但是新文化运动在对待中西文化问题上仍然存在形式主义的偏向,正如毛泽东后来所说:"他们对于现状,对于历史,对于外国事物,没有历史唯物主义的批判精神,所谓坏就是绝对的坏,一切皆坏;所谓好就是绝对的好,一切皆好。"[4] 这就影响了"五四"以后文化运动的发展方向。

五四运动后,以梁启超、梁漱溟为代表的"东方文化派",在批判资本主义

---

[1] 黄兴涛主编《中国文化通史》(民国卷),中共中央党校出版社2000年版,第32页。
[2] 黄兴涛主编《中国文化通史》(民国卷),中共中央党校出版社2000年版,第83—84页。
[3] 黄兴涛主编《中国文化通史》(民国卷),中共中央党校出版社2000年版,第73页。
[4]《毛泽东选集》第3卷,人民出版社1991年版,第832页。

弊病的同时，否定西方文化，一味鼓吹东方文化即中国传统文化的优越性。陈独秀、瞿秋白等共产党人用唯物史观和唯物辩证法的观点批评了东方文化派，但是他们也没能解决如何科学地对待传统文化和民族文化遗产的问题。20 世纪 20 到 30 年代，反动势力多次掀起复古逆流，张扬所谓恢复"固有文化、固有道德"，提倡"四维八德"，提倡尊孔读经。1935 年，以陶希圣为代表的一批大学教授在国民党政府授意下提出要建设"中国本位文化"，重弹"中体西用"的老调。而在这一时期，以胡适为代表的一些资产阶级学者却否定中国传统文化，颂扬西方文化，认为中国"百事不如人""不但政治制度不如人，并且文学不如人"，应该"死心塌地"去模仿和学习外国，"一心一意的走上世界化的路"①。陈序经更鼓吹"提倡全盘的和彻底的西化，使中国能够整个的西化"②。全盘西化论的提出，遭到来自各方的批评，虽然这一观点的矛头是针对当时的文化复古思潮，其主要目的是为了使中国实现资本主义工业化和现代化，但是由于其理论本身的漏洞，它和"中国本位文化"论一样，没有也不可能为中国文化发展指明前进的方向。

4.2.2　批判地吸收外国进步文化构建民族共有精神家园

延安时期，我们党对近代以来的中西文化论争进行了科学的总结，在此基础上提出了我们党对待外来文化和民族文化的科学态度，从而为新民主主义文化建设指明了方向，为民族共有精神家园的建设奠定了深厚的文化根基。

早在 1934 年，鲁迅就写了《拿来主义》一文，论述了如何正确对待外来文化的态度。他做了这样一个比喻：假如有一个穷青年，得到了一座大宅子，怎么办呢？可能有两种态度，一种是怕被房子主人的东西污染了，不敢进去，放一把火把它烧掉，算是保持了自己的清白；另一种态度是，本来就羡慕旧主人的生活，这回得到了，欣欣然走进卧室，大吸其剩余的鸦片。鲁迅说，前一种是昏蛋，后一种是废物。他主张采取第三种态度：不管三七二十一，首先把它"拿来"，"占有"它，然后进行"挑选，看见鱼翅，只要有营养，也像白菜萝卜一样把它吃掉；看见鸦片，也不要摔在厕所里，表示彻底革命，可以把它送到药房里，给人治病；只有抽鸦片的烟枪和烟灯，送一点给博物馆，其余的统统毁掉"。"总之，先拿来，再挑选，或使用，或存放，或毁掉，这样主人是新主人，宅子

---

① 胡适：《中国沉思——胡适读本》，内蒙古大学出版社 2008 年版，第 282 页。
② 黄兴涛主编《中国文化通史》（民国卷），中共中央党校出版社 2000 年版，第 116 页。

是新宅子。"① 我们党充分肯定了鲁迅"拿来主义"的思想，认为鲁迅对待中西文化的这一态度就是中华民族新文化的方向。后来的新启蒙运动也提出"现在是我们重新估量中国文化，估量西洋文化，深入研究，深入批评的时代了"②，他们认为中国新文化建设既不能"连根移植"西方文化，也不能走复古的老路，而应该创造一个"真正新的文化运动"，这个新文化运动"所要造的文化，不应该只是毁弃中国传统文化，而接受外来西洋文化。当然更不应该是固守中国传统文化，而拒斥西洋文化。乃应该是各种现有文化的一种辩证的或有机的综合"③，这种民族的新文化应该是"有条件的吸收国际文化，批判接受中国历史的传统，融合贯通"④。

毛泽东在《新民主主义论》一文中总结了"五四"前后中西文化论争的不同性质，批判了"全盘西化"的错误主张，提出了对待外国文化的正确态度。他指出："中国应该大量吸收外国的进步文化，作为自己文化食粮的原料，这种工作过去还做得很不够。这不但是当前的社会主义文化和新民主主义文化，还有外国的古代文化，例如各资本主义国家启蒙时代的文化，凡属我们今天用得着的东西，都应该吸收。但是一切外国的东西，如同我们对于食物一样，必须经过自己的口腔咀嚼和胃肠运动，送进唾液胃液肠液，把它分解为精华和糟粕两部分，然后排泄其糟粕，吸收其精华，才能对我们的身体有益，决不能生吞活剥地毫无批判地吸收。所谓'全盘西化'的主张，乃是一种错误的观点。形式主义地吸收外国的东西，在中国过去是吃过大亏的。"⑤ 张闻天也指出，中华民族的新文化，绝不是完全抄袭外国文化的所谓"全盘西化"，外国文化中的反动文化是我们应该排斥的，同时，也绝不像"中学为体，西学为用"的"中国本位文化"论者那样，只吸收外国的自然科学的技术，来发展中国的物质文明。他认为，中华民族新文化"接受外国文化，是大胆的与批判的接受。鲁迅的'拿来主义'即是这个意思。一切外国的文化，凡是能够满足抗战建国与新文化的需要的，我们均应吸收过来。我们要在大胆吸收外国文化的优良的养料中使我们的新文化长

---

① 《鲁迅全集》第6卷，人民文学出版社2005年版，第40—41页。
② 《何干之文集》第2卷，北京出版社1994年版，第139页。
③ 张申府：《五四纪念与新启蒙运动》，《认识》创刊号，1937年6月。
④ 《柳湜文集》，三联书店1987年版，第855页。
⑤ 《毛泽东选集》第2卷，人民出版社1991年版，第706—707页。

大起来"①。

由此可见，如何对待外国文化，我们党是从建设中华民族新文化的广阔视野来思考的。我们党主张文化的民族性，主张中华民族的尊严和独立，对于外来文化要批判地接受，"排泄其糟粕，吸收其精华"，这样才能结合新的时代精神建设中华民族的新文化，才能以民族的新文化构建起全民族的共有精神家园，引领时代的前进步伐。

4.2.3　坚持以马克思主义中国化构建民族共有精神家园

如何对待外国文化，也包括如何科学地对待马克思主义在中国的应用，因为马克思主义是诞生在资本主义国家的一种先进思想文化，它是俄国十月革命以后在中国开始广泛传播的。作为中国共产党的指导思想，如何正确地对待马克思主义在中国的实际运用，是关系到我们党是否能够领导中国人民成功构建起民族的共有精神家园，实现中华民族解放和复兴的重大理论和实践问题。

早在1919年发生的"问题与主义"之争中，李大钊就认为社会主义者"必须要研究怎么可以把他的理想尽量应用于环绕着他的实境"②。1923年，他又指出，社会主义理想"因各地、各时之情形不同，务求其适合者行之，遂发生共性与特性结合的一种制度（共性是普遍者，特性是随时随地不同者），故中国将来发生时，必与英、德、俄……有异"③。在后来的革命实践中，张太雷、恽代英、瞿秋白等人进一步意识到马克思主义同中国革命相结合的重要性，他们认为："革命的理论永不能和革命的实践相离"，"应用马克思主义于中国国情的工作，断不可一日或缓"。④ 毛泽东在1930年撰写的《反对本本主义》一文中指出："马克思主义的'本本'是要学习的，但是必须同我国的实际情况相结合。"⑤ 后来由我们党发起的新启蒙运动进一步论证了马克思主义同中国社会和文化相结合的重要性。1936年，陈唯实在《通俗辩证法讲话》一书中提出"辩证法之实用化和中国化"，他认为辩证法"最要紧的，是熟能生巧，能把它具体化、实用化，多引例子或问题来证明它。同时语言要中国化、通俗化，使听者明白才有意

---

① 《张闻天文集》第3卷，中共党史出版社1994年版，第42页。
② 《李大钊全集》第3卷，人民出版社1999年版，第3页。
③ 《李大钊全集》第4卷，人民出版社1999年版，第197页。
④ 《瞿秋白选集》，人民出版社1985年版，第310—311页。
⑤ 《毛泽东选集》第1卷，人民出版社1991年版，第111—112页。

义"①。新启蒙运动号召"要使我们的文化运动充分中国化",他们指出:"过去的新文化运动,外国气味实在太重了,……我们不是反对接受优良的外国文化,马克思主义和辩证法唯物论就可以说是在外国文化中就受过来的,然而不是生吞活剥的简单接受一个死的东西,而是要把它种在自己土地上,使它适合中国的气候和营养条件。"② 1938年4月,艾思奇在《自由中国》创刊号上发表《哲学的现状和任务》一文,明确提出"现在需要来一个哲学研究的中国化、现实化的运动",他认为马克思主义只有中国化现实化,才能满足抗战的现实需要。他还进一步指出:"当我们在中国的社会里来应用来实践马克思主义的时候,也必须注意到中国社会的特殊性,也必须要具体地来了解中国的社会。"③ 柳湜也指出:"一切外来的优良的思想、学术,要通过自己民族,与民众的血肉相联结,它才能发扬光大,变为自己的文化,它才是具体的,不是抽象的教条,它才能解决中国的问题,变为中国革命指导的理论。"④ 这些研究和探讨为我们党提出马克思主义中国化的历史任务创造了条件。

  1938年10月,毛泽东在党的六届六中全会上指出:"马克思、恩格斯、列宁、斯大林的理论,是'放之四海而皆准'的理论。不应当把他们的理论当做教条看待,而应当看作行动的指南。"⑤ 不但应当学习他们得出的关于一般规律的结论,而且应当学习他们观察问题和解决问题的立场和方法。他指出:"马克思主义必须和我国的具体特点相结合并通过一定的民族形式才能实现。""使马克思主义在中国具体化,使之在其每一表现中带着必须有的中国的特性,即是说,按照中国的特点去应用它,成为全党亟待了解并亟须解决的问题。洋八股必须废止,空洞抽象的调头必须少唱,教条主义必须休息,而代之以新鲜活泼的、为中国老百姓所喜闻乐见的中国作风和中国气派。"⑥ 这一论述,是我们党正确对待外国文化的深刻体现,它象征了"中国思想见解上的一大进步",是中国文化"自觉与自信的一个表示"。⑦ 它表明,即使对待马克思主义这一反映人类历

---

① 郑师渠主编《中国共产党文化思想史研究》,中共中央党校出版社2007年版,第83页。
② 刘辉:《中国共产党人的文化自觉》,中共党史出版社2008年版,第143页。
③ 郑师渠主编《中国共产党文化思想史研究》,中共中央党校出版社2007年版,第84页。
④ 《柳湜文集》,三联书店1987年版,第852页。
⑤ 《毛泽东选集》第2卷,人民出版社1991年版,第533页。
⑥ 《毛泽东选集》第2卷,人民出版社1991年版,第534页。
⑦ 张申府:《论中国化》,参见罗荣渠主编《从"西化"到现代化——五四以来有关中国的文化趋向和发展道路论争文选》中册,黄山书社2008年版,第635—636页。

史发展规律的先进外来文化,我们党也不能照抄照搬,而应该使之与民族的特点和革命的实践相结合,体现"中国作风和中国气派"。马克思主义中国化的提出,为我们党确立中国化的马克思主义——毛泽东思想,建立新民主主义的思想文化体系,并在此基础上构建起中华民族的共有精神家园奠定了极为重要的思想基础和保证。

4.3 正确处理新民主主义文化同民族文化的关系

4.3.1 民族文化是构建民族共有精神家园的根基

如前所述,民族文化是指一个民族的生活方式,是以符号的形式所体现出来的民族的价值观念,它包含一个民族的器物文化、制度文化、精神文化和行为文化四个层面,单就民族的精神文化来看,又包含了一个民族的思维方式、审美情趣、理想信念、科学技术、文学艺术等诸多方面的内容。民族文化是一个民族在其历史发展中创造和发展起来的具有本民族特点的文化,它反映着该民族历史发展的水平,是孕育民族精神的母体和源泉,是建设民族精神家园的土壤和根基。

近代以来,在长期的中西文化论争中,如何正确对待民族传统文化,也是知识分子苦苦思索的问题。许多进步知识分子在针砭中国封建社会的弊病,剖析国民精神的弱点,猛烈抨击封建专制文化的同时,努力张扬中华民族的优秀传统文化精神,继承和发扬中华民族传统文化精华,为民族文化的传承和发扬光大做出了重要贡献。严复早在1895年甲午中日战争后就提出要"鼓民力""开民智""新民德",以资产阶级新学取代封建主义旧学,他认为中国国民之智德力其短日彰,不可为讳,然而,只要深入探求,其中实有可为强族大国之储能,虽摧折而不可灭。梁启超主张新民既要"采补其所本无",吸取其他民族与外来文化的优秀精神与价值观念,又要"淬厉其所本有",发扬优秀的民族精神与文化。他相信中华民族生生不息,坚强凝聚,"立国于大地者五千年",必定有一种赖以支撑的"宏大高尚完美,厘然异于群族"的精神特质,"夫既以有此精神,以为国家过去继续成立之基,即可用此精神,以为国家将来滋长发荣之具"[①]。他认为中华民族传统文化中蕴藏着"天下兴亡、匹夫有责""三军可夺帅也,匹夫不可夺志也"等等优秀的精神品质,发扬光大这些精神特质,是"唤起同胞之爱国心"的重要途径。国粹派甚至提出"国学即国魂""国粹亡则国亡",他们创

---

① 郑师渠主编《中华民族精神研究》,北京师范大学出版社2009年版,第267页。

办国学保存会，研究国学，保存国粹。新文化运动的旗手鲁迅无情地揭露了封建文化的弊病和国民性弱点，但他也看到了优秀传统文化的精华。他在《中国人失掉自信力了吗》一文中指出："我们从古以来，就有埋头苦干的人，有拼命硬干的人，有为民请命的人，有舍身求法的人，……虽是等于为帝王将相作家谱的所谓'正史'，也往往掩不住他们的光耀，这就是中国的脊梁。"① 鲁迅所说的民族的"脊梁"，就是民族优秀文化中最闪耀的结晶，它成为民族共有精神家园最生动的诠释和体现。

抗日战争时期，面对民族危亡的紧要关头，广大爱国知识分子更加自觉地认同民族文化，把它作为民族共有精神家园的文化根基。钱穆极力强调中国人不可妄自菲薄，应对本民族历史与文化存有一份"温情与敬意"，树立起民族自信心，民族的生命根植于文化之中，中国绝不会灭亡。萧一山说："民族的特质，就是文化"，"数百年来，用这文化的力量，融合了几百个民族，才成就了四万万五千万人的中华伟大民族。"② 张君劢在他的《民族复兴之学术基础》一书中说道："民族的生存，人的生存，除了穿衣吃饭之外，还有他的文化，他的道德，他的文字言语等，并且还要希望他的繁荣。""自'九一八'以来，我常想中华民族要如何复兴。是否有继续生存下去的活力？世界上无一民族乐于托庇于外人而能生存的！没有他的自觉性，没有他的文化、血统、语言等，这个民族就要被灭亡了。"③ 他认为复兴中华民族要注意三点：一是民族活力，二是民族知觉的锐敏，三是民族道德感觉的锐敏。④ 郭沫若在《复兴民族的真谛》一文中说："复兴民族是要复兴我们中华民族的精神"，他认为我们民族所创造的固有文化，直到现在，"依然在世界上焕发着灿烂的光辉，无论是语言、文字、思想、文艺、学术、产业、生活，都有我们民族的特征，表现在那里"。⑤ 新儒家的代表人物贺麟也指出："中国近百年来的危机，根本上是一个文化的危机。"他认为，"中国当前的时代，是一个民族复兴的时代。民族复兴不仅是争抗战的胜利，不仅是争中华民族在国家政治的自由、独立和平等，民族复兴本质上应该是民族文化的

---

① 《鲁迅全集》第6卷，人民文学出版社1981年版，第118页。
② 郑师渠主编《中华民族精神研究》，北京师范大学出版社2009年版，第278页。
③ 张君劢：《民族复兴之学术基础》，中国人民大学出版社2006年版，第230—233页。
④ 张君劢：《民族复兴之学术基础》，中国人民大学出版社2006年版，第240页。
⑤ 郭沫若：《复兴民族的真谛》，转引自郑大华：《民国思想史论》，社会科学文献出版社2006年版，第392页。

复兴"①。贺麟在这里所说的民族文化复兴的主要潮流就是指儒家文化的复兴，认为儒家文化的命运与民族的前途命运密不可分。贺麟的这一思想虽然过分强调了儒家文化的作用，也没有看到社会的物质基础是民族复兴中的决定因素，但他鲜明地表明了民族文化在民族共有精神家园建设中的重要作用。

4.3.2 中国共产党成立以来对待民族文化的态度

诞生于五四新文化运动之后的中国共产党，从成立时起就承继了新文化运动"民主"与"科学"的精神实质。在文化方面，早期共产党人认识到"不去尽帝国主义的一切势力，东方民族之文化的发展永无伸张之日"，但他们更强调"宗法社会及封建制度的思想不破，则于帝国主义的侵略无法抗拒"②。由于国民党封建专制主义文化思潮甚嚣尘上，早期共产党人在文化上的主要任务首先是要彻底地反封建，他们把文化批判的锋芒突出地指向封建主义和复古思潮。在对待民族传统文化问题上，他们将主要力量放在了对其消极成分进行批判，却忽略了对其积极因素的揭示和发扬，这就不免导致我们党在成立初期对民族文化的认识出现简单化的倾向。

20世纪30年代，随着日本侵华步伐加快，中国民族危机日益严重，我们党开始尝试着辩证地看待文化传统和历史遗产。1935年10月，王明在《论反帝统一战线问题》一书中提出"共产党员是我国一切固有传统和文化中一切优秀的和有价值的东西的真正继承者，同时，共产党员并能创造新的、更高尚的和更美丽的文化和道德"③的观点，这标志着我们党在对待民族文化问题上开始有了新的重要认识。这一时期，鲁迅在批判封建专制文化的同时也指出文化发展的继承性，他提出要对旧文化中的优良成分采取"拿来主义"的态度，特别是关于木刻版画的发展，鲁迅提出可以"参酌汉代的石刻画像，明清的书籍插画，并且留心民间所赏玩的年画，和欧洲的新法融合起来"，更加体现了他对继承古代文化遗产的重视。抗战爆发前的新启蒙运动也提出要辩证地看待中国传统文化。他们认为，对于其中封建残遗的毒素，仍要抱"最大的警戒"，因为它们"正成为敌人和汉奸用来愚昧中国国民的有力工具"，但另一方面，对于旧传统思想文化，除了进行系统的深刻的批判之外，还应该重视整理、发挥和利用其积极的合理性的一面。他们提出，"并不是要全部推翻中国旧文化的传统。……为保卫中国最

---

① 贺麟：《文化与人生》，商务印书馆1988年版，第4—5页。
② 《瞿秋白选集》，人民出版社1985年版，第18页。
③ 转引自刘辉：《中国共产党人的文化自觉》，中共党史出版社2008年版，第139页。

好的文化传统而奋斗"①，有人还呼吁要"选拔旧文化中的具有民族意识的要素，发展它"②。何干之主张必须以"历史的批评眼光"对待民族传统文化，进行艰巨的整理评判工作。正是这一时期的探索，为我们党正确对待民族传统文化，在此基础上建立起新民主主义文化和民族共有精神家园提供了思想基础。正如陕甘宁边区文化界救亡协会发表在《解放》周刊的文章所说，中国文化"是我们伟大民族五千年来智慧的结晶，是我们祖先及近代一切先驱者所辛勤创造的伟大文明产业"，它"不仅是我们这伟大民族的共同的精神上的食粮，而且对于全世界文明史的发展，都曾供给了极伟大的贡献"③。这是对民族文化在建设民族共有精神家园中的地位做出的充分肯定，它标志着我们党对民族文化的认识进到了一个新的理论高度。

4.3.3 吸收民族文化的精华，建设中华民族新文化

在对待一个民族的历史遗产和传统文化的问题上，马克思主义经典作家早已有过阐述。马克思指出："人们自己创造自己的历史，但是他们并不是随心所欲地创造，并不是在他们自己选定的条件下创造，而是在直接碰到的、既定的、从过去承继下来的条件下创造。一切已死的先辈们的传统，像梦魇一样纠缠着活人的头脑。"④ 恩格斯在评价奴隶制和希腊文化时指出："没有奴隶制，就没有希腊国家，就没有希腊的艺术和科学；没有奴隶制，就没有罗马帝国。没有希腊文化和罗马帝国所奠定的基础，也就没有现代的欧洲。"⑤ 可见，马克思和恩格斯揭示了人类历史发展的连续性和继承性，他们主张历史是不能被割断的。延安时期，我们党正是以辩证唯物主义和历史唯物主义的态度对待民族文化遗产，发展中华民族新文化。

1938年10月，毛泽东在六届六中全会上首次讲到要"学习我们的历史遗产，用马克思主义的方法给以批判的总结"。他指出："我们这个民族有数千年的历史，有它的特点，有它的许多珍贵品。对于这些，我们还是小学生。今天的中国是历史的中国的一个发展；我们是马克思主义的历史主义者，我们不应当割

---

① 刘辉：《中国共产党人的文化自觉》，中共党史出版社2008年版，第140—141页。
② 《柳湜文集》，三联书店1987年版，第721页。
③ 刘辉：《中国共产党人的文化自觉》，中共党史出版社2008年版，第145页。
④ 《马克思恩格斯选集》第1卷，人民出版社1972年版，第603页。
⑤ 《马克思恩格斯选集》第3卷，人民出版社1972年版，第220页。

断历史。从孔夫子到孙中山,我们应当给以总结,承继这一份珍贵的遗产。"①在《新民主主义论》中,毛泽东进一步论述了我们党对待民族文化所应采取的科学的态度,他指出:"中国的长期封建社会中,创造了灿烂的古代文化。清理古代文化的发展过程,剔除其封建性的糟粕,吸收其民主性的精华,是发展民族新文化提高民族自信心的必要条件;但是决不能无批判地兼收并蓄。必须将古代封建统治阶级的一切腐朽的东西和古代优秀的人民文化即多少带有民主性和革命性的东西区别开来。"② 毛泽东的这一阐述,提出了我们党对待历史遗产和民族文化的重要原则,这正是我们党在建设中华民族共有精神家园过程中对待民族传统文化所应采取的科学态度。后来毛泽东在回答美联社记者斯坦因的提问时说道:"我们相信马克思主义是正确的思想方法,并不是说我们就忽略了中国文化遗产及非马克思主义的思想价值。我们的态度是批判地接受中国历史遗产和外国思想,盲目地接受和盲目地拒绝我们都反对。我们中国人必须以自己的头脑来思想,并决定什么东西能在中国土地上生长起来。"③ 正是因为我们党能够正确对待中华民族的历史文化遗产,《中国革命和中国共产党》一书中写道:"中华民族不但以刻苦耐劳著称于世,同时又是酷爱自由、富于革命传统的民族……在中华民族的几千年的历史中,产生了很多的民族英雄和革命领袖。所以,中华民族又是一个有光荣的革命传统和优秀的历史遗产的民族。"④ 对中华民族及其历史文化的讴歌,正是我们党吸收优秀民族文化的精华建设中华民族新文化,构建中华民族共有精神家园的真实写照。

4.4 正确处理新民主主义文化同人民大众的关系

正确处理新民主主义文化同人民大众的关系,实现新民主主义文化大众化,是延安时期我们党建立新民主主义文化思想体系的根本要求,也是我们党构建民族共有精神家园的根本要求。只有真正实现文化大众化,提高全国最广大人民群众的知识水平和文化觉悟,才能够在广大人民群众中构建起整个民族的共有精神家园。

---

① 《毛泽东选集》第2卷,人民出版社1991年版,第533—534页。
② 《毛泽东选集》第2卷,人民出版社1991年版,第707—708页。
③ 雷云峰、杨瑞广:《中共中央与八年抗战》,陕西人民出版社1996年版,第602页。
④ 《毛泽东选集》第2卷,人民出版社1991年版,第623页。

4.4.1 马克思主义文艺理论关于大众化的思想

早在无产阶级刚刚登上历史舞台，无产阶级革命运动开始兴起的时候，马克思就深刻地指出：在剥削阶级社会里，"劳动生产了宫殿，但是替劳动者生产了洞窟。劳动生产了美，但给劳动者生产了畸形"①。他指出这种极不合理的现象必须彻底改变，并充满信心地预言：到了共产主义社会，劳动人民将会有足够的时间来从事文学艺术的创造工作，也就能够使文学艺术更好地为社会的主人服务和利用。马克思还高度评价那些表现奴隶阶级革命精神的文艺作品，他在阅读《阿比安关于罗马内战的希腊文原本》后说：这是一部很有价值的书，"他笔下的斯巴达克斯是整个古代史中最辉煌的人物，一位伟大的统帅，高尚的品格，古代无产阶级的真正代表"②。恩格斯也曾要求社会主义的作家以叱咤风云的无产阶级革命英雄为创作题材，建议他们去表现工人生活的积极方面。到了20世纪初期，随着革命斗争的不断发展，新的革命形势要求无产阶级必须建设和发展本阶级的革命文艺。在这种情况下，列宁提出了"文学要为千千万万劳动人民服务"的著名论断。他指出：革命文学"不是为饱食终日的贵妇人服务，不是为百无聊赖、胖得发愁的'几万上等人'服务，而是为千千万万劳动人民，为这些国家的精华、国家的力量、国家的未来服务"③。十月革命胜利以后，列宁在新的历史条件下进一步发挥了这个观点，他指出："艺术是属于人民的，它必须在广大劳动群众的底层有其最深厚的根基，它必须为这些群众所了解和爱好，它必须结合这些群众的感情、思想和意志，并提高他们。"④ 马克思主义经典作家关于文艺大众化的思想，为我们党提出新民主主义文化大众化奠定了理论基础。

4.4.2 中国共产党历史上对文化大众化的探索

早在五四新文化运动时期，人们就对新的文艺是否要为平民大众服务产生了长期的争论，但却没能得到明确的解决。那时有人提出所谓"平民文学"的口号，但正如毛泽东所说："当时的所谓'平民'，实际上还只能限于城市小资产阶级和资产阶级的知识分子，即所谓市民阶级的知识分子"，因而也就"还没有可能普及到工农群众中去"⑤。中国共产党的创始人李大钊曾表示："要想把现代

---

① 马克思：《1844年经济学—哲学手稿》，人民出版社1956年版，第54页。
② 《马克思恩格斯全集》第30卷，人民出版社1974年版，第159页。
③ 《列宁论文学与艺术》，人民文学出版社1983年版，第71页。
④ 《列宁论文学与艺术》，人民文学出版社1983年版，第435页。
⑤ 《毛泽东选集》第2卷，人民出版社1991年版，第700页。

的新文明,从根底输到社会里面,非把知识阶级与劳工阶级打成一气不可。"①为此,他号召知识青年深入工厂农村,为广大群众传授知识和社会主义的道理。党成立以后,著名活动家邓中夏提出文艺应该多写反映工农生活的作品,号召文艺工作者投身到革命的实践中去。瞿秋白也指出:"推广这种运动到极偏僻的地方去,使全国国民觉悟,方才能够达到我们最终的目的。"② 他们的这些思想,为我们党后来确立文化大众化的目标做了前期探索。

1930 年左联成立以后,把文艺大众化规定为它的中心工作,从而使得文艺大众化引起人们的普遍重视。左联执委会在《中国无产阶级革命文学的新任务》中宣布:"为完成当前迫切的任务,中国无产阶级革命文学必须确定新的路线。首先第一个重大的问题,就是文学的大众化。……只有通过大众化的路线,……才能创造出真正的中国无产阶级革命文学。"③ 这一时期,以瞿秋白为代表的一大批革命知识分子就文艺大众化展开了全面讨论。他们主张大众文艺要用现代语言来写,用群众读得懂的话来写,反对白话文学的"欧化"风格,主张革命作家"要到群众中间去学习","文学家应当给群众服务"。他们还运用传统的民歌民谣创作了一大批深受群众欢迎的艺术作品,在实践上拓宽了文艺大众化的创作形式。1936 年以后的新启蒙运动也把大众化作为运动的方向。他们提出,在"文化落后的中国,大众化的运动是迫切地需要着的",这是"我们这落后的怯弱的民族转化为文明的强盛的民族之一契机",他们主张"使新文化的普遍性达到最大限度","应该由亭子间中,图书馆中,科学馆中的个人工作转向文化界的大众,转向作坊和乡间的大众"。④ 左联和新启蒙运动对大众化的探索,对促进民族新觉醒和救亡宣传起到了积极的作用,为新民主主义文化建设打下了基础。

4.4.3 毛泽东对新民主主义文化大众化的贡献

毛泽东在《论持久战》中,就强调指出:"战争的伟力之最深厚的根源,存在于民众之中。"⑤ 只有普遍地动员全国民众投入到抗战热潮中来,才能构建起全民族共有的精神家园,才能够取得抗日战争的胜利。建立新民主主义的文化,

---

① 《李大钊文集》上卷,人民出版社 1984 年版,第 648 页。
② 《瞿秋白文集·政治理论编》第 1 卷,人民出版社 1987 年版,第 21 页。
③ 《文学运动史料选》第 2 册,上海教育出版社 1979 年版,第 243 页。
④ 郑师渠主编《中国共产党文化思想史研究》,中共中央党校出版社 2007 年版,第 88 页。
⑤ 《毛泽东选集》第 2 卷,人民出版社 1991 年版,第 511 页。

实现文化大众化，是激发广大民众的抗战热情，增强爱国主义民族精神，构建民族共有精神家园的重要途径。延安时期，我们党和毛泽东对新民主主义文化大众化进行了深入的探索，为中华民族新文化的建设做出了重要贡献。

毛泽东认为，这种新民主主义的文化是大众的，"它应为全民族中百分之九十以上的工农劳苦民众服务，并逐渐成为他们的文化"①。规定新民主主义文化是大众的，主要包含两层含义。第一层含义是指，我们党历来反对特权者的文化，提倡大众的平民的文化；第二层含义，则是指一切进步的文化工作者都应意识到"民众就是革命文化的无限丰富的源泉"②，应该接近民众，拥有人民大众，力求使作品能反映民众的真实生活、真实思想。所谓大众化，"就是我们的文艺工作者的思想感情和工农兵大众的思想感情打成一片"，认真学习群众的语言，使自己的思想感情"来一个变化，来一番改造"③。张闻天也指出："我们要提倡民族化、大众化的文艺，使文艺工作者到民众中去锻炼，在民众中活动。"并认为"要到民众中去了解民众，了解民众究竟需要什么，才能使中国的文艺成为民族的文艺"④。毛泽东还对人民大众的范围进行了界定，他认为，全国最广大的人民，占全人口百分之九十以上的人民，是工人、农民、革命武装和城市小资产阶级，新民主主义的文艺要为这四种人服务，才能成为人民大众的文艺，才能建立真正的民族新文化。

总之，延安时期，中国共产党已经具备了高度的文化自觉。这一时期，我们党深刻地认识到了文化的民族性、科学性和大众性品格，坚持以先进的思想文化引领时代进步的潮流，在实践中不断创新中华民族的新文化，成功地以新民主主义思想文化体系构建起中华民族共有精神家园，引领中华民族走向伟大复兴的光辉道路。

---

① 《毛泽东选集》第2卷，人民出版社1991年版，第708页。
② 《毛泽东选集》第2卷，人民出版社1991年版，第708页。
③ 《毛泽东选集》第3卷，人民出版社1991年版，第851页。
④ 《张闻天文集》第3卷，中共党史出版社1994年版，第22页。

第五章
爱国主义精神：
延安时期民族共有精神家园的宝贵财富

爱国主义作为一种体现人民群众对祖国深厚感情的崇高精神，历来是动员和鼓舞人民团结奋斗的一面旗帜，是推动我国社会历史前进的巨大力量，是全国各族人民共同的精神支柱。中华民族是一个有着国家和民族利益至上的爱国主义精神传统的伟大民族。无论权重朝臣、三军将士，还是文弱书生、布衣平民，"精忠报国"是中华民族千百年来的古训。"国破山河在，城春草木深"是杜甫深沉的爱国心声，"靖康耻，犹未雪；臣子恨，何时灭"是岳飞悲壮的爱国情怀，"国家兴亡，匹夫有责"是顾炎武强烈的报国责任感，"苟利国家生死以，岂因祸福避趋之"是林则徐慷慨的报国之志。这种绵延于中华民族精神血脉之中的爱国主义精神传统，在延安时期得到了充分的展现，同时，抗日战争的战火与硝烟又赋予了它崭新的时代内涵。在中国共产党的领导下，中华民族爱国主义精神得到了充分的发扬光大，从而为这一时期中华民族共有精神家园增添了新的元素与光彩。

5.1 爱国主义精神的内涵及表现形态

5.1.1 爱国主义精神的内涵

在漫长历史的积淀与传承过程中，中华民族形成了以爱国主义为核心的团结统一、爱好和平、勤劳勇敢、自强不息的伟大民族精神。爱国主义是中华民族精神的核心，是中华民族具有强大凝聚力和向心力的根本所在。爱国主义是什么？通俗地说，就是热爱自己的祖国，是指对自己所属祖国的国土、人民和国家的热爱，这种热爱既体现在情感、心理上，也体现在思想和行为上。法国大革命以后，面对拿破仑军队入侵德国，费希特致力于唤醒德意志同胞的民族意识和爱国主义情感，呼吁重振德意志民族精神，实现德意志民族的新生。列宁指出："爱国主义是由于千百年来各自的祖国彼此隔离而形成的一种极其深厚的感情。"[1] 爱国主义是人们的爱国情感、爱国思想或爱国行为的理性升华，是一种关于个人与祖国关系的理性认识系统，它基于人们在长期的社会实践中，形成的对自己的祖国无比忠诚和热爱的深厚情感。[2] 爱国主义精神作为对自己祖国的一种深厚感情，是民族共有精神家园的重要组成部分。正是人们对自己祖国的这种深厚情感将各族人民紧密地连接在一起，从而形成了具有共同文化底蕴和审美情趣的共有精神家园。

爱国主义作为热爱自己祖国的一种"主义"，更应该是一种思想理论体系，这一思想理论体系有三个层次的内容。其一，爱国主义是一个民族国家所有公民对自己国家的一种神圣美好的心理感情，蕴藏于每个国民的情感世界里，它产生于共同地域、共同的经济利益、共同的历史文化传统。爱国主义的初级形式是乡土观念、乡土深情，从某种意义上说，爱国主义就是乡土观念、乡土深情的放大和升华，爱国主义在感情上表现为对自己祖国的热爱、依恋、亲近和在任何情况下都无法割舍的情愫。它不依附于外在的条件而独立地存在于国民的心中，贯穿于民族国家的发展过程中。对于每个国民来说，爱国主义情感只有强弱、深浅、自觉与不自觉之分，而没有本质上的不同，因此，它在本质上是超阶级、超政治的，而不能成为一人之私、一党之私。[3] 正因为爱国主义的这种超阶级性，它扩大了民族共有精神家园所容纳的主体范围，使民族共有精神家园建设能够覆盖更广阔的群体。但是，仅仅具有爱国主义情感并不是我们党所构建的民族共有精神家园的全部要求，这一点，前文已做了论述。其二，爱国主义是民族国家在历史长期发展过程中逐步积累形成的一种道德规范和文化传统，是爱国的心理情感外

---

[1] 《列宁全集》第35卷，人民出版社1985年版，第187页。
[2] 张平、覃志红、许卉：《精神航标——弘扬培育民族精神与时代精神》，河北人民出版社2008年版，第82页。
[3] 张曙光主编《民族信念与文化特征——民族精神的理论研究》，人民出版社2009年版，第173页。

化而形成的伦理原则和行为规范。因此,爱国主义又具有鲜明的历史性和民族性特点。可以说,一部中国历史,就是一部爱国主义民族精神的发展史,从中涌现出无数保家卫国、忧国忧民、甘于奉献、勇于献身的仁人志士,屈原、苏武、岳飞、文天祥、孙中山、李大钊等是他们的杰出代表。他们用自己的行动传承、演绎、丰富和发展着爱国主义民族精神的深刻内涵。其三,爱国主义既是一种深层次的心理情感和伦理原则,更是渗透于一言一行中的实践行为。因此,爱国主义并不是空洞的说教,不是哪个阶级、哪个政党粉饰的花边,而是要知行合一,更多地体现在言行上。抗日战争时期,我们党始终坚持建立抗日民族统一战线,坚决抵抗日本帝国主义的侵略,始终站在民族抗战的最前线,用实际行动证明我们党在维护民族根本利益、构建民族共有精神家园中的中流砥柱作用。国民党政府虽然也坚持实行军队和政府抗战,但是它从维护自身统治地位的角度出发,始终不敢发动广大人民群众,因而不能更有效地激发民众的抗战爱国热情。正如毛泽东所指出的:"人民的大多数,是从敌人的炮火和飞机炸弹那里听到消息的。"这种动员"是敌人替我们做的,不是我们自己做的"[①]。爱国主义是一种自觉的价值选择,在价值目标上表现为人们对祖国统一、民族团结、社会进步的追求和向往的精神状态。这种追求和向往一旦转化为心灵的内省,上升为有目的、有意识的价值观念,蕴藏在民族机体内的炽烈的爱国热情就会形成巨大的民族凝聚力,从而把整个民族动员和组织起来,自觉地投身于为祖国、为全民族的共同利益而奋斗的实践中。

5.1.2 爱国主义精神的表现形态

爱国主义是一个动态的历史范畴,由于各个历史时期所面临的环境和任务不同,使爱国主义精神富含了更加丰富的历史内涵。综合起来,可以把它的表现形态概括为以下几个方面:

第一,情系故土的爱国情结。情系故土的爱国情结既是爱国主义最重要的表现形式,也是中华民族的传统美德,它集中体现了中华儿女对中华民族深刻的认同感,以及为开发祖国的大好河山而无私奉献和思乡报国的赤子之心。数千年来,我们的祖先世世代代共同生活在这片富饶的土地上,各民族之间形成了密切的经济、政治和文化交往,各族人民对祖国的大好河山、风俗习惯、历史文化产生了浓厚的感情和依存关系,形成了强烈的家国认同意识,在这个基础上,产生

[①]《毛泽东选集》第2卷,人民出版社1991年版,第480页。

了对故土情有独钟的爱国情怀。情系故土的爱国情怀还表现在对祖国山川大地、自然风光、风土人情的无限热爱和尽情讴歌上。我们伟大的祖国，山河壮丽，风光秀美，不仅陶冶了中华民族伟大的爱国主义情操，也培育了伟大的精神文明。毛泽东的一首《沁园春·雪》，寄托了作者对祖国壮丽河山的热情讴歌和建设美好祖国的豪迈决心。情系故土的爱国情结同时还表现在广大中华儿女恋土思乡，对故土魂牵梦绕的炽烈情怀和叶落归根的强烈愿望上。情系故土是一股强大的精神力量，是我国历代爱国主义一个永恒的话题，它时刻激励着无数中华儿女的拳拳报国之心。

第二，忧国忧民的忧患意识。这是一种"以天下为己任"的社会责任感，一种对国家前途命运的自觉意识。这种忧国忧民的忧患意识，能鞭策和激励中华儿女发扬自力更生、艰苦奋斗的优良传统，百折不挠地为国家和民族振兴而努力奋斗。忧患意识的核心是以国家民族的利益为重、忧国忧民的博大情怀。这种关心天下兴亡、深沉博大的忧患意识，构成了中华民族爱国主义民族精神的一大特色。屈原的"长太息以掩涕兮，哀民生之多艰"，范仲淹则谓"先天下之忧而忧，后天下之乐而乐"，都是这种发自内心的忧患意识的真实写照。近代中国面临"三千年未有之变局"，中华民族饱受帝国主义欺凌侵略、灾难空前深重，仁人志士的忧患意识也愈加强烈。康有为向清帝上书说："窃以为今之为治，当以开创之势治天下，不当以守成之势治天下，当以列国并立之势治天下，不当以一统垂裳之势治天下。……若非大变讲求，是坐待自毙也。"① 孙中山组织兴中会，其章程曰："方今强邻环列，虎视鹰瞵……蚕食鲸吞，已效尤于接踵；瓜分豆剖，实堪虑于目前。有心人不禁大声疾呼，亟拯斯民于水火，切扶大厦之将倾。"② 他们先后提出不同的救国方案，探寻救国救民的道路，希望拯救民众于水火、救国家于危难，以使民族振兴国家富强。以毛泽东为代表的中国共产党人正是胸怀这种"天下兴亡，匹夫有责"的深沉忧患意识和强烈的社会责任感，才能够领导中国人民战胜各种艰难险阻，开创中华民族伟大复兴的历史新篇章。

第三，团结统一的"大一统"情怀。这种团结统一的"大一统"情怀，是指历代国人追求、维护国家统一和民族团结而反对分裂的爱国情感，这种情感是一个国家和民族赖以生存和发展的强大精神支柱。在中国上下五千年的历史长河中，既有过国泰民安的太平盛世，也有过诸侯割据、军阀混战的局面，但要求

---

① 汤志钧编《康有为政论集》（上），中华书局1981年版，第140页。
② 《孙中山选集》，人民出版社1981年版，第14页。

"大一统"的思想始终占主导地位。"百川异趋,必会大海""万国殊途,必通诸夏",只有国家统一、民族团结,才能万众一心,共谋大业。"大一统"的思想萌芽于夏、商、周,西周时人们的思想就有了这样的观念:"普天之下,莫非王土;率土之滨,莫非王臣。"这里已蕴含了大一统思想。春秋乱世,王室衰微,孔子主张"拨乱反正",以周天子为核心重新恢复天下国家的统一和安定。他极力称赞管仲辅佐齐桓公的历史功绩说:"霸诸侯,一匡天下……"所谓"一匡天下",就是匡天下于一统,一统于周。孟子、荀子继承孔子的思想,强调"定于一""天下为一",同倡一统。《春秋公羊传》上承孟、荀,进一步发展为"大一统"思想。其中说:"何言乎王正月?大一统也。"明确以统一天下为职志,标志着儒家"大一统"思想最终形成。经秦汉数百年的统一,大一统思想和中华民族整体的观念,已植根于人们的思想深处,成为中国政治鲜明的价值取向、中华民族共同的心理。此后,历朝统治者都以实现天下统一为己任,大一统思想升华成为中华民族的爱国精神,而维护中华民族的团结与国家的统一,又成为爱国精神的核心。在中国历史上,王昭君出塞、文成公主远嫁松赞干布,被传为"和亲"美谈;中日甲午战争之后,被日本割占的台湾人民不屈不挠,抵抗日本侵略者;1931年日本发动"九一八"事变以来,不愿做亡国奴的各族中华儿女奋起抵抗,都是这种维护祖国团结统一爱国主义精神的鲜明写照。

第四,为国奉公尽忠的献身精神。这种为国奉公尽忠的献身精神是一种愿意为自己的祖国和民族的利益贡献个人的一切乃至生命的自我牺牲精神。它表现为将自己的利害和荣辱置之度外,为祖国的兴盛而忘我奋斗,为拯救祖国危亡而英勇献身。为国奉公尽忠的献身精神是爱国主义道德觉悟的最高境界,是中华民族世代相传并不断发扬光大的光荣传统,是中华民族历经数千年风浪而巍然屹立的精神血脉,是爱国主义民族精神的集中体现。在我国历史上,曾经有无数仁人志士,为捍卫民族的尊严和国家独立而以身殉国。他们的壮烈之举,不仅激发了炎黄子孙对祖国炽烈的热爱之情,也砥砺了中华儿女为国家富强和民族振兴百折不挠、拼搏进取的坚强意志。以身殉国是奉公尽忠献身精神的集中表现。古往今来,有无数爱国志士在抗击外敌入侵、保卫国家领土的战争中,公而忘私,舍生忘死,表现出了崇高的英勇献身精神、慷慨不屈的精神境界和道德情操,是人们永恒的讴歌主题。南宋抗金名将岳飞,为雪靖康之耻,"三十功名尘与土,八千里路云和月",披坚执锐,所向披靡,屡屡击败入侵敌军。为了表示对岳飞的嘉奖,朝廷为他营造府第,岳飞坚辞不受,言:"敌未灭,不家为!"他那"精忠报国"的爱国豪情至今激励着人们的爱国意志,感人肺腑,催人奋进。明朝末年，清兵入关，进攻扬州。镇守扬州的史可法多次拒绝敌人的劝降，坚守孤城与清兵血战，英勇就义。临刑前，史可法慷慨陈词："城存与存，城亡与亡，我头可断，而志不可屈！"展现了宁死不屈、为国效忠的英杰风范。到了近代，面对中华民族的危亡，爱国志士更是如雨后春笋般涌现出来。在新民主主义革命时期，我们党的优秀儿女方志敏、澎湃、杨开慧、夏明翰等等革命先烈，都是这种爱国献身精神的光辉典范。

第五，坚贞不屈的民族气节。中华民族在反抗外来民族压迫、外国侵略的斗争中，不仅表现出了不顾个人安危、勇于牺牲的爱国主义情感，而且孕育了强烈的民族自尊心，孕育了舍生取义、坚贞不屈的崇高民族气节。孔子说："志士仁人，无求生以害仁，有杀身以成仁。"孟子则表示，生存与道义皆人所欲，如果二者不可兼得，则当"舍生而取义"，他认为"大丈夫"应该具备"富贵不能淫，贫贱不能移，威武不能屈"的英勇气概。汉代苏武出使匈奴被拘禁，他大义凛然，拒绝威迫利诱，宁死不屈，独自在漠北冰天雪地牧羊19年。苏武以他崇高的民族气节、坚忍不拔的精神毅力闻名于世，一直激励、鼓舞着后世的爱国者。南宋民族英雄文天祥抗元被俘，坚贞不屈，在狱中写出了气贯长虹的《正气歌》，对苏武的崇高气节深表敬仰，后慷慨捐躯。他的"人生自古谁无死，留取丹心照汗青"著名诗句，成为激励后世爱国志士前赴后继、坚贞不屈的千古绝唱。在近代，与不挠不挠爱国精神相一致，民族气节也备受珍重。甲午中日战争中，运送中国官兵的高升号在途中遭日舰偷袭，中弹下沉，船上全体官兵宁愿葬身大海，无一投降，充分表现了中华民族的崇高气节。抗日战争中，"回民支队"司令员、共产党员马本斋的母亲被捕后，以苏武、岳飞为楷模，坚贞不屈，绝食而死。"狼牙山五壮士"在弹尽粮绝的情况下，决不投降，壮烈跳崖，谱写了一曲曲民族正气歌。

正是由于爱国主义精神有着如此丰富而深刻的内涵和表现形态，在中华民族共有精神家园建设过程中，爱国主义精神彰显具有高度民族凝聚力和历史文化底蕴的鲜明特性。爱国主义的精神之花将永葆其青春的活力，成为中华民族共有精神家园历久弥新的宝贵精神财富。

5.2 中国共产党对爱国主义精神的理论升华

中国共产党从诞生之日起就具有深厚的爱国主义情结。早在我们党成立之前，一大批具有初步共产主义思想的先进知识分子在五四运动中就高举反帝反封建的爱国主义旗帜，继承了中国近代史上中国人民反对帝国主义和封建主义的优良传统,并结合新的时代条件将其推到了一个崭新的阶段,形成了追求"爱国、进步、民主、科学"的五四精神。党成立以后,以实现民族独立和人民解放为己任,为中华民族的独立、富强和振兴进行了艰苦卓绝的斗争,以其实际行动诠释了爱国主义的真谛,为中华民族共有精神家园增添了更加丰富的时代内涵。延安时期,我们党首先从理论上对爱国主义做了重要的阐述,从而为我们党大力弘扬爱国主义精神,构建民族共有精神家园奠定了基础。

5.2.1 爱国主义是人们对祖国的深厚感情

爱国主义首先体现为一种人民群众对祖国的深厚感情,它是动员和鼓舞人民团结奋斗的旗帜,是全国各族人民共同奋斗的精神支柱。毛泽东在《中国革命和中国共产党》一文中,以深情的笔调,历述中华民族辽阔的大好河山,悠久的文明历史,灿烂的古代文化。文中这样写道:"我们中国是世界上最大国家之一,……在这个广大的领土之上,有广大的肥田沃地,给我们以衣食之源;有纵横全国的大小山脉,给我们生长了广大的森林,贮藏了丰富的矿产;有很多的江河湖泽,给我们以舟楫和灌溉之利;有很长的海岸线,给我们以交通海外各民族的便利。从很早的古代起,我们中华民族的祖先就劳动、生息、繁殖在这块广大的土地之上。""在中华民族的开化史上,有素称发达的农业和手工业,有许多伟大的思想家、科学家、发明家、政治家、军事家、文学家和艺术家,有丰富的文化典籍。"这些文字,字里行间都充溢着对伟大祖国的深深依恋之情,爱国主义就是这样一种对祖国生死相依、血脉相连的民族情感。同时,爱国主义是一种崇高的民族精神。毛泽东指出,中华民族就是富于民族精神的民族,她"不但以刻苦耐劳著称于世,同时又是酷爱自由、富于革命传统的民族","中华民族的各族人民都反对外来民族的压迫,都要用反抗的手段解除这种压迫。他们赞成平等的联合,而不赞成互相压迫。在中华民族的几千年的历史中,产生了很多的民族英雄和革命领袖"[1]。最后,民族自尊心和民族自信心是爱国主义的集中表现。毛泽东指出,中华民族具有光荣的革命传统和优秀的历史遗产,中华民族是不可侮辱的,我们要保护自己民族的尊严。面对日寇入侵,我们有同自己的敌人血战到底的气概。我们不仅一定能够战胜日本帝国主义,而且我们还自信有自立于世界民族之林的能力。

---

[1]《毛泽东选集》第 2 卷,人民出版社 1991 年版,第 621—623 页。

5.2.2 无产阶级爱国主义同国际主义辩证统一

把爱国主义同国际主义辩证地统一起来，是中国共产党对爱国主义民族精神的新发展。中国共产党是国际共产主义运动的重要力量，20世纪30年代的中国革命成为世界无产阶级革命的重要组成部分，坚持全世界的无产阶级联合起来的国际主义是各国共产党的共同主张。抗日战争爆发以后，中国成为世界反法西斯统一战线的重要组成部分，面对日本法西斯主义的侵略，中日之间的民族矛盾上升为主要矛盾。在这种状况下，如何处理爱国主义同国际主义之间的关系，成为许多人疑惑的地方，特别是成为国民党攻击污蔑我们党，企图借机溶化、取消我们党的重要借口。面对国民党的进攻，我们党站在唯物辩证法的基本立场，阐明了二者之间辩证统一的关系，对国民党的进攻给予坚决回击。首先，毛泽东指出，全世界一切被压迫人民和民族联合起来，互相支持，互相援助，打倒帝国主义，解放世界的民族和人民，这就是我们的国际主义。中国的抗日战争代表了全人类爱好和平的人民的共同利益，必然赢得全世界人民的支持。著名的国际共产主义战士白求恩受加拿大共产党和美国共产党派遣，不远万里来到中国，为中国人民的抗日战争献出了宝贵生命，印度的柯棣华大夫带领医疗队奔赴中国解放区工作，朝鲜人民的领袖金日成领导的游击队长期活动在中国东北地区，这些都表现了崇高的国际主义精神。其次，毛泽东说明了爱国主义同国际主义的辩证关系。他指出，国际主义者的共产党员不但可以而且应该同时又是一个爱国主义者，爱国主义的具体内容在各国依不同的历史条件而有所不同，中国共产党人必须将爱国主义和国际主义结合起来。"我们是国际主义者，我们又是爱国主义者，我们的口号是为保卫祖国反对侵略者而战。""因为只有为着保卫祖国而战才能打败侵略者，使民族得到解放。只有民族得到解放，才有使无产阶级和劳动人民得到解放的可能。中国胜利了，侵略中国的帝国主义者被打倒了，同时也就是帮助了外国的人民。"因此，"爱国主义就是国际主义在民族解放战争中的实施"[①]。每一个共产党员必须发挥全部积极性，英勇坚决地走上民族解放战争的战场，这种爱国主义的行动正是国际主义在中国的实现。毛泽东的这一论述充分有力地驳斥了国民党叫嚣我们抛弃了国际主义的谬论，将爱国主义同国际主义有机地统一起来，使爱国主义民族精神的内涵得到了符合时代要求的新发展，为我们党建立抗日民族统一战线、构建民族共有精神家园提供了有力的论证。

[①]《毛泽东选集》第2卷，人民出版社1991年版，第520—521页。

5.3 加强爱国主义教育，建设民族共有精神家园

延安时期，我们党充分认识到爱国主义精神是全民族抗击日本帝国主义的精神支柱，加强爱国主义教育，建设全民族的共有精神家园，以此增强中华民族的凝聚力、自尊心和自信心，是战胜日本侵略者的根本条件。怎样才能使爱国主义精神深入人心？我们党强调，只有通过在全国各族人民群众中广泛地开展爱国主义教育，才能够构建起各民族共有的精神家园，从而更好地凝聚全国人民的力量，发挥各族人民的抗战积极性。这一时期，我们党开展了广泛的爱国主义教育，为大力弘扬爱国主义精神，构建民族共有精神家园做出了不懈努力。

5.3.1 以党员为重点深入开展爱国主义教育

加强爱国主义教育，建设民族共有精神家园，首先要在广大党员中深入开展爱国主义教育，因为广大共产党员都应当是坚决彻底的爱国者。在国难当头、民族危亡之际，我们党号召每一个共产党员要走在爱国斗争的第一线，负起更大的救国责任。毛泽东指出："中华民族的兴亡，是一切抗日党派的责任，是全国人民的责任，但在我们共产党员看来，我们的责任是更大的。"[1] 那么，共产党员如何负起民族解放斗争的责任呢？毛泽东指出，一是共产党员要高举民族解放、爱国主义的大旗，号召和组织人民群众进行斗争。二是共产党员要在民族解放运动中发挥先锋模范作用。他告诫全党，指出：我们的战争，是在困难环境之中进行的。广大人民群众的民族觉悟、民族自尊心和自信心的不足，大多数民众的无组织，军力的不坚强，经济的落后，政治的不民主，腐败现象和悲观情绪的存在，统一战线内部的不团结、不巩固等等，形成了这种困难环境。因此，"共产党员不能不自觉地担负起团结全国人民克服各种不良现象的重大的责任"。他要求广大共产党员"应该成为英勇作战的模范、执行命令的模范、遵守纪律的模范、政治工作的模范和内部团结统一的模范"，在政府工作中应该是"十分廉洁、不用私心、多做工作、少取报酬的模范"，共产党员是"实事求是的模范，又是具有远见卓识的模范"，还应该成为学习的模范。只有共产党员高度地发挥其先锋模范作用，才能动员全民族一切力量为克服困难、战胜敌人、建设新中国而奋斗。[2] 在毛泽东的教导下，共产党人在抗日战争中发扬了高度的爱国牺牲精

---

[1]《毛泽东选集》第2卷，人民出版社1991年版，第759页。
[2]《毛泽东选集》第2卷，人民出版社1991年版，第521—523页。

神，谱写了一曲曲英勇报国的生命赞歌。

5.3.2 在人民群众中广泛开展爱国主义教育

我们党强调，要在广大人民群众中开展爱国主义教育，培养他们的硬骨头精神和自尊自强的民族意识。毛泽东指出，抗日战争对于中国人民是一场严峻的考验，决定这场考验的因素不是武器的优劣，而是全国民众的决心、勇气和信心，是同仇敌忾、决战决胜的民族精神。所以，在人民群众中开展爱国主义教育，强化民族自尊心和自信心，就成为至关重要的了。在整个抗日战争时期，毛泽东都始终关注着整个民族的精神状态，他一再强调，中国人民是有志气的，中国人民要有骨气。他特别赞赏鲁迅的硬骨头精神，他说："鲁迅的骨头是最硬的，他没有丝毫的奴颜和媚骨，这是殖民地半殖民地人民最可宝贵的性格。"① 毛泽东还指出，帝国主义者、殖民主义者极端地轻视、鄙视殖民地半殖民地的人民，千方百计地摧毁其民族精神，压抑其民族意识。因此，他号召广大人民群众树立起鲁迅的硬骨头精神，敢于同敌人做坚决的斗争，彻底破除那些面对帝国主义的恐吓就直不起腰来的"贾桂"思想，摆脱百多年来殖民地半殖民地社会带给人民的精神枷锁，提高民族自尊心和自信心。毛泽东的这些思想代表了中国人民不屈的民族意志，它激发了中国人民不当亡国奴，抗击日本帝国主义的英勇斗争精神。人民音乐家冼星海 1935 年从巴黎学成回到上海，在他指挥由外国人组成的乐队的演奏时，受到外国人的蔑视，冼星海威严地抗议说："我和我的国家决不能容忍这种卑劣的侮辱！"不久他就奔赴延安，"为抗战发出怒吼，为大众谱出呼声"。著名文学家朱自清面对贫病交加，却毫不犹豫地在《抗议美国扶日政策并拒绝领取美援面粉宣言》上签名，临终前，他还告诫家人决不要买美援面粉。他以自己崇高的人格维护祖国的国格，表现了中华民族坚贞不屈的英雄气概。

5.3.3 高举爱国主义旗帜建立抗日民族统一战线

高举爱国主义的伟大旗帜，推动抗日民族统一战线的建立，是延安时期我们党加强爱国主义教育、构建民族共有精神家园取得的重大实践成果。在抗日战争的严峻关头，我们党首先提出"为保卫祖国而战"的响亮口号。为着全民族的解放大业，我们党主动提出改变国内两个政权敌对的状态，团结一致，共同赴敌。毛泽东在"七七"事变前夕写的《中国共产党抗日时期的任务》一文中说道："中日矛盾变动了国内的阶级关系，使资产阶级及其军阀都遇到了存亡的问

---

① 《毛泽东选集》第 2 卷，人民出版社 1991 年版，第 698 页。

题，在他们及其政党内部逐渐地发生了改变政治态度的过程。这就在中国共产党和中国人民面前提出了建立抗日民族统一战线的任务。"① 因此，中国共产党以民族大义为重，多次真诚呼吁建立全民族的统一战线。在我们党爱国主义精神的感召下，广大中国人民深受鼓舞，特别是国统区人民群众热烈响应我们党发出的全民抗战的号召，广大爱国知识分子强烈呼吁停止内战，一致对外。正是我们党不断加强爱国主义教育，坚持构建全民族共有精神家园的努力最终促成了国共合作，从而建立起抗日民族统一战线，构筑起全国人民齐心协力共同抗日的钢铁长城，为赢得抗日战争的胜利奠定了思想基础。

总之，我们党在建设民族共有精神家园过程中，不仅在抗日战争的实践中高举爱国主义旗帜，而且从理论上对爱国主义精神做了深刻的阐述，始终以爱国主义精神教育人民，凝聚力量，增强民族自尊心和自信心，从而为赢得抗日战争的胜利和中华民族的解放提供了最重要的精神支撑。

5.4 延安时期爱国主义精神彰显的时代价值

延安时期，特别是抗日战争期间，在中国共产党抗日民族统一战线政策的感召下，各族中华儿女万众一心，同仇敌忾，共赴国难，伟大的抗日战争使千百年来中华民族所形成的不畏强暴、爱好和平的爱国主义民族精神得到了发扬光大。中国共产党所倡导的抗日民族统一战线激发了全国各族人民的爱国主义热情，使古老的中华民族精神焕发时代光芒，在此基础上成功构建起中华民族的共有精神家园。延安时期，在我们党抗日民族统一战线政策的激发下，爱国主义精神彰显的时代价值主要体现在以下方面：

5.4.1 国家和民族利益至上的民族大义气度

伟大的抗日战争是一场关乎中华民族生死存亡的民族命运之战，也是一场关乎每一个中华儿女是否沦为亡国奴的个人命运之战。面对这样一场严酷的战争，中国共产党高举爱国主义大旗，提出建立抗日民族统一战线的主张，号召一切愿意参加抗日救国的党派、团体、名流学者、各界同胞筑成坚固的抗日民族统一战线长城，把国家和民族利益置于一切利益之上，确保团结抗战的实现。在抗日民族统一战线中，共产党及其领导的人民军队是这种国家和民族利益至上的爱国主义民族精神的集中体现。在国家与民族危机面前，面对国民党政府叫嚣的"攘外

---

① 《毛泽东选集》第1卷，人民出版社1991年版，第253页。

必先安内"的"剿共"政策，我们党深明大义，不计前嫌，呼吁全国各党派、各军队停止内战，集中一切国力为抗日救国神圣事业而奋斗。这表明，为了国家和民族的利益，我们党能够并且做到了超越不同政见、党派、阶级、阶层、团体乃至个人的分歧与矛盾，置国家与民族大义为上，不计一党之利益，一切服务于民族大义。西安事变发生后，国内被新的内战阴云所笼罩，为了团结一切力量抵御日寇，避免发生新的内战，我们党坚决主张和平解决事变，在万分危急的局势下成功化解了僵局，从而促成了时局的扭转。为了促成抗日统一战线，我们党主动向国民党五届三中全会提出并坚持"五项要求"和"四项保证"，充分显示了我们党为了民族大义置本党利益于度外的高风亮节。抗日战争全面爆发后，中共中央立即号召"只有全民抗战，才是我们的出路！"并通电请缨立即赴华北抗日。在抗战相持阶段，八路军、新四军一方面在抗日战场上浴血奋战，另一方面还要面对国民党顽固势力的军事进攻，对此，我们党采取了"有理、有利、有节"的斗争。可以说，没有中国共产党以国家和民族利益为重的胸襟和气度，就没有抗日民族统一战线的形成，也就难以保证抗日战争的胜利。

同时，这种以国家和民族利益至上，誓死不当亡国奴的民族精神在广大国民党官兵和社会各界人士身上也有着充分的体现。在爱国主义的旗帜下，广大国民党爱国官兵效命疆场，涌现出了许多可歌可泣的感人事迹，张学良、杨虎城两位将军更是甘冒来自多方面的风险和压力，毅然扣留蒋介石，促成内战结束和抗日局面的扭转。正是张、杨二人这种置个人荣辱安危于不顾、视国家和民族利益至上的爱国主义精神，推动了抗日民族统一战线的早日形成。

5.4.2 万众一心、共赴国难的民族团结意识

面对民族生死存亡的严重危险，在中国共产党抗日民族统一战线的号召和广泛的群众政治动员基础上，中华民族空前觉醒，社会各界力量空前团结。万众一心、共赴国难，已经成为中国社会各阶层人民的共识。毛泽东指出："这个战争促进中国人民的觉悟和团结的程度，是近百年来中国人民的一切伟大的斗争没有一次比得上的。"[①] 以民族复兴为己任的中国共产党深知，实现国共合作、团结抗战是取得抗日战争胜利的重要保证。在民族危急的紧要关头，我们党毅然将国共两党恩怨放在身后，将民族大义放在第一位，诚心实意地呼吁国共合作共同抗日，将"抗日反蒋"的方针改为"逼蒋抗日"。正是在我们党的不懈努力下，国

---

① 《毛泽东选集》第3卷，人民出版社1991年版，第1032页。

共两党基于救亡图存的需要，舍弃前嫌，再度携手。如毛泽东所指出的，如果没有共产党、八路军、新四军和陕甘宁边区真心实意地出来主张停止内战一致抗日，那就无人发起抗日民族统一战线，无人领导和平解决西安事变，那就无从实现抗日。对于国共合作的实现，毛泽东评价道："这在中国革命史上开辟了一个新纪元。这将给予中国革命以广大的深刻的影响，将对于打倒日本帝国主义发生决定的作用。"① 在抗日民族统一战线的号召下，全国各界民众迅速在全民抗日的旗帜下团结、凝聚起来，不论前方将士，还是老弱妇孺，万众一心，共赴国难，实现了最大限度的全员抗战。前线战士浴血奋战，英勇杀敌，广大群众参军、参战、罢工、游行，开展各种形式的抗日救国斗争。在后方，妇女界、文化界组织战地服务团、救护队、抗敌剧社、救亡歌咏团，进行抗日宣传。知识分子和青年爱国学生在党的领导和影响下站在了时代前列，或以笔代枪，或投笔从戎。各少数民族也为抗战的胜利做出了卓绝贡献，涌现出马本斋、周保中、赵尚志等许多优秀的少数民族指战员。成千上万支各民族的游击队、自卫队在与敌人作战，难以计数的担架队、救护队、运输队在夜以继日地奔忙，共同谱写了一曲民族大团结、同心赴国难的爱国主义颂歌。身居海外的华侨与祖国同呼吸、共命运，他们组织各种华侨救亡团体，创办报刊，捐款捐物，回国参战。总之，抗战时期，中国社会各阶级各阶层都投入抗日洪流之中，抗日战争的胜利是中华民族团结一致、共同御侮的胜利。

5.4.3 不畏强暴、血战到底的民族英雄气概

抗日民族统一战线建立前，国民党政府对日本侵略者历来采取妥协退让的政策，幻想通过妥协让步达到日本停止侵略的步伐，但是野心勃勃的日本侵略者却变本加厉，把侵略魔爪一步步伸向中国腹地。正是在中国共产党的不懈努力下建立起抗日民族统一战线，推动国民党政府走上抗日的道路，才充分彰显了中华民族不畏强暴、同敌人血战到底的英雄气概。这种民族英雄气概是激励广大抗日军队不畏强敌，奋勇杀敌，为民族解放与独立而勇敢斗争的强大精神武器。抗战开始以后，在国民党的正面战场，广大爱国官兵表现出了空前的抗战热情，以血肉之躯英勇抗敌，血洒疆场，给日军以沉重打击，粉碎了日本"速战速决""三个月灭亡中国"的迷梦。在淞沪会战中，张治中将军在战前寄语将士："人人抱必

---

① 《毛泽东选集》第 2 卷，人民出版社 1991 年版，第 364 页。

死之心，以救国家，以救民族。"① 国民党政府在迁都重庆时发表声明称："此后将以最广大之规模，从事更持久之战斗。以中华人民之众，土地之广，人人本必死之决心，以其热血与土地，凝结为一，任何暴力不能使之分离。"② 这一宣言充分展示了中国人民不为强敌所吓倒，愈挫愈奋的民族英雄气概和大无畏精神，对稳定民心、鼓舞士气、振奋精神起到了重要作用。抗战进入相持阶段后，日军大力进攻八路军、新四军，实行残酷的"三光"和扫荡政策，企图摧毁敌后抗日根据地。在这种严峻形势下，抗日根据地军民并没有被敌人的凶残所吓倒，广大军民英勇奋战，进行了艰苦卓绝的斗争，涌现出了杨靖宇、吉鸿昌、赵一曼、狼牙山五壮士等许多可歌可泣的抗日英雄。曾经挣扎于日本帝国主义铁蹄之下的中华热土，她的每一寸土地都为英雄儿女的鲜血和生命所浇铸和渗透。国难当头，正是这种不畏强暴、敢于同敌人血战到底的民族英雄气概，托起了中华民族的脊梁。

5.4.4 百折不挠、克服万难的民族自强信念

这种百折不挠、克服万难的民族自强信念主要表现在：一方面，抗日民族统一战线的建立，国共合作抗日局面的实现，并不是一帆风顺的，其间经历了许多波折和反复。我们党在全面抗战中能够始终维持统一战线不致破裂，坚决地同国民党顽固势力做斗争，坚持抗战到底，这充分展现了百折不挠、克服万难的精神风貌和勇气。抗战初期，骄狂凶残的日军曾长驱直入，短时间内大片国土沦丧在日军铁蹄之下，一时间国民党内"再战必亡"的亡国论调甚嚣尘上，有人悲观失望，对抗战结局和民族前途感到忧虑和迷惘，也有人抵抗意志全消，主张对日妥协投降。在这民族生死存亡的危难时刻，中国共产党挺身而出，展现出百折不挠的坚强意志和必胜信念。1938年5月，毛泽东发表《论持久战》，指出抗日战争的艰苦性和持久性，揭示了侵略者必然失败的本质，提出从战略防御到战略反攻的总体战略设想，正确预测了战争的进程，得出最后胜利必将属于中国这一鼓舞人心的科学结论，极大地鼓舞了全国人民的抗日斗志。在国共合作过程中，面对国民党顽固派发动的三次反共高潮，我们党在坚决反击顽固派进攻的同时，以极大的努力维护抗日民族统一战线不至于破裂，始终团结国民党实行坚持抗战的方针，在这一过程中我们党和八路军、新四军付出了很大牺牲，最后终于换来了

---

① 宋志明、吴潜涛主编《中华民族精神论纲》，中国人民大学出版社2006年版，第233页。
② 宋志明、吴潜涛主编《中华民族精神论纲》，中国人民大学出版社2006年版，第234页。

抗战的胜利。另一方面，在建立抗日民族统一战线过程中，我们党始终坚持独立自主的方针，勇于依靠自己的力量实行抗战。在统一战线建立过程中，以毛泽东为代表的党中央努力纠正党内存在的右倾投降主义错误。针对党内存在的"一切经过统一战线""一切服从统一战线"的观点，毛泽东明确指出："'一切经过统一战线'是不对的"，"我们的方针是统一战线中的独立自主，既统一，又独立"。① 对统一战线工作中的投降主义斗争的胜利，也充分表明我们党始终依靠自己的力量独立自主地开展抗日斗争的坚定立场，它是我们党领导全国人民坚持抗战并取得最后胜利的重要保证。

总之，这一时期面对民族危亡的严峻局势，中国共产党义无反顾地担当起坚持抗战的中流砥柱，以高超的智慧和宽阔的胸襟构建起抗日民族统一战线，使以爱国主义为核心的中华民族精神得到充分的发扬光大，并赋予其新的时代内涵，从而使爱国主义精神在伟大的抗日战争中得到升华。在抗日战争期间，我们党以抗日民族统一战线及其所体现的爱国主义精神为重要纽带，成功构建起中华民族共有精神家园，促进了中华民族的伟大觉醒，为实现民族独立和人民解放、建立新中国奠定了重要基础。

---

① 《毛泽东选集》第2卷，人民出版社1991年版，第539—540页。

第六章
民主时代精神：
延安时期民族共有精神家园的时代精华

每一个不同的历史时期，都有这一时期的时代精神，它鲜明而深刻地反映了这一时期历史文化的根本特征和社会主要价值取向，成为人们共同的精神家园的重要内容。延安时期，抗战和民主成为这一时期的时代最强音，中国共产党高扬民主的时代精神旗帜，在民主的时代洪流中成功构建起中华民族的共有精神家园，引领中国人民走向民主新时代。

6.1 民主成为引领民族共有精神家园的时代强音

6.1.1 时代精神在民族共有精神家园中的地位

时代精神最早是作为历史哲学的范畴进入人们的研究视野的。18世纪德国狂飙派思想家赫尔德在他的《另一种历史哲学》一书中，从一般的人类精神引申到"时代精神"和"民族精神"。黑格尔认为，时代精神是"绝对精神"在每一个时代的化身，或者说是"绝对精神"发展的阶段性或"世界精神"演变的时代性，它是"一个贯穿着所有各个文化部门的特定本质或是性格"[1]，普遍存在于一个民族的制度、法律、礼俗、习惯中，具有广泛的渗透性。马克思、恩格斯对时代精神的理解是建立在对黑格尔思想扬弃的基础上，他们认为，时代精神

---

[1] 黑格尔：《哲学史讲演录》，贺麟、王太庆译，商务印书馆1959年版，第56页。

是历史时代的本质特征及其发展趋势在社会心理、群众情绪以及精神文化等方面的反映。它以整体性和普遍性的形式综合地表现了人们的共同愿望和要求,是思想体系反映社会经济关系和政治制度的一个重要环节。①

国内学者对时代精神的界定可以归纳为广义和狭义两个方面。广义的时代精神就是指时代的精神,强调时代精神的普遍性;狭义的时代精神则是指时代的精神精华,它强调时代精神的先进性。如高桂梅认为,时代精神的性质要求体现三个方面:一是时代精神要反映出一定时代的社会存在、社会实践活动的本质和特征,二是时代精神要反映出一定时代的社会存在、社会实践活动变化发展的总趋势和总潮流,三是时代精神要对社会存在、社会实践活动起巨大推进和变革作用。②邢云文认为,时代精神就是一个时代的人们在其创造性的实践中形成的、那个时代特有的集体意识,它反映那个时代的主题、本质特征和发展趋势,体现着一个时代的精神气质、精神风貌和社会时尚,引领着人们的思想观念、价值取向、道德规范和行为方式,时代精神在本质上是反映"大势所趋"的客观精神、体现"民心所向"的实践精神和推动历史进步的能动精神的有机统一。③时代精神所体现出的特定时代人们的思想观念、价值取向和集体意识,正是这个时代民族共有精神家园的内涵,民族共有精神家园正是对时代精神的充分展现和张扬。由此可见,特定的时代精神在民族共有精神家园建设中具有十分重要的地位,建设民族共有精神家园就要大力弘扬这一历史时代的时代精神,推动时代的精神风貌充分融入民族共有精神家园之中。

延安时期,反映这一时代本质特征及其发展趋势的社会心理和人们的集体思想观念就是坚持抗战、争取民主。在这一时期,民主成为时代最响亮的号角,成为中华民族共有精神家园所内含的本质要素。研究中国共产党对民族共有精神家园的构建,就不得不对体现时代精神的民主要素进行阐述,特别是对中国共产党在革命斗争环境中采取何种举措,如何彰显民主精神,动员人民群众,在此基础上成功构建起民族共有精神家园展开重点阐述。

6.1.2 "五四"以来民主成为时代精神的旗帜

民主是中国近现代史上最重要的主题之一。近代以来,中华民族面临着争取民族独立和实现现代化的双重历史任务,民主建设则是完成这两大历史任务所必

---

① 邢云文:《时代精神:历史解读与当代阐释》,中央编译出版社2011年版,第48—49页。
② 高桂梅:《时代精神、人与哲学的原则》,《北方论丛》1997年第2期。
③ 邢云文:《时代精神:历史解读与当代阐释》,中央编译出版社2011年版,第52页。

需的条件，它既是政治上和文化上反对封建专制主义斗争的需要，也是争取民族独立和国家富强所必需的条件。那么，什么是民主？民主的实现首先有赖于对民主的真实含义做出科学的理解。马克思在《新莱茵报·政治经济评论》中就指出，"全部问题在于确定民主的真正意义"①。中国近代以来的"民主"概念不同于传统的"民本"思想，它的含义大致包含了人民参政议政的民主制度和以人民为主人的民主思想这两方面的内容。当代学者虞崇胜指出，民主"既是一种价值、一种理想、一种制度、一种机制，也是一种形式、一种方法、一套程序、一个过程。就民主的本质而言，民主所解决的是国家权力归属问题。国家权力属于人民，这是民主的最本质的特征"②。近代以来，中国人民追求民主的历程异常曲折，充满了艰辛，直到五四新文化运动之后，国人对民主的认识才有了新的发展。新文化运动的发起者不仅第一次明确将民主和科学紧密结合起来，而且将它们作为衡量一切社会现象的价值尺度。从此以后，民主成为近代新文化的核心观念和基本价值，成为"五四"以来时代精神的旗帜，在民族共有精神家园建设中发挥了重要作用。

新文化运动的思想家们积极宣传民主思想，号召人们从封建专制主义的压迫下解脱出来，冲决封建礼教的网罗。基于对民主的推崇，新文化运动的发起人陈独秀将之称为"德先生"，把科学称为"赛先生"，认为"德先生"和"赛先生"是新思潮的两大理想，是实现中国进步与发展的根本精神和方向。他强调，《新青年》要追求这两位先生，必须反对孔教、礼法、旧伦理、旧政治、旧文学、旧宗教，"认定只有这两位先生，可以救治中国政治上道德上学术上思想上一切的黑暗，若因为拥护这两位先生，一切政府的压迫，社会的攻击笑骂，就是断头流血，都不推辞"③。在当时的思想文化界，这一思想对于传播近代民主观念，产生了巨大的推动作用。李大钊1919年在《劳动教育问题》一文中也指出："现代生活的种种方面，都带有Democracy的颜色，都沿着Democracy的轨辙。""Democracy就是现代唯一的权威，现在的时代就是Democracy的时代。"④ 这种认识代表了当时新式知识分子的普遍看法。胡适在一篇题为《1919年的知识中

---

① 《马克思恩格斯全集》第7卷，人民出版社1959年版，第304页。
② 王洪树：《协商合作视野下的民主政治研究》总序，中国社会科学出版社2011年版，第3页。
③ 《陈独秀文章选编》上册，三联书店1984年版，第318页。
④ 《李大钊文集》（上），人民出版社1984年版，第632页。

国》的英文文章中强调,当时人们的追求和觉悟,乃是"要对民主的意义有个更好的理解",他说:"在名义的共和下,八年痛苦的失败渐渐地使年轻的中国人认识到,民主是不能仅仅通过政治的变革来给予保证的。……民主不多不少正是所有民主化和正在民主化的力量的总体,这包括社会的、经济的、道德的、以及思想等多方面的力量。构成中国这些新运动的指导原则之一的也正是这种认识"①。由此可见,民主思潮正是新文化运动时期时代精神风貌的真实写照。在这一思潮的影响下,广大进步知识分子对民主问题展开了更加深入的探索,并且投身反对封建专制的社会改革实践之中。

五四运动以后,民主思潮发生了分化。以胡适为代表的一批知识分子主张以自由主义为核心的西方资产阶级民主理想,他们发起"人权运动",争取言论自由,反对国民党独裁。中国共产党人和广大左翼进步知识分子则主张要实现真正的民主,必须铲除少数人的特权,改变大多数劳动者困苦不自由的状况,以代表劳动人民的人民民主取代资产阶级民主,这就将争取民主的出发点从争取人的个性解放上升到争取广大民众社会解放的高度,从而代表了当时最进步和深刻的民主潮流,成为引领时代进步的精神旗帜。

6.2 中共的民主政治思想促进民族共有精神家园建设

6.2.1 延安时期中国共产党对民主的理论诠释

延安时期,中国共产党不仅大力倡导民主,格外重视民主,还积极研究民主政治理论,对自身的民主政治实践进行阐释和解说。这一时期,我们党对民主理论的阐发主要体现在以下几个方面:

首先,强调争取民主在抗日战争中的重要性。毛泽东指出,争取政治上的民主自由是保证抗战胜利的中心环节,没有政治上的民主自由,便不能巩固已经取得的和平,不能增强国内的团结,也不能动员全国人民共同抗日。抗战初期,针对党内外有人提出"只要抗日不要民主"的主张,毛泽东指出:"对于抗日任务,民主也是新阶段中最本质的东西,为民主即是为抗日。抗日与民主互为条件,同抗日与和平、民主与和平互为条件一样。民主是抗日的保证,抗日能给予民主运动发展以有利条件。""目前阶段里中心和本质的东西,是民主和自由。"②

---

① [美]格里德:《胡适与中国的文艺复兴》,鲁奇译,江苏人民出版社1989年版,第188页。
② 《毛泽东选集》第1卷,人民出版社1991年版,第274—275页。

政治制度的民主改革和人民的自由权利,是抗日民族统一战线纲领的重要组成部分,也是建立坚实的抗日民族统一战线的必要条件。当然,由于中国在几千年的封建统治历史中长期缺乏民主精神积淀,更由于当时所处的革命年代的中国现实国情和紧迫需要,延安时期我们党对民主问题的强调着重是从人民当家作主及民主政权建设的角度来说的。

其次,论述了"民主共和国"的政权思想。抗战开始以前,为了适应抗日民族统一战线方针的需要,我们党决定将过去苏维埃工农共和国的口号改为民主共和国。根据这一方案,民主共和国首先必须是能够抵抗外侮,能够团结一切可以团结的力量共同抗日的政权。就民主的主体而言,它包括无产阶级、农民、城市小资产阶级、资产阶级及一切国内同意民族和民主革命的分子,是这些阶级的民族和民主革命的联盟。就地域范围而言,民主共和国必须是全中国统一的,它有由普选权选举出来的国会、全国人民和抗日军队的抗日救国代表大会和全国统一的国防政府。民主共和国实行各党派各阶级合作的民主政体,"按照社会经济条件,它虽仍是资产阶级民主主义性质的国家,但是按照具体的政治条件,它应该是一个工农小资产阶级和民族资产阶级联盟的国家,而不同于一般的资产阶级共和国。因此,它的前途虽仍然有走上资本主义方向的可能,但是同时又有转变到社会主义方向的可能,中国无产阶级政党应该力争这后一个前途"①。

再次,新民主主义民主思想日益完善并走向成熟。随着新民主主义理论的提出,我们党主张在政治上建立新民主主义共和国,这一新民主主义共和国既不同于"旧的、过了时的、欧美式的、资产阶级专制的所谓民主政治",也不同于"苏联式的、无产阶级专政的民主政治",它是"几个革命阶级联合起来对于汉奸反动派的专政"②。它在性质上是由无产阶级领导下的一切反帝反封建的人们联合专政的民主共和国,在政体上采取民主集中制,由国民大会选举政府。在中共七大上,我们党又在此基础上提出建立联合政府的主张。由于国民党坚持独裁,发动内战,我们党于1947年10月10日发表《中国人民解放军宣言》,号召"联合工农兵学商各被压迫阶级、各人民团体、各民主党派、各少数民族、各地华侨和其他爱国分子,组成民族统一战线,打倒蒋介石独裁政府,成立民主联合政府","废除蒋介石统治的独裁制度,实行人民民主制度,保障人民言论、出版、集会、结社等项自由",并在此基础上系统提出了人民民主专政的思想。

---

① 《毛泽东选集》第1卷,人民出版社1991年版,第263—264页。
② 《毛泽东选集》第2卷,人民出版社1991年版,第732—733页。

最后，大力宣传民主精神，传播民主思想。我们党不仅在根据地推行"三三制"民主政权，努力实践新民主主义宪政，而且在文化建设中十分重视民主的教育、学习和宣传，大力传播民主思想和民主观念。1939年，毛泽东在同美国记者斯诺谈话时指出："抗日而没有民主，是不能胜利的，抗日与民主是一件事的两方面。"① 在国统区，《新华日报》发表大量谈论民主的文章和社论，如《民主第一》《民主的才是合法的》《争民主是全国人民的事情》等，从各个方面讨论了民主问题，向国统区人民宣传党的民主思想。胡绳在《群众周刊》上发表文章，提倡文艺复兴以来的人本主义精神，他指出："把自己当作人，就有了自由；把别人也当作人，就有了平等。——有自由，有平等，于是才能有民主。"② 我们党对民主的重视，使新民主主义文化的民主内涵得以彰显，为解放区的民主政治建设奠定了重要的理论根基，在全国产生了广泛影响，吸引着许多爱国进步青年冒着生命危险奔赴延安。正是因为我们党对民主真心实意的追求和拥护，1945年黄炎培向我们党提出"历史周期律"的问题时，毛泽东充满信心地回答："我们已经找到新路，我们能跳出这周期律。这条新路，就是民主。"③

6.2.2 现代民主意识对民族共有精神家园的培育

随着五四新文化运动以来对民主精神的宣扬，中国共产党关于无产阶级民主特别是新民主主义的理论阐述与生动实践，大大地促进民主观念逐渐深入人心，融入民族生活的各个领域，推动了民主精神向民族文化深层次的发展，为延安时期中华民族共有精神家园的建设注入了新的源泉。这体现在以下几个方面：

第一，对民主精神内涵的揭示更加深刻。刘少奇说："民主的精神是什么？就是平等的精神"，"我们革命者，要有平等的精神，认为一个人没有权利压迫或剥削另一个人，没有权利去侮辱另一个人的人格"。④ 梁漱溟特别注重从民主精神的角度理解民主的实质含义，他指出："民主是人类社会生活之一种精神或倾向"，其内涵具有以下五要点："我承认我，同时亦承认旁人""彼此平等""讲理""尊重多数""尊重个人自由"。⑤ 民盟在其《临时全国代表大会政治报告》中指出，"民主是人类生活的一种方式，是做人的一种道理。这种道理认定

---

① 《毛泽东文集》第2卷，人民出版社1993年版，第245页。
② 胡绳：《思想的漫步》，《群众周刊》1943年第8卷，第10期。
③ 郑师渠主编《中国共产党文化思想史研究》，中共中央党校出版社2007年版，第168页。
④ 刘少奇：《民主精神与官僚主义》，《红旗杂志》1980年第14期。
⑤ 《梁漱溟全集》第5卷，山东人民出版社1992年版，第442—444页。

人是目的，社会一切政治经济的组织，只是人类达到做人目的的工具，人是一切组织一切制度的主人"。因此，"在一个社会里，人人做人，人人做自己的主人，一切政治经济的组织都成了这个目标的工具，这就是民主"①。这种对民主精神的注重，反映了民主精神正在人们的意识中逐渐树立起来。

第二，人民民主观念逐渐深入人心。近代以来，经过戊戌变法、辛亥革命以及以后的历次资产阶级民主运动，特别是中国共产党领导的新民主主义革命，使中国人接受、宣传和追求民主的阶级、阶层越来越广泛，民主观念越来越深入人心，一直深入中国社会最基层的普通工农民众中。据1946年的一份对知识青年的调查发现，在国统区的青年最喜爱看的杂志有《周报》《西风》《文粹》《家庭》《民主》《科学画报》《女声》《宇宙》等。② 其中《周报》《文粹》《民主》，都是民主党派所办的刊物，鼓吹民主甚力。在陕甘宁边区，1941年进行边区第二次普选，"到处掀起了热烈的竞选浪潮"。在延安市参议员选举大会上，"15名候选人相继登上讲台，发表竞选演说"，在绥德县第四保的选民大会上，"每个候选人都争先恐后地站出来作竞选发言"，这些候选人中许多是非共产党的工人、农民，还有妇女。"全边区第一次普选，参加选举的选民平均到达70%以上；而第二次普选，则平均到达85%。绥德的四十里铺，平时开选民大会，能到80%~90%，但当投票选举的时候，谁也不放弃自己的权利，100%都到了。"③

第三，民主观念逐渐渗透到社会生活的各个领域。除了政治领域中民主观念的深入，经济、文化和普通社会生活领域中的民主观念也在不断增强，民主逐渐成为人们社会生活的基本法则和基本精神。张东荪把民主看作"同时是个政治制度，同时是个社会组织，同时是个教育精神，同时是个生活态度，同时是个思维方法，同时是个前途的理想，同时是个切身的习惯"，归根到底，民主"同时是一个目标，同时是一个原则，同时是一个精神"④。张申府也认为，民主应包括五个方面——"思想民主，社会民主，政治民主，经济民主，国际民主"⑤。与上述认识相一致，在具体的社会生活中，民主原则开始被越来越多的人贯彻和遵循，民主精神得到越来越多的体现。在教育界，有陶行知极力推行的"民主的教

---

① 《中国民主同盟历史文献》，文史资料出版社1983年版，第75页。
② 孙德镇：《你最爱》，《上海文化》1946年第2期。
③ 李云峰：《陕甘宁边区民主政治的实施及其特点》，《西北大学学报（哲学社会科学版）》1986年第3期。
④ 张汝伦：《理性与良知——张东荪文选》，上海远东出版社1995年版，第649、661页。
⑤ 张申府：《民主问题》，《宪政月刊》1945年3月25日第14、15号合刊。

育"理念。在妇女界,妇女解放的热潮不断掀起,现代女性"迫切的要求平等、独立、自由"①。新闻界、文艺界虽经常受到国民党当局的控制、打击,但很多人依旧勇于发表进步言论,甚至与政府当局对抗。在日常生活领域,少数服从多数、尊重他人、民主协商等民主原则也越来越被人们所遵循。

6.3 延安时期中国共产党的民主实践与理想图景

6.3.1 民主宪政运动勃兴促进民族共有精神家园建设

宪政是西方的舶来品,西方学者一般围绕"控制国家权力或政府权力"对宪政进行界定,它是指通过宪法作为国家根本法来确认、指导和制约国家政治活动的一种政治体制。走上宪政之途是世界民主政治发展的潮流,革命先行者孙中山早就为中国走民主宪政道路设计了一套分三步进行的建国方略,他设想处于封建专制主义统治之下的中国要依次经历军政、训政和宪政三个阶段才能最终实现政治现代化。在宪政时期要实行宪法之治,国民公举总统及公举议员以组织国会,国家机关按宪法规定管理国家大事,从此真正进入民主共和时代。南京国民政府成立以来,屡次声称要结束训政实施宪政,但并没有实行宪政的实际行动,致使宪政的施行久拖不决,数次延期。全面抗战爆发以后,宪政的实施更是被束之高阁,国民党的独裁专制统治不断加强,中国的民主政治进程日益倒退。

延安时期,中国共产党顺应民主政治发展的时代潮流,在构建民族共有精神家园过程中推动和领导了两次全国范围的民主宪政运动,促进了国统区民主宪政运动的勃兴。第一次宪政运动始于 1939 年 9 月召开的一届四次国民参政会。我党出席会议的参政员在这次会议上提出《请政府明令保障各抗日党派合法地位案》,左舜生、张君劢等 36 人也提出《请结束党治立施宪政以安定人心发扬民力而利抗战案》,国民党为了应对汪精卫伪政权带来的严峻危机,也提出了制定宪法开始宪政的提案。这些提案成为第一次宪政运动的促发机制,由此拉开了"晴天霹雳般"的宪政运动序幕,一场广泛的民主宪政运动在国民党统治区兴起。这次运动后来由于国民党的压制而归于失败。第二次宪政运动始于 1943 年 9 月召开的三届二次国民参政会。在这次运动中,我们党同各民主党派和民主人士团结合作,抨击国民党独裁专制统治,推动国统区民主运动进一步发展。到 1944 年 9 月,三届三次国民参政会在重庆召开,我们党提出"立即结束一党统治的局面"

---

① 林语堂:《吾国与吾民》,宝文堂书店 1988 年版,第 137 页。

"组织各抗日党派联合政府"的主张,从而推动国民党统治区民主运动进一步发展。

我们党除了大力推动国统区的民主宪政运动,还组织领导了抗日民主根据地的宪政促进运动,在这一运动过程中,阐明了我们党的新民主主义宪政观。首先,宪政的含义是什么?毛泽东指出,宪政就是民主的政治。但是我们现在要的民主政治不是旧的、过了时的、欧美式的、资产阶级专政的所谓民主政治,也不是苏联式的、无产阶级专政的民主政治,而是新民主主义的政治,是新民主主义的宪政。其次,什么是新民主主义的宪政?简而言之,就是几个革命阶级联合起来对于汉奸反动派的专政。这种联合专政,就不能由一党一派一阶级来专政,它的具体内容应该是"为一般平民所共有,非少数人所得而私",这种宪政就是抗日民族统一战线的宪政。再次,如何争取新民主主义的宪政?毛泽东指出,除了各抗日民主根据地外,中国尚无民主政治的事实,因此争取宪政必然要采取坚决的斗争。要大造厉行宪政的舆论,反对国民党的训政,促进宪政迅速实施,这种宪政运动只有发动全国民众都参与进来,才能形成一种强有力的无坚不摧的力量,从而督促民主政治的实行,锻炼民众的民主精神。最后,毛泽东指出,真正的宪政绝不会轻易到手,而是要经过艰苦的斗争才能取得。他揭露了顽固派的两面派手法,指出宪政斗争的复杂性,但是"宪政仍然是有希望的,而且大有希望,中国一定要变为新民主主义的国家"①。

6.3.2 "三三制"政权:抗日根据地民主精神的生动体现

延安时期我们党高扬民主时代精神的旗帜建设民族共有精神家园,一个重要的体现就是在抗日根据地建立起以"三三制"为核心的抗日民主政权,把我们党坚持民主和抗战的坚强意志和决心通过根据地政权建设充分地得以贯彻和展现。"三三制"抗日民主政权建设成为我们党构建民族共有精神家园的生动实践,成为这一时期推动中国民主政治建设进程的光辉典范。

"三三制"原则是我们党在1940年提出的,它的指导思想是抗战初期我们党制定的《抗日救国十大纲领》以及毛泽东在《新民主主义论》中阐明的新民主主义革命的政治纲领,这一原则"合乎民主合乎统一战线,也是地主阶级及其他阶级所欢迎的"②。针对当时许多人对抗日根据地的政权性质不了解,甚至存在

---

① 《毛泽东选集》第2卷,人民出版社1991年版,第737页。
② 刘少奇:《在华中局扩大会议上关于政权问题的总结报告》,1942年2月。

一些错误认识，中共中央于 1940 年 2 月 1 日发出《关于抗日民主政权的阶级实质问题的指示》，指出："我们领导的政权是抗日民主政权，是几个革命阶级联合的政权，是一切赞成抗日又赞成民主的人们的革命的专政。" 3 月 6 日，中共中央又发出由毛泽东起草的关于抗日根据地政权问题的指示，重申在陕甘宁边区和敌后抗日根据地的政权是抗日民族统一战线性质的政权，并规定：在政权工作人员中，共产党员、非党的左派进步分子和中间派应各占 1/3，实行"三三制"。为了切实发扬民主精神，毛泽东强调，担任政权工作的共产党员，必须克服不愿同党外人士合作的狭隘性，提倡民主作风，遇事先和党外人士商量，并倾听他们的意见，从而充分体现了政权建设中的民主精神风貌。"三三制"原则提出后，受到广大群众的拥护，成为我们党在延安时期的一项基本政策。刘少奇指出，"三三制"政权"是抗日民族统一战线的最高形式""是领导中国抗战与革命到最后胜利的最好的最有力的形式"，他认为，"在敌后建立的抗日民主政权，有着推动全国民主化的重大的模范作用，它实行的结果之好或坏，将给全国以好的或坏的重大的影响。这种政权，今天虽还只在敌后一部分地区建立，但它有着全国的普遍意义"①。

"三三制"原则是我们党充分发扬民主精神，探索中国式民主政治建设的伟大尝试，是我们党以民主时代精神构建民族共有精神家园的充分彰显。它向世人宣布，我们党主张建立的抗日民主政权既不同于国民党顽固派的一党独裁，也不同于苏联的无产阶级专政。1944 年 6 月，毛泽东在对访问延安的美国记者福尔曼的谈话中指出，我们是相信民主，并且脚踏实地地实行民主。1945 年 6 月，董必武赴美出席联合国成立大会期间，还向国外详细介绍了陕甘宁边区实行的"三三制"民主政治制度，向全世界宣告了中国共产党追求民众，反对独裁的坚强决心。

6.3.3 民主联合政府：民族共有精神家园的政体目标

抗日战争后期，随着世界反法西斯战争的节节胜利，以及中国人民对民主的呼声更加高涨，我们党把取消国民党"一党专政"、成立民主联合政府作为推动国内民主政治建设进程的重要举措，为抗战后期建立起全国各族人民牢固的民族共有精神家园确立了明确的政体目标。

我们党关于民主联合政府主张的提出，是在 1944 年 9 月召开的三届三次国

---

① 《刘少奇选集》上卷，人民出版社 1981 年版，第 173—176 页。

民参议会上,林伯渠代表我们党在大会的报告中提出:"希望国民党立即结束一党统治的局面,由国民政府召集各党各派、各抗日部队、各地方政府、各人民团体的代表,开国事会议,组织各抗日党派联合政府,一新天下耳目,振奋全国人心,鼓励前方士气。"[①] 10月10日,周恩来在延安各界举行的双十节庆祝大会上发表演说,进一步指出,取消国民党一党专政,成立各党派的联合政府,是挽救时局危机唯一正确的方案。建立民主联合政府的主张提出后,得到各民主党派的热烈拥护和响应,成为抗战后期我们党推动民主政治建设的中心问题。9月24日,重庆各界各党派代表冯玉祥、邵力子、覃振、张澜、黄炎培、章伯钧、沈钧儒等五百余人举行大会,要求改组政府,成立联合政府,挽救危亡。重庆、成都、昆明的文化界、妇女界、青年学生纷纷发表对时局的宣言,拥护和支持联合政府的主张。沈钧儒等民主人士发起成立民主宪政促进会,呼吁迅速召开国事会议,成立联合政府。海外的爱国华侨也通电国内,要求国民党结束一党专政,迅即建立联合政府。由此可见,我们党关于联合政府的主张充分反映了中华民族各族人民的共同心声和愿望,以它作为中国民主政治发展进程的共同奋斗目标,有力地动员和团结了广泛的民主力量,推动抗日民主运动日益高涨。

1945年4月,毛泽东在党的七大上做了题为《论联合政府》的政治报告,全面阐述了我们党关于建立民主联合政府的政治、经济和文化纲领,向全国人民宣告了中国共产党致力于中华民族的独立和解放,致力于建立一个独立、自由、民主、统一和富强的新中国的美好蓝图。民主联合政府这一主张从提出到逐步完善,是我们党高扬民主的时代精神旗帜建设民族共有精神家园的过程,是中国共产党领导各族人民为实现中华民族伟大复兴所做的艰辛努力。民主联合政府主张的提出,承载了中华民族各族人民的美好愿望,承载了中国共产党和中国人民的美好梦想,成为延安时期鼓励、鞭策全国人民奋勇前进的中国梦,构成这一时期中华民族共有精神家园的重要内容。

这些都表明,经过中国人对民主一个世纪的孜孜追求,随着中国社会走上人民民主的道路,外来民主日益中国化了,民主观念逐渐深入人心并渗透进了民族生活的各个方面,民主精神已经逐渐深入中华民族文化的更深层次,成为那个时代最鲜明的精神旗帜,从而构成中华民族共有精神家园的重要组成部分。

---

① 张静如主编《中国共产党思想史》,青岛出版社1991年版,第347页。

第七章
抗日民族统一战线：
延安时期民族共有精神家园的团结纽带

莫耶在《延安颂》中热情地讴歌道："啊，延安！你这庄严雄伟的古城，到处传遍了抗战的歌声。啊，延安！你这庄严雄伟的古城，热血在你胸中奔腾。"圣地延安是中国共产党领导全国各族人民团结抗战的指挥中枢，中国共产党提出的"坚持抗战、坚持团结、坚持进步"的口号成为延安时期最响亮的号角和最闪耀的精神旗帜。延安时期，中国人民抗日战争的伟大胜利是在中国共产党制定的抗日民族统一战线政策指引下，国共两党团结合作，全体中华儿女浴血奋战、共同参与取得的，是以抗日民族统一战线为纽带成功构建起中华民族共有精神家园，全国各族人民振奋精神，万众一心，精诚团结取得的。抗日民族统一战线既是我们党坚持团结抗战的强大组织形式，也是团结各族人民共同抗战的强大思想武器。在这一伟大历史进程中，中国共产党高举抗战的大旗，团结一切力量共同抗日，构建起全民族的共有精神家园，实现了对抗日战争的政治领导。坚持抗战、坚持团结、坚持进步，成为抗日战争时期中华民族共有精神家园的响亮号角。本章将以我们党对抗日民族统一战线的建立和维护为主线，来考察这一时期我们党对民族共有精神家园的建设情况。

需要指出的是，我们在研究抗日民族统一战线促进延安时期民族共有精神家园建设的过程中，应该对国民党政府在抗日战争中发挥的作用做出客观的评价。可以说，国民党蒋介石政府在抗战中发挥了极为重要的作用，他们成为我们党抗日民族统一战线的重要组成部分，国共合作的实现对我们党领导全民族抗战，构建起全民族的共有精神家园起到了十分重要的促进作用。但是，国共两党在政治领域的合作并不代表两党在思想文化上的相互认同，抗日民族统一战线的建立并未消除国共两党在思想文化上的本质差异，我们也不能因此就认定国共两党拥有共同的精神家园。相反，由于国民党政府主张实行片面抗战路线，反对发动全民族的抗战，极力破坏抗日民族统一战线，力图建立起专制独裁的思想文化体系，这一切，都决定了国民党统治集团并不能成为我们党所构建的民族共有精神家园主体中的一员。延安时期，我们党对民族共有精神家园的构建，对抗日民族统一战线的建立和维护，正是在同国民党蒋介石政府进行坚持不懈的斗争，始终坚持实行全民族的抗战，坚持统一战线中的独立自主原则才得以实现的。

7.1 抗日民族统一战线的建立与民族共有精神家园建设

1931年，日本发动"九一八"事变，武装侵略中国东北，中日之间的民族矛盾骤然加剧。面对极端严峻的民族生存危机，国民党统治者不顾广大国人"停止内战，一致对外"的呼声，坚持奉行"攘外必先安内"的反动政策，更加剧了中华民族的生存危机。在这种情况下，担负起动员全国各族人民团结抗战的政治领导责任不得不落到坚决主张抗日的中国共产党人的肩上。延安时期，中国共产党领导建立的抗日民族统一战线开启了中华民族团结一致、共同抗日的新篇章，成为这一时期建设民族共有精神家园的重要纽带。

7.1.1 中国共产党抗日民族统一战线政策的提出

日本的侵华政策蓄谋已久，1894年发动甲午中日战争，1915年向袁世凯提出旨在灭亡中国的"二十一条"，都遭到中国人民的强烈抗议。20世纪30年代以来，日本加紧进行扩军备战，企图武装侵略中国，变中国为它的殖民地。30年代初，中国革命处于低潮时期，国民党蒋介石不顾民族危机面临的严峻局势，提出"攘外必先安内"的口号，企图对内消灭红军，对外寻求妥协。"九一八"事变发生后，蒋介石强令国民党军队放弃抵抗，致使中国东北广袤的国土在四个月的时间内丧失殆尽，广大人民要求抗日的呼声也遭到严厉的镇压。要不要武装反抗日本的侵略，成为这一时期人们感到困惑的首要问题。张君劢在热河失陷以后发出这样的疑问："中华民族有没有希望？是否还能生存？这个有四千年悠久之文化历史，立国于东方大陆的国家，就不能自决了吗？"他认为，"假使一个民族能够继续生存下去，则必有一个统一的意志""以相拼争"，那么"中华民族有没有这个统一的意志呢？如果要问现政府对日是和还是战呢？定没有一个能够回答罢!"①

面对中华民族的生死存亡,中国共产党率先举起了武装抗日的旗帜,号召中国人民动员和组织起来,投入保卫祖国的抗日民族解放战争。"九一八"事变发生后的第三天,我们党就发表《为日本帝国主义强暴占领东三省宣言》,号召被压迫民众"以民族革命战争,驱逐日本帝国主义出中国"。1933年1月,我们党在第三次反"围剿"期间发表宣言,郑重宣布:为反对日本帝国主义的侵略,愿在立即停止进攻苏维埃、保证民众的民主权利以及立即武装民众这三个条件下与任何部队订立作战协定,共同抗日,号召广大民众和士兵进行联合一致的民族革命战争。由于受"左"倾思想的影响,这一宣言的精神没有得到很好的执行,但是它表明我们党始终把中华民族的利益放在第一位,使更多的群众了解了我们党的主张,得到广大爱国知识分子的支持。1935年10月1日,中共驻共产国际代表团以中共中央的名义发表了《为抗日救国告全体同胞书》,这篇宣言指出,国家民族已处在千钧一发的生死关头,号召组织国防政府和抗日联军,为民族生存而战,为国家独立而战。这一宣言的发表激起了全国各阶层人民的强烈反响,为抗日民族统一战线的建立奠定了政治基础。在我们党的政策感召和直接领导下,1935年12月,爆发了"一二·九"运动,中国人民长期被压抑的爱国情绪猛烈地爆发出来,北平学生喊出:"华北之大,已安放不下一张平静的书桌了!""停止内战,一致抗日!""武装保卫华北"等口号。"一二·九"运动极大地促进了中国人民的觉醒,毛泽东在延安青年纪念"一二·九"运动四周年大会上指出,它"是抗战动员的运动,是准备思想和干部的运动,是动员全民族的运动"②。

为了推动抗日民主运动新高潮进一步发展,为全国抗日运动提供思想和政策引领,我们党刚刚结束长征,就于1935年12月召开瓦窑堡会议,制定了结成最广泛的抗日民族统一战线的策略方针,会后毛泽东做了《论反对日本帝国主义的策略》的报告,他指出:"目前是大变动的前夜。党的任务就是把红军的活动和全国的工人、农民、学生、小资产阶级、民族资产阶级的一切活动汇合起来,成为一个统一的民族革命战线。"要"组织千千万万的民众,调动浩浩荡荡的革命军"③,才能把侵略者打垮。瓦窑堡会议以后,我们党加大对国民党上层人士的统战工作力度,先后同张学良和杨虎城达成了停战协定,实现了共产党同东北

---

① 张君劢:《民族复兴之学术基础》,中国人民大学出版社2006年版,第226—229页。
② 《新中华报》1939年12月16日。
③ 《毛泽东选集》第1卷,人民出版社1991年版,第151—155页。

军、十七路军"三位一体"的联合战线,为促成全国抗日民族统一战线的建立奠定重要基础。同时,毛泽东还先后致信宋庆龄、蔡元培、阎锡山、白崇禧、李宗仁等人,向他们表达了我们党真诚愿意抗日的主张,得到了他们的支持。在我们党提出的"结束内战、一致抗日",建立全国抗日民族统一战线的号召下,以宋庆龄为代表的著名爱国人士于1936年6月成立了全国各界救国联合会,严厉谴责"攘外必先安内"反动政策,在社会上产生了很大影响。1936年10月19日,中国共产党的亲密战友鲁迅先生逝世,中共中央发表了《为追悼鲁迅先生告全国同胞和全世界人士书》,在唁电中说:鲁迅的逝世,使"中华民族失去最伟大的文学家,热忱追求光明的导师,献身于抗日救国的非凡的领袖"[①]。在追悼会上,有几十万人瞻仰了鲁迅遗容,映入人们眼帘的写有"民族魂"三个大字的锦旗格外引人注目,这一活动把抗日救亡运动推向新的高潮。正如毛泽东所言,鲁迅是民族的脊梁。鲁迅精神就是中华民族坚贞不屈的象征,就是民族魂的真实生动写照,就是我们党所构建的民族共有精神家园的灵魂。

为了建立抗日民族统一战线,构建起中华民族共同的精神家园,在1937年的清明节,我们党还派代表同国民党共同参加了黄帝陵祭祖仪式,毛泽东为祭祖仪式写下了感人肺腑的祭文。

祭文写道:

赫赫始祖,吾华肇造,胄衍祀绵,岳峨河浩。聪明睿智,光被遐荒,建此伟业,雄立东方。世变沧桑,中更蹉跌,越数千年,强邻蔑德。琉台不守,三韩为墟,辽海燕冀,汉奸何多!以地事敌,敌欲岂足,人执笞绳,我为奴辱。懿维我祖,命世之英,涿鹿奋战,区宇以宁。岂其苗裔,不武如斯,泱泱大国,让其沦胥。东等不才,剑屦俱奋,万里崎岖,为国效命。频年苦斗,备历险夷,匈奴未灭,何以家为。各党各界,团结坚固,不论军民,不分贫富。民族阵线,救国良方,四万万众,坚决抵抗。民主共和,改革内政,亿兆一心,战则必胜。还我河山,卫我国权,此物此志,永矢勿谖。经武整军,昭告列祖,实鉴临之,皇天后土。尚飨![②]

全篇祭文昭告明志,呼吁全国各党各派求同存异,同仇敌忾,共御外侮,誓死与日寇决战,表达了我们党坚持抗战御侮的民族自信心和坚定决心。这篇祭文也成为我们党号召全民族抗战的宣言书,成为延安时期我们党构建民族共有精神家园的精彩华章。

[①] 雷云峰、杨瑞广:《中共中央与八年抗战》,陕西人民出版社1996年版,第99页。
[②]《新中华报》1937年4月6日。

7.1.2 和平解决西安事变,促进民族共有精神家园建设

1936年12月12日,张学良、杨虎城在苦谏蒋介石"停止内战、一致抗日"不成之后,发动兵谏,扣押了蒋介石,发动了举世震惊的西安事变。西安事变的发生,是张学良、杨虎城两位爱国将领接受了中国共产党抗日民族统一战线的主张,而蒋介石执意坚持"攘外必先安内"政策导致的结果,这一事变深刻体现了中华民族面临外敌入侵的危难时刻要求建立起民族共有精神家园团结御侮的迫切愿望。事变发生后,国内形势变得异常复杂,南京国民党政府中的亲日派分子企图借机挑起新的内战,中华民族的前途和命运一时更堪忧。在这一严峻的危难时刻,周恩来临危受命,以大无畏勇气和高超的智慧使西安事变得到了和平解决,为全国抗战局面的形成打下宝贵的基础。在国共两党合作抗日的基础上,我们党才能够构建起这一时期全民族的共有精神家园,引领中华民族前进的步伐。从建设民族共有精神家园的角度来看,和平解决西安事变的重大意义体现在:

首先,和平解决西安事变深刻体现了中国共产党以民族大义为重的博大胸怀。可以说,在那个血雨腥风的年代,每个共产党员听到蒋介石这个名字,心中都会燃起熊熊怒火,因为他跟共产党结下了血海深仇,因为他从1927年"四一二"反革命政变时起不知残害过多少共产党员和革命先驱,因为他推行反动的政策置民族大敌于不顾,疯狂"围剿"为民族解放而奔走呼号的共产党员和工农红军。西安事变发生以后,广大党员和人民群众闻讯恨不得立即处死蒋介石而后快。可是,蒋介石毕竟不是普通的平民百姓,他被扣押一时举国震动,国内政治局势波谲云诡,南京亲日派势力企图挑起更大规模的内战,中华民族的命运岌岌可危。面对这种严峻的局面,以毛泽东为代表的中国共产党人深明大义,始终把中华民族的安危放在最高位置,不顾政党和个人之间的恩怨,力促事变朝着有利于全民抗日的方向发展,才能够最终实现和平解决西安事变。在处理事变过程中,杨虎城对周恩来发出感慨说:"共产党置党派历史深仇于不顾,以民族大义为重,对蒋介石以德报怨,令人钦佩。"① 当时赴西安谈判的宋子文对周恩来阐述的中共对待事变的立场感到十分意外,他回南京后深赞周恩来以民族大义为重的精神,还说:"南京有谁能承担这样风险营救蒋委员长?相反,还有人要轰炸!"② 这些都说明,中国共产党所具有的宽广度量和博大胸怀,她始终代表中

---

① 雷云峰、杨瑞广:《中共中央与八年抗战》,陕西人民出版社1996年版,第150页。
② 雷云峰、杨瑞广:《中共中央与八年抗战》,陕西人民出版社1996年版,第151页。

华民族的根本利益,为构建全民族的共有精神家园,实现全民族的团结抗战而不懈奋斗。

其次,和平解决西安事变促进了"逼蒋抗日"方针的实现,为抗日民族统一战线的形成奠定了重要基础。西安事变的发生,是我们党把"抗日反蒋"的政策调整为"逼蒋抗日",争取张、杨加入抗日统一战线基础上实现的。可以说,这一事变的发生是我们党抗日民族统一战线政策取得的重大成功,同时它也反映了全国人民的共同愿望,结束内战、一致抗日,是全国各族人民的共同心声。所以说,抗日民族统一战线成为我们党构建民族共有精神家园的重要纽带。在和平解决事变过程中,蒋介石承诺停止内战、一致抗日,这就为抗日民族统一战线的形成提供了最基本的组织条件。毛泽东在评价西安事变时指出:西安事变带有革命性,它"给国民党以大的刺激,成为它转变的关键,逼着它结束十年的错误政策,结束十年内战,而内战结束也就是抗战的开始"。他还指出:"我们在西安事变中实际地取得了领导地位,应利用这一有利形势展开全国局面","成为抗日的核心"。① 毛泽东的评价是对我们党以抗日统一战线构建民族共有精神家园做出的客观准确的看法,充分表明我们党在统一战线和民族共有精神家园中所处的核心和领导地位。

再次,和平解决西安事变沉重打击了国民党政府内亲日派势力的嚣张气焰,为构建民族共有精神家园扫除了障碍和绊脚石。本来,就是囿于国民党内亲日派分子的极力挑唆,才致使南京国民政府迟迟下不了抗战的决心。西安事变发生以后,亲日派分子为了更加搅乱国内政局,乱中渔利,不惜以民族危亡做赌注,悍然调动军队包围西安,一时间中华大地上空战云密布,一场大规模内战一触即发。在这种局势下,中国共产党和西安方面的表态就极为重要,一旦让亲日派找到借口,局势就很难控制。而正是以民族大义为重的中国共产党坚决主张和平解决事变,这一表态沉重打击了阴谋挑动内战进行"讨逆"的嚣张气焰。同时我们党还要求国民党方面逐出亲日分子,改组国民政府。中国共产党的主张代表了中华民族的根本利益,代表了全国人民正义的呼声,和平解决事变的主张挽救了时局危难,从而为结束十年内战,实现国共第二次合作,全面建立抗日民族统一战线,构建起全民族共有精神家园奠定了重要的基础。

7.1.3 动员全民族抗战,推动民族共有精神家园建设

1937年7月7日卢沟桥事变爆发以后,我们党号召全国各族人民、队伍和政

---

① 《毛泽东年谱》上册,中央文献出版社2002年版,第632—633页。

府团结起来，筑成抗日民族统一战线的坚固长城，实行全民族的抗战，抵抗日本侵略者。在延安抗战动员大会上，一同升起了我们党的镰刀锤子旗和国民党青天白日旗，表示了国共合作抗日共赴国难的决心，大会发出"我辈皆黄帝子孙，身负干戈，不能驱逐日寇出中国，何以为人"的豪壮誓言。中国共产党和延安代表了全国人民的抗日意志，成为民族共有精神家园的象征，成为中华民族最光辉的旗帜。在这一精神旗帜的感召下，全国成千上万的爱国进步青年奔赴延安，实现他们参加抗战、保家卫国的理想夙愿。远在海外的爱国华侨也渴望到延安参加抗战，他们写道："延安，这个光辉的名字，……延安的革命精神、爱国思想、政治平等、民主生活等，紧紧地吸引着我们，在我们的心头燃起了光明的火把。我们把胜利的希望寄托在延安，决心到延安去参加抗战。"① "延安，中国革命的圣地，像一块大磁石，吸引着海内外青年。……在菲律宾，我就向往延安，像游子怀念母亲，希望早日投入她的怀抱！"② 这种情怀，正是民族共有精神家园的真实表达，是民族共有精神家园力量的深刻展现，它体现了中国共产党抗日民族统一战线焕发出的巨大能量。全面抗战开始以后，中共中央发布《抗日救国十大纲领》，号召动员一切力量，为争取抗战胜利而斗争。1937年9月22日，国民党公布了我们党起草的《中共中央为公布国共合作宣言》，标志着国共合作的实现和抗日民族统一战线正式形成。

国共合作的实现，使全国范围内更多人民群众能够了解我们党的抗日主张，为我们党构建民族共有精神家园奠定了重要的组织和群众基础。但是，在整个抗日战争进程中，我们党同国民党政府始终存在抗战路线上的不同。国民党政府虽然坚持抗战，但是不敢发动人民群众起来抗战，因而坚持政府和军队抗战的片面抗战路线。这一抗战路线由于不能动员全国广大人民群众的积极性，因而不能得到广大人民群众的支持和援助，坚持这一抗战路线不可能构建起中华民族的共同精神家园，它最终的结局也是难以预料的。毛泽东曾明确地指出："民族战争而不依靠人民大众，毫无意义将不能取得胜利。"③ 与国民党政府坚持片面抗战路线不同，我们党始终坚持独立自主的全面抗战路线，反对国民党蒋介石的片面抗战路线，在此基础上构建起牢固的全民族共有精神家园，从而引领全民族的抗日战争不断走向胜利。

---

① 《回国抗战，奔赴延安》，中国文史出版社2005年版，第37页。
② 《回国抗战，奔赴延安》，中国文史出版社2005年版，第2页。
③ 《毛泽东选集》第2卷，人民出版社1991年版，第347页。

抗日民族统一战线建立以后，我们党坚持全面抗战路线，动员全国人民参加抗战，在此基础上构建起民族共有精神家园。这主要体现在两个方面：一是坚持全面抗战路线，实现全民族的抗战。长期以来，国民党政府不敢发动人民群众，单纯地依靠军队和政府进行片面抗战，以至于抗战开始后一年多的时间就丢失了大片国土，使人们对中国抗战的前途深感忧虑。我们党在抗战初期就指出："战争的伟力之最深厚的根源，存在于民众之中"①，只要动员千百万群众进入抗日民族统一战线，使全国人民觉醒起来团结起来，就一定能够打败侵略者，实现全民族的解放。1937年8月召开的洛川会议指出，中国的抗战是一场艰苦的持久战，争取抗战胜利的关键在于发动全面的全民族的抗战，并制定了在敌人后方放手发动群众和广泛发动群众性抗日救亡运动的行动方针。抗战期间，正是由于广泛的政治动员，使广大民众踊跃参军参战，支援前线，到处呈现出"母亲送儿打东洋，妻子送郎上战场"的动人情景，各阶层人民积极投身抗日斗争，形成了"工农兵学商，一起来救亡"的局面。我们党还积极动员蒙古族、回族和其他少数民族共同抗日。在我们党的全面抗战路线指导下，全国人民形成了抗日民族统一战线的钢铁长城，形成了陷敌于灭顶之灾的汪洋大海。民族共有精神家园建设的主体是全国各族人民群众，正是因为我们党在抗战过程中广泛动员了全国各族人民，发动了全民族的抗战，形成了浩浩荡荡的抗日队伍，才造就了民族共有精神家园最广泛的主体，从而使民族共有精神家园真正得以建立和巩固。

二是坚持抗日民族统一战线中的独立自主原则。国共合作实现以后，国民党政府通过各种手段企图在抗战的名义下溶化、消灭共产党，实现其独裁专制的目的。我们党内也有部分人过于相信国民党政府的抗战力量，以为单纯依靠国民党的正规军队就能取得抗战胜利，提出"一切经过统一战线，一切服从统一战线"的口号，于是轻视了独立自主地发展我们党的力量，限制了我们党发动人民群众抗战的开展。在这种情况下，我们党多次强调抗日民族统一战线中独立自主原则的重要性，防止国民党政府借国共合作的名义消灭党和人民的力量。1938年9月召开的六届六中全会指出，长期坚持抗日民族统一战线的方针，一方面要依靠民众才能够克服困难，战胜强敌，另一方面要坚持统一战线中的独立自主原则，共产党员应该成为执行抗日民族统一战线的模范战士，同时应该坚持保证共产党本身的独立性。只有我们党独立自主地领导人民进行抗日斗争，同国民党在思想文化上进行坚决的斗争，才能够真正领导人民构建起全民族共有的精神家园，才能

---

① 《毛泽东选集》第2卷，人民出版社1991年版，第511页。

够取得抗日战争的最后胜利。

坚持全面抗战路线，发动全民族的抗战，是我们党在抗日民族统一战线基础上成功构建起民族共有精神家园的重要保障；坚持统一战线中的独立自主原则，是我们党独立自主地建设中华民族共有精神家园的重要前提。我们把抗日民族统一战线作为建设民族共有精神家园的重要纽带，正是因为我们党以此为基础发动了全民族的抗战，从而实现了对抗日战争的政治领导，但这并不是说统一战线中的所有成员都能够成为民族共有精神家园的主体，国共两党在政治上的合作并不能掩盖在思想文化上的斗争。由于我们党坚持统一战线中的独立自主原则，因此，虽然国民党政府属于抗日民族统一战线的重要组成部分，但他们并不能与我们党在思想文化上实现"共有"，也就不能成为我们党所构建的民族共有精神家园的主体。

7.2 高举抗战、团结、进步旗帜，维护民族共有精神家园

抗日战争进入相持阶段以后，国民党政府虽然还在继续抗战，但是表现出了很大的动摇性，它惧怕共产党领导的人民力量的发展壮大，其反共和对日妥协的倾向日益增长，国民党的这些行径严重影响了我们党对民族共有精神家园的建设。1939年1月，国民党召开五届五中全会，会议制定了"溶共""防共""限共""反共"的方针，它对人民抗日运动的限制日益加强，残杀爱国进步人士，发起反共高潮。这一切都表明，抗日民族统一战线面临破裂的危险，在此基础上构建起来的民族共有精神家园面临严重的危机。如何在斗争中巩固抗日民族统一战线，从而维护我们党构建起来的民族共有精神家园，是这一时期需要着重考虑的紧迫问题。

针对抗日民族统一战线中出现的危机，毛泽东指出，中国抗战出现了中途妥协和内部分裂两大危险，但由于民族矛盾仍是主要矛盾，因此国内同时存在着团结抗战和分裂投降两种可能性。我们党要从思想上、组织上准备自己，准备舆论，准备群众，要竭尽一切可能，团结一切抗日力量，进行坚决的斗争，维护团结抗战的局面。这就为我们党维护民族共有精神家园指明了方向。针对汪精卫集团的投敌卖国行径，我们党和各民主党派、全国各阶层爱国民主人士纷纷发表通电，愤怒谴责汪精卫集团的卖国投敌罪行。1939年7月7日，中共中央为纪念抗战两周年发表对时局宣言，明确地提出："坚持抗战到底，反对中途妥协"；"巩固国内团结，反对内部分裂"；"力求全国进步，反对向后倒退"，这一政策后来发展为坚持抗战、团结、进步的著名政治口号。这一口号是全体中国人民的共同

心声，成为抗日战争时期最响亮的时代号角。在坚持抗战、团结、进步的旗帜指引下，党领导各族人民群众同国民党顽固派展开了坚决的斗争，推动抗战局面向前发展。1940年，毛泽东先后发表了《目前抗日统一战线中的策略问题》《放手发展抗日力量，抵抗反共顽固派的进攻》《论政策》等文章，系统地总结了抗战以来党在统一战线工作中积累的经验，全面阐述了我们党在抗日民族统一战线中的策略方针和基本政策，从而为我们党高举抗战、团结和进步的旗帜维护民族共有精神家园奠定了坚实的思想基础。毛泽东指出，党的统一战线政策的根本指导原则就是又联合又斗争，以斗争求团结，"斗争是团结的手段，团结是斗争的目的。以斗争求团结则团结存，以退让求团结则团结亡"①。我们党在抗战中对待国内各阶级相互关系的基本政策就是发展进步势力，争取中间势力，孤立顽固势力。其中，发展进步势力就是要放手发动工人、农民和城市小资产阶级参加抗日斗争和民主运动，积极扩大八路军、新四军和人民武装力量，广泛发展党的组织，这是抗日民族统一战线的依靠和支柱，是我们党构建民族共有精神家园的基本力量。争取中间势力是抗日民族统一战线中一个极其重要而又十分复杂的任务。毛泽东指出，中间势力依其阶级性的不同，对待土地革命、对待民主、对待顽固派的态度也各有不同，但他们都可以同共产党合作抗日，我们党应该而且可以争取他们作为反对日本帝国主义的同盟者。对待国民党顽固势力，则既要团结他们继续抗日，又要同他们做坚决的斗争，争取多数，反对少数。通过这些政策，我们党最大限度地孤立了极少数国民党顽固派，广泛地团结了一切可以团结的抗日力量，从而推动全国团结抗战的局面得以坚持和发展，进一步维护和巩固了民族共有精神家园的组织基础。

  1941年1月，国民党发动震惊中外的皖南事变，使抗日民族统一战线面临更加严峻的局势。事变发生后，我们党同国民党进行了针锋相对的斗争，深刻揭露国民党顽固派的严重暴行，根据地军民强烈声讨国民党的反动行径。毛泽东以中央军委发言人的名义发表谈话，揭露国民党当局的反共阴谋，抗议其反革命暴行。他严正宣告："我们中国共产党和中国人民，不但有责任，而且自问有能力，挺身出来收拾时局，决不让日寇和亲日派横行到底。"② 周恩来领导的中共中央南方局同国民党顽固派进行了坚决的斗争。《新华日报》在其揭露事变真相的报道被国民党当局扣压后，刊发了周恩来为皖南事变所写的题词，对顽固派的反动

---

① 《中国共产党历史》上卷，人民出版社1991年版，第554页。
② 《中国共产党历史》上卷，人民出版社1991年版，第574页。

行径进行了有力的声讨。他们还通过召开座谈会、散发传单等方式向社会各方人士宣布皖南事变的真相,揭露国民党顽固派的反动面目。我们党的正义主张得到了广大爱国人士和民主党派的同情和支持,宋庆龄、柳亚子、何香凝等人发起抗议活动,谴责国民党的罪恶行径违背民心,海外华侨也一致谴责国民党的倒行逆施,呼吁团结抗战。皖南事变惊醒和教育了许多对国民党抱有幻想的人们,使人们对我们党的主张有了更多的认识,这为我们党构建民族共有精神家园扩大了群众基础。

在抗日战争最艰难的时刻,面对国民党顽固派的妥协投降危险,我们党高举抗战、团结、进步的大旗,同他们进行"有利、有理、有节"的斗争,维护了抗日民族统一战线的团结,进一步巩固了在此基础上构建起来的中华民族共有精神家园,从而再一次挽救了中华民族的命运,推动抗日战争朝着胜利的方向前进。

7.3 文化领域的抗日民族统一战线与民族共有精神家园

我们党除了在政治、军事上同国民党建立抗日民族统一战线外,还十分注重建立文化领域的抗日民族统一战线,团结大批爱国进步的知识分子,共同投入民族共有精神家园的建设之中。毛泽东多次撰文阐述了建立抗日文化统一战线的策略方针。他指出:"在中国,文化革命,和政治革命同样,有一个统一战线。"① "今天中国政治的第一个根本问题是抗日,因此党的文艺工作者首先应该在抗日这一点上和党外的一切文学家艺术家(从党的同情分子、小资产阶级的文艺家到一切赞成抗日的资产阶级地主阶级的文艺家)团结起来。"② 张闻天也指出:"建立中华民族新文化是全中国所有文化人与知识分子的共同任务。所以它要同一切愿意为新文化的胜利而斗争的各种派别的文化人与知识分子,进行各种各样的统一战线。"③ "一切文化人,只要他们赞成抗日,均应在抗日的目标下团结起来。"④ 在我们党的领导和帮助下,国民党统治区掀起了抗日救亡文化运动高潮,推动了民族共有精神家园的建设。正如当代学者刘绍卫所说,抗战时期的文化虽然存在着不同的阶级意识形态,但面对着民族危亡,各个阶级阶层的人民都燃烧

---

① 《毛泽东选集》第 2 卷,人民出版社 1991 年版,第 699 页。
② 《毛泽东选集》第 3 卷,人民出版社 1991 年版,第 867 页。
③ 《张闻天文集》第 3 卷,中共党史出版社 1994 年版,第 46 页。
④ 《张闻天文集》第 3 卷,中共党史出版社 1994 年版,第 57 页。

起强烈的民族情怀和承担意识，组成广泛的文化界抗日民族统一战线，开展抗日救亡运动，唤起民众觉醒，涌现出一股时代文化创造的新风。①

7.3.1 抗战初期文化救亡运动促进民族共有精神家园建设

卢沟桥事变发生以后，全国抗日救亡运动风起云涌，国统区广大爱国文化界人士积极响应我们党的号召，大声疾呼实行民众总动员，为民族共有精神家园建设做出了贡献。抗战伊始，上海文化界成立了包括文学、戏剧、电影、音乐、美术、教育等各方面进步人士和爱国人士的统一战线组织——上海文化界救亡协会。救亡协会发表宣言，号召文化界人士下决心"上文化战线，唤醒同胞，组织同胞，共同为抗敌救国而奋斗"。在党的领导下，救亡协会创办了以宣传抗日救国为宗旨的统一战线性质的报纸《救亡日报》作为机关报，还组织了100多个宣传队分赴街区进行抗日宣传。在这一时期，夏衍等人集体创作了反映中国军队抗战的话剧《保卫卢沟桥》；著名戏剧家田汉和著名京剧艺术家周信芳带领京剧演员到抗战前线进行慰问演出；上海国民歌咏救亡协会组织歌咏队、合唱队，用音乐去"唤醒一盘散沙已濒危亡的民气，荷起御侮救亡、复兴民族的巨任"；上海漫画救亡协会组织宣传队，冒着日机的轰炸进行抗战宣传，在南京举办"抗战漫画展"，还有由20多名儿童组成的孩子剧团走上街头宣传抗日救亡。爱国领袖邹韬奋刚刚出狱，就创办了《抗战》杂志，积极响应我们党提出的抗日方针和政策。茅盾主编《呐喊》周刊，把宣传和鼓动神圣的民族革命战争作为其光荣使命。据统计，上海沦陷前，这里出版的救亡刊物达53种之多，其中有49种在中共的领导和影响之下。②

国民政府移驻武汉以后，随着全国各地大批文化机关、团体和文化人士涌向武汉，在中共中央长江局的指导和推动下，武汉成为抗日救亡文化运动发展的中心，在民族共有精神家园建设中取得了很大成就。这一时期，由周恩来领导、郭沫若主持的国民政府军事委员会政治部第三厅，团结了文化界广大的爱国进步人士，荟萃了全国文学、戏剧、音乐、美术、教育、理论、科技界的精英，与他们一道进行宣传群众、组织群众的工作，有力地推动了抗日救亡运动的高涨，成为国统区文化领域抗日民族统一战线的坚强堡垒。他们举办了抗战扩大宣传周，成功组织抗战一周年纪念活动，组织抗敌演剧队、宣传队和孩子剧团深入前线和后

---

① 刘绍卫：《抗日民族文化统一战线的精神内涵与其在抗战中的作用》，《抗战文化研究》（第一辑），广西师范大学出版社2007年版，第46页。
② 沙健孙主编《中国共产党与抗日战争》（上），中央文献出版社2005年版，第437页。

方乡村，开展抗日救亡宣传。进行了戏曲改革，团结、教育、组织大批戏曲艺人投入抗日救亡宣传。他们还建立了战地文化服务队，输送了大批抗日宣传品到前线，激励前方将士英勇抗敌。他们还领导中国电影制片厂，拍摄和放映了许多新闻纪录片和抗战艺术片，团结和领导电影戏剧界大多数人共同进行抗日宣传。1938年3月22日，中华全国文艺界抗敌协会（简称"文协"）在武汉成立，选举老舍、郭沫若、茅盾、丁玲等45人为理事，特聘周恩来、蔡元培、宋庆龄、张闻天等人为名誉理事。"文协"以"文章下乡、文章入伍"为口号，号召文艺工作者"团结起来，像前方将士用他们的枪一样，用我们的笔，来发动群众，捍卫祖国，粉碎敌寇，争取胜利"。"文协"的成立，标志着文艺界在民族解放的旗帜下，结成了最广泛的统一战线。我们党通过文协中的党员和进步作家，有力地推动了抗日文艺运动的发展。作家们深入前线、农村和工厂，创作了大量富有战斗性的宣传歌颂抗战文艺作品。"这一时期——从'七七'到武汉失守，最流行而最精彩的是报告文学"①。其中影响最大的有邱东平的《第七连》、范长江的《台儿庄血战经过》、周立波的《战地日记》等。其次是诗歌，诗人们以抗战为背景，"用活的语言作民族解放的歌唱"，吟唱出许多动人心弦的战斗诗篇。当时有影响的诗人艾青、田间、光未然、高兰等创作了《北方》《给战斗者》《五月的鲜花》《我的家在黑龙江》等许多著名诗篇。在戏剧方面，有阳翰笙创作的《前夜》《塞上风云》，田汉的《卢沟桥》《最后胜利》，老舍的《新刺虎》等，这些戏剧"尽了支持抗战鼓动抗战的作用"②。同时，音乐家吕骥、贺绿汀、冼星海、郑律成等创作出了《毕业上前线》《在太行山上》《保卫大武汉》《救亡进行曲》等大量脍炙人口的抗日救亡歌曲，这些歌曲广泛流传全国，极大地鼓舞了全国军民的抗日斗志。

抗战初期，国统区文化领域在建设民族共有精神家园过程中，报刊事业得到更加蓬勃的发展。据不完全统计，自1937年春至1938年10月，在武汉出版、发行的报刊达200多种。1938年5月前后出版的近40种刊物，其中有38种是受中共领导和影响的。③ 在报纸方面影响最大的是中共中央长江局创办的《新华日报》，《新华日报》旗帜鲜明地宣传了八路军、新四军和国民党军队英勇抗战的成绩，像灯塔一样指明了抗战的方向，深受国统区人民的欢迎，每月的发行量达

---

① 沙健孙主编《中国共产党与抗日战争》（上），中央文献出版社2005年版，第440页。
② 沙健孙主编《中国共产党与抗日战争》（上），中央文献出版社2005年版，第441页。
③ 沙健孙主编《中国共产党与抗日战争》（上），中央文献出版社2005年版，第438页。

到 5 万多份。这一时期，在武汉出版的《大公报》，救国会创办的《大众报》，陈铭枢、胡秋原创办的《时代日报》等都主张抗战、民主，也受到群众的欢迎。在期刊方面，中共机关刊物《群众》周刊，邹韬奋、柳湜任主编的《全民抗战》，"文协"的会刊《抗战文艺》，以及《战时青年》《时事日报》《民族战线》等等，都以宣传抗日救亡为主要内容。蓬勃发展的抗日救亡运动和群众性抗战文化运动是全民族团结一致、齐心同力抗战的生动体现。抗日战争初期，这支文化军队深入到时代的洪流中，面向群众，讴歌抗战，成为反抗侵略的锋利武器，它在宣传动员全民族进行抗战，推动民族共有精神家园建设中做出了重要贡献。

7.3.2 重庆抗战文化对民族共有精神家园的贡献

1938 年 10 月以后，随着国民党政府移至重庆，大批文化机关和文化界著名人士也搬迁到重庆，重庆成为国民党统治区抗日文化运动的中心。皖南事变以后，国民党以"履行思想领导责任""统一各地文化领导机构"为名，成立国民党中央文化运动委员会，进一步加强对进步文化的统制，压制和摧残进步文艺作品。据不完全统计，1938 年到 1941 年 6 月，被查禁的书刊 960 余种，1942 年到 1943 年 8 月，不准上演的剧本达 160 种，1943 年查禁书达到 500 余种。[①] 面对国民党政府在文化领域的专制统治，以周恩来为书记的中共中央南方局依照中共中央的方针、政策和各项指示，团结依靠进步文化力量，坚持同国民党的文化专制政策进行不懈的斗争，把国统区的抗日文化运动继续推向前进，促进了这一时期民族共有精神家园的建设。

这一时期，中共中央南方局依靠文化界的进步势力，通过国民党批准成立的文化工作委员会联络到更广泛的各界进步人士，组织了作家战地访问团，帮助建立香港、桂林、昆明等地"文协"分会，并组织领导开展了关于民族形式的理论讨论。文艺界广泛利用祝寿、纪念会、追悼会及戏剧演出等方式开展抗日文化宣传，冲破了国民党的专制文化统制。1944 年 9 月 30 日，重庆文化界 800 余人为邹韬奋举行隆重的追悼会。这些活动在国统区人民中产生了重大影响。在文学艺术领域，在南方局的帮助下，重庆成立了"中华剧艺社"，演出了陈白尘创作的《大地回春》、阳翰笙的《天国春秋》、郭沫若的《棠棣之花》《屈原》等剧。这些剧歌颂了爱国抗敌精神，鞭挞了破坏团结、投降卖国行径，受到广大人民群众热烈欢迎，特别是《屈原》一剧轰动重庆，产生了极大影响。抗战中后期，

[①] 沙健孙主编《中国共产党与抗日战争》（上），中央文献出版社 2005 年版，第 442 页。

文艺领域在小说、诗歌和报告文学方面都产生了许多优秀作品，特别是诞生了茅盾的《腐蚀》《霜叶红似二月花》，巴金的抗战三部曲，老舍的《火葬》《四世同堂》，沙汀的《淘金记》等优秀长篇小说，这些作品热情讴歌抗战，揭露国民党统治区的黑暗，有力地促进了国统区民族共有精神家园建设。这一时期，面对国民党的专制文化统治，在周恩来和南方局的领导下，重庆抗战文化运动取得了新的重大发展，对国统区抗日文化统一战线和民族共有精神家园建设做出了重要贡献。

7.3.3 西南抗战文化对民族共有精神家园的贡献

抗日战争中后期，西南地区的桂林和昆明的抗日文化也取得重大发展，对促进西南地区广大人民群众的民族共有精神家园建设产生了十分重要的影响。

武汉、广州沦陷后，大批文化人涌向桂林，在我们党的抗日文化统一战线政策影响下，桂林的救亡文化运动蓬勃兴起，对全国的抗战文化运动产生了重大影响。据不完全统计，从1938年至1944年的6年时间，在桂林路过或逗留和居住过的文化人达1000多人，在桂林发表作品的人员达2000人以上。其中闻名全国的专家学者教授达200多人。[①] 他们当中，既有社会科学工作者和自然科学家，又有大批作家和艺术家。这一时期桂林的进步文化团体多达三四十个，其中以中华全国文艺界抗敌协会桂林分会和广西建设研究会影响最大。前者是中共领导的桂林文艺界的统一战线组织，它对促进桂林文艺的发展和繁荣起了重大作用。后者虽然是国民党桂系为扩充势力以学术形式组成的政治组织，在我们党的努力争取下实际上成为桂林文化统一战线的组织，团结了全国许多著名的专家学者，如夏衍、胡愈之、胡绳、范长江、李达、李四光、欧阳予倩等，为抗战文化建设做出了很大贡献。在报刊方面，我们党主办的《解放》《新华日报》《群众》《文艺战线》《中国青年》等刊物在很长一段时期内都在桂林翻印发行，从外地迁来的《救亡日报》和《国民公论》等，也都产生了很大影响。据不完全统计，桂林先后开设的书店、出版社179家，出版杂志近200多种，出版专著仅文艺方面就达1000多种。[②] 这些报刊书籍迅速流传到全国，使统区人民群众更好地了解我们党的抗日主张，为抗战时期的民族共有精神家园建设做出了重要贡献。桂林的戏剧运动也十分繁荣，演出了欧阳予倩导演的《前夜》《青纱帐里》《曙光》，马彦

[①] 沙健孙主编《中国共产党与抗日战争》（上），中央文献出版社2005年版，第448页。
[②] 沙健孙主编《中国共产党与抗日战争》（上），中央文献出版社2005年版，第449页。

祥导演的《古城的怒吼》，以及《大地回春》《秋声赋》《大雷雨》《再会吧，香港！》等。据统计，1941年至1943年，在桂林编导和上演的进步剧达45个剧目。1944年2月开始，桂林还举行了3个月的西南剧展，参加单位有33个团队，895人，演出170场，观众达10多万人。①

全国抗战开始后，许多高等学府迁移到云南，大批学者、文化名流聚集到昆明，这里成为国民党统治区的一个文化中心。在中共云南地下党和进步文化人士的共同推动下，昆明也成为国统区抗日文化运动蓬勃发展的地区。在抗战初期，昆明的抗日文化救亡运动就有了很大发展，中共昆明支部组织了民众歌咏队，在它的影响下，各学校也相继组织了群众歌咏活动。同时，昆明的话剧活动也很活跃，1938年3月成立的中华全国剧协云南分会，促进了云南戏剧活动更加有组织地发展起来。1938年春，由北京大学、清华大学、南开大学合组的国立西南联合大学在昆明成立。西南联大汇聚了国内众多知名学者，加上继承了自由宽松的学术传统，使其成为昆明抗日文化的中心。联大地下党组织成立了"群社"，组织联大歌咏队，他们演唱的《五月的鲜花》《中国不会亡》《黄河大合唱》《太行山上》等歌曲传遍大西南。他们组织的联大剧团在闻一多、孙毓堂、曹禺等人支持下，演出了《祖国》《全民总动员》《原野》《雷雨》《阿Q正传》等话剧。这些活动推动了西南地区抗日文化运动的发展，激发了西南地区人民群众的抗战爱国热情，为国统区民族共有精神家园建设发挥了重要作用。

总之，民族共有精神家园的建设，除了要有思想的引领和文化的建设之外，还要有牢固的政治基础和组织保证。抗日战争时期，我们党把抗日民族统一战线作为建设民族共有精神家园的重要纽带，抗日民族统一战线不仅成为民族共有精神家园建设的思想基础，而且是民族共有精神家园建设的组织保证，在这一时期构建民族共有精神家园过程中发挥了极为重要的作用。抗日战争胜利以后，随着形势的发展，我们党以抗日民族统一战线为基础，建立起更广泛的人民民主统一战线，更加扩大了民族共有精神家园的群众基础，从而使延安时期的民族共有精神家园更加牢固和坚强，为解放战争的胜利和新中国诞生提供了强大的精神动力支撑。

---

① 沙健孙主编《中国共产党与抗日战争》（上），中央文献出版社2005年版，第449页。

第八章
延安时期中国共产党构建
民族共有精神家园的历史意义和当代启示

延安时期是中国共产党走向成熟的重要历史时期，在这一时期，我们党不仅在组织和作风建设上，而且在思想文化建设方面取得了辉煌的成绩。在新民主主义文化旗帜的引领下，我们党团结带领全国各族人民，实现了对抗日战争的政治领导，成功构建起全民族的共有精神家园，为新民主主义革命的胜利奠定了坚实的精神文化基础。通过对延安时期我们党构建民族共有精神家园展开深入的分析，我们能够从中深刻地体会到中国共产党肩负起民族复兴的伟大使命、构建中华民族共有精神家园的重大历史意义，也试图从中探寻在新的历史时期进一步加强社会主义思想文化建设，坚定中国特色社会主义道路自信、理论自信、制度自信、文化自信，更好地构筑中国精神、中国价值、中国力量，构建当代中华民族共有精神家园的历史经验和启示。

8.1 延安时期中国共产党构建民族共有精神家园的历史意义

马克思主义辩证唯物论认为，物质决定意识，意识对物质具有反作用。毛泽东在《新民主主义论》中指出："一定的文化（当作观念形态的文化）是一定社会的政治和经济的反映，又给予伟大影响和作用于一定社会的政治和经济；而经济是基础，政治则是经济的集中的表现。"① 延安时期中国共产党所构建的民族

---

① 《毛泽东选集》第2卷，人民出版社1991年版，第663—664页。

共有精神家园，是旧中国半殖民地半封建社会的经济和政治形态在追求民族独立和解放的先进中国人的观念文化中的体现。这一精神文化系统一旦形成，必将产生强大的反作用，激励全国各族人民为实现民族独立和解放努力奋斗，成为引领中华民族奋勇前进的精神旗帜。延安时期民族共有精神家园建设所体现出来的历史意义可以概括为以下几个方面：

8.1.1 凝聚起强大的中国力量，为抗日战争的伟大胜利提供了精神支柱

首先，中国共产党对民族共有精神家园的构建，向全世界显示了中国人民坚持抗战的精神伟力。中国社会自从步入近代以来，昔日封建帝国的光环已烟消云散，自古以来爱好和平的中国人民面对近代以来外敌的入侵，人们的精神世界充满了彷徨和无助。胡适认为，中国"百事不如人"，他认为中国要铲除的五大敌人就是贫穷、疾病、愚昧、贪污、扰乱。鲁迅弃医从文，写作《狂人日记》《呐喊》，都是在向世人揭露国人精神的丧失和麻木。可以说，近代社会的中国面临精神家园的迷失。五四新文化运动和中国共产党的诞生，使古老的中国看到了新生的希望，这种希望到延安时期已经被中国共产党塑造起强大的民族精神家园，它成为支撑中国人民团结抗战的精神支柱。在抗日战争中，经济、军事都落后的中国对阵拥有强大经济和军事实力的日本帝国主义，双方的实力相差悬殊。更为紧迫的是，抗战开始之前南京国民党政府始终没有放弃对共产党的军事"围剿"，内耗严重，给日本侵略者以可乘之机。在这种万分危急的时刻，如果中国人民不能够内部团结一致共同对外，那么中华民族将会面临亡国灭种的危险。面对严峻复杂的局面，中国共产党和平解决西安事变，实现国共第二次合作，建立起抗日民族统一战线，动员全国人民发动全民族抗战，在此基础上构建起民族共有精神家园。我们党对民族共有精神家园的建设，显示了中华民族各族人民团结御侮的坚强决心和必胜信心。抗日战争从"九一八"事变算起长达十四年时间，从"七七"事变全面抗战爆发也长达八年之久，在这艰难而漫长的岁月里，如果没有坚强的决心和必胜信念，没有全民族的共同精神家园，是不能够战胜凶残的侵略者的。

其次，民族共有精神家园所凝聚起来的中国力量，是万众一心、众志成城、不可战胜的力量。过去的中国人民经受了太多的苦难，勤劳勇敢的中国人民一旦被动员起来，有中国共产党作为他们坚强的领导，中华民族各族人民所凝聚起来的力量将是无坚不摧无可战胜的，这就是伟大的中国力量。1935年12月9日，"一二·九"运动爆发，在运动中，青年学生打出"停止内战，一致对外！""打

倒日本帝国主义!""武装保卫华北!"等口号,他们发出惊天动地的吼声,推动运动席卷全国,向世界展示了中国人民团结起来的伟大力量。毛泽东后来评价道:"一二·九运动是动员全民族抗战的运动,它准备了抗战的思想,准备了抗战的人心,准备了抗战的干部。"① 它使我们党"停止内战,一致抗日"的主张在各阶层人民中广泛传播开来,变成全国人民的共同要求。全面抗战爆发以后,全国人民热烈拥护国共两党合作抗日,成千上万的工人、农民、知识分子纷纷投身抗日救亡的洪流,民族工商业资本家们踊跃认购救国公债,捐献抗战物资,爱国华侨也纷纷捐款捐物,回国参战。面对日本侵略者,中国各族人民已经构筑起坚固的民族共有精神家园,结成广泛的抗日民族统一战线,组成浩荡雄壮的抗日大军,中国人民不可战胜的力量被充分地激发出来了。

再次,民族共有精神家园所凝聚起来的中国力量,是勇往直前、不怕牺牲、艰苦奋斗的力量。全面抗战开始以后,中国军民奋起抵抗,不怕牺牲,显示了大无畏的民族牺牲精神。山西忻口会战中,国民党军与八路军相互配合与日本王牌军板垣师团苦战月余,国民党军第九军军长郝梦龄、第54师师长刘家琪相继牺牲。在淞沪会战中,驻守宝山县城的姚子青营,顶住日军海陆空火力的轮番进攻坚守七昼夜,全部壮烈殉国。在东北,杨靖宇领导的东北抗日联军克服重重困难,在冰天雪地里长期与敌人周旋。1940年,杨靖宇只身陷敌重围,他以惊人的意志在饥寒交迫中同敌人血战五昼夜,最后壮烈牺牲。杨靖宇牺牲后,敌人剖开他的肠胃,发现他的胃里没有一粒粮食,而只有枯草、树皮和棉絮!民族英雄赵一曼被组织派往东北领导抗日斗争,她率领广大军民同日寇进行浴血奋战,在不幸被捕后,受尽酷刑折磨,却严守机密,挫败了敌人的图谋。面对敌人的大刀,她大义凛然,毫无惧色,高呼"打倒日本帝国主义""中国共产党万岁",壮烈牺牲。这些事实足以告诉侵略者:中国人可以被杀死,却永远不能被征服!由此可见,中华民族共有精神家园所凝聚起来的力量就是勇往直前、不怕牺牲、艰苦奋斗的力量,有了这种力量,任何困难和敌人都会被中国人民战胜。

8.1.2 阐明了中国革命的道路,为新民主主义革命继续前进指明了方向

中国共产党领导中国人民在革命斗争过程中,走什么样的革命道路,这是我们党经过逐步的探索,在延安时期民族共有精神家园建设过程中向人们做出正确回答的一个重大问题。只有阐明了中国革命的道路,才能够为全国人民指明前进

---

① 《毛泽东文集》第2卷,人民出版社1993年版,第253页。

的方向，才能够领导全国人民为之而奋斗，成功构建起民族的共有精神家园。

在无产阶级革命道路问题上，马克思主义创始人很早就认识到资产阶级民主革命与无产阶级社会主义革命之间的关系，他们指出无产阶级应当参加资产阶级民主革命，但决不能把资产阶级革命当作自己的最终目的。1848年欧洲革命以后，他们更加明确地指出，只有彻底的民主主义革命，才能"铺平无产阶级革命唯一能借以实现的地基"，为了无产阶级的根本利益，必须"不间断地"将革命进行到底。无产阶级在革命中"不应再度充当资产阶级民主派的随声附和的合唱队"，而应建立"独立工人政党"，并使之成为工人阶级的"中心和核心"[①]。列宁继承和发展了马克思主义不断革命的思想，论述了资产阶级民主革命转变为社会主义革命的理论。他认为资产阶级民主革命和社会主义革命是一个链条中的两个环节，是俄国革命进程的完整过程，这两个阶段既有区别又有联系，不能用一道万里长城把它们隔开，也不能用一个阶段代替另一个阶段，民主革命是无产阶级走向社会主义的必不可少的第一步。因此，无产阶级不但不应"避开"民主革命，而应该尽最大努力参加革命，在时机和条件成熟时立即将民主革命转变为社会主义革命，在这一过程中同资产阶级的妥协、背叛和争夺领导权的行径进行坚决斗争。

在我们党的历史上，对中国革命的道路问题，是在经历了历次失败教训的基础上逐步探索出来的。早在大革命时期，陈独秀就主张在资产阶级革命同社会主义革命中间横插一个资产阶级专政的"二次革命论"，结果导致大革命失败。土地革命时期，"左"倾冒险主义又主张采取"毕其功于一役"的"一次革命论"，给中国革命带来重大损失。延安时期，我们党总结以往的经验教训，阐明了中国革命的正确道路，从而为广大人民群众指明了前进的方向。

1937年5月，中国共产党全国代表会议在延安召开，毛泽东在回答有关中国革命前途的问题时说，资产阶级民主革命和社会主义革命，好比"两篇文章，上篇与下篇，只有上篇做好，下篇才能做好。坚决地领导民主革命，是争取社会主义胜利的条件。""我们是革命转变论者，主张民主革命转变到社会主义方向去"，但那必须是条件成熟之时。毛泽东批驳了曾给中国革命造成危害的托洛茨基主义的"不断革命"论，以及尾巴主义、冒险主义和革命急性病，要求共产党员既要认清革命的前途，又要为目前阶段的任务努力奋斗。他指出："现在的努力是朝着将来的大目标的，失掉这个大目标，就不是共产党员了。然而放松今

---

① 《马克思恩格斯选集》第1卷，人民出版社1972年版，第386、402页。

日的努力，也就不是共产党员。"① 之后，毛泽东在《中国革命和中国共产党》《新民主主义论》中更加全面地阐述了中国革命的前途和方向。他指出："中国共产党领导的整个中国革命运动，是包括民主主义革命和社会主义革命两个阶段在内的全部革命运动；这是两个性质不同的革命过程，只有完成了前一个革命过程才有可能去完成后一个革命过程。民主主义革命是社会主义革命的必要准备，社会主义革命是民主主义革命的必然趋势。"② 这就十分清晰地为中国人民勾画出了革命的前途和革命道路，构建起强大的民族共有精神家园，从而引领中国人民在反帝反封建的征程上不断前进。

8.1.3 创造了中华民族新文化，培育了中共高度的文化自觉和文化自信

延安时期，我们党总结了中国近代以来的文化论争，以马克思主义为指导建立了中华民族的新文化——新民主主义文化，成功构建起全民族的共有精神家园。在这一过程中，进一步培育了中国共产党的文化自觉性，增强了中国人民的民族自信心，为中华民族复兴奠定了深厚的文化根基。

首先，延安时期的民族共有精神家园建设培育了中国共产党高度的文化自觉。

延安时期，我们党在建设民族共有精神家园过程中，对如何正确对待中西文化问题，如何实现马克思主义与中国实际相结合，怎样看待国民党三民主义文化，如何建设中华民族的新文化等等一系列事关中国革命道路和前途的重大文化问题做出了正确回答，给中国人民指明了前进的方向。在这一过程中，中国共产党对文化问题有了更加深刻的认识，实现了更高层次的文化自觉。

文化自觉主要是指一个民族、一个政党在文化上的觉悟和觉醒，包括对文化在历史进程中地位作用的深刻认识，对文化发展规律的正确把握，对发展文化历史责任的主动担当。一个民族的觉醒，首先是文化上的觉醒；一个政党的力量，很大程度上取决于文化自觉的程度。是否具有高度的文化自觉，不仅关系到文化自身的繁荣兴盛，而且决定着一个民族、一个政党的前途命运。③ 延安时期，我们党对新民主主义文化的性质、内涵、历史地位和发展规律都有了更加深刻的认识，对我们党领导新民主主义文化建设有了更加主动的历史担当，充分表明我们党对建设中华民族新文化的认识达到了一个新的高度。关于新民主主义文化在新

---

① 《毛泽东选集》第1卷，人民出版社1991年版，第276页。
② 《毛泽东选集》第2卷，人民出版社1991年版，第651—652页。
③ 《党的十七届六中全会〈决定〉学习辅导百问》，党建读物出版社2011年版，第34—35页。

民主主义革命进程中的地位和作用，毛泽东把它概括为："一定的文化（当作观念形态的文化）是一定社会的政治和经济的反映，又给予伟大影响和作用于一定社会的政治和经济"①。他认为，中华民族的旧文化是半殖民地半封建的文化，它包括反映帝国主义在政治上经济上统治中国的一切洋奴文化，以及反映半封建的政治和经济，主张尊孔读经、提倡旧礼教的封建文化。它们结成文化上的反动同盟，共同反对中国的新文化。新民主主义文化则是在观念形态上反映中国的新政治和新经济，并为新政治和新经济服务的，它的目的就是要建立起反帝反封建的新文化。同时，我们党对于新民主主义文化在革命斗争中的发展规律也有了更加深刻的认识。毛泽东在《新民主主义论》中论述了新民主主义文化的性质和特点，指出中华民族的新文化应该是民族的科学的大众的文化。在延安文艺座谈会上，毛泽东更加深刻地阐述了文艺应该为人民大众服务，以及文艺的普及与提高、文艺批评等重大问题，从而使广大文艺工作者对新民主主义文化及其发展规律有了正确的认识。在这一过程中，我们党始终担负起新文化建设的领导责任，建设起一支强大的无产阶级文化大军，在此基础上构建起中华民族的共有精神家园。由此可以看出，在民族共有精神家园建设过程中，我们党自觉地领导新文化建设，发展创造新文化，实现了对领导文化发展责任的历史担当，在这一过程中培育了高度的文化自觉。

其次，延安时期的民族共有精神家园建设极大地增强了中华民族的文化自信。

所谓文化自信，是指一个国家、一个民族、一个政党对自身文化价值的充分肯定，对自身文化生命力的坚定信念。中华民族素有文化自信的气度，正是有了对民族文化的自信心和自豪感，才在漫长的历史长河中保持自己、吸纳外来，形成了独具特色的中华文化。② 近代以来，面对西方列强的军事侵略和西学东渐的潮流，中华民族的文化自信受到严重摧残，广大追求救国救民真理的知识分子纷纷把目光投向国外。延安时期，中国共产党在领导民族共有精神家园建设过程中，坚持以科学的态度对待外来文化和中国传统文化，始终坚持把马克思主义先进文化同中国的国情和具体实际密切地结合起来，创造了具有中国作风和中国气派的民族新文化。我们党吸收马克思主义先进文化的精华，为中华文化输入了新鲜血液，赋予中华文化全新的时代内涵，使中华文化焕发出新的勃勃生机和活

---
① 《毛泽东选集》第2卷，人民出版社1991年版，第663页。
② 《党的十七届六中全会〈决定〉学习辅导百问》，党建读物出版社2011年版，第35—36页。

力，从而极大地增强了中国人民的民族自信和文化自信。

这一文化自信首先体现在对待传统文化的态度上。毛泽东在党的六届六中全会上强调，我们的民族有数千年的历史，有许多珍贵品，我们应当总结从孔夫子到孙中山以来的历史，继承这一份珍贵的历史遗产。他还指出，对于民族传统文化，应该清理其历史发展过程，剔除其中的封建性糟粕，吸收民主性的精华，从而发展民族新文化。这一态度充分体现了我们党对传统历史文化价值的肯定，体现了对中华民族传统文化生命力的坚定信念。同时，文化自信还体现在如何对待外来文化的态度上。我们党认识到，中国近代以来那种全盘接受西方文化的态度以及故步自封全盘否定外国文化的做法，都不是科学对待外来文化的正确态度，这正表现出中国人民对于如何看待和发展文化问题失掉了自我，失去了自信，从而致使中国人民的精神家园出现严重危机。延安时期，我们党在对待外来文化问题上已经完全成熟。毛泽东指出，我们要建设的新文化是反对帝国主义压迫，主张中华民族的尊严和独立的，这一文化必须是带有我们民族的特性。我们应当大量吸收外国的进步文化，包括苏联社会主义的文化以及外国的古代文化，包括资本主义国家启蒙时代的文化，来作为我们自己文化食粮的原料。但是在吸收外来文化的过程中，不能是生吞活剥毫无批判地吸收，而应该是排泄其糟粕，吸收其精华，从而为我所用。我们党对待传统文化和外来文化的科学态度，充分体现了党对于建设中华民族新文化的坚定信念和信心，充分彰显了中华民族对于建设自身新文化的民族自信。这一切，都为中国共产党领导中国人民继续完成新民主主义革命，开启中华民族伟大复兴新的征程奠定了坚实的基础。

8.1.4 塑造了坚毅的中国精神，为中华民族伟大复兴奠定精神文化基础

中华民族上下五千年的辉煌历史，缔造了伟大的民族精神，它凝结成激励全体中华儿女奋勇前进的中国精神，成为中华民族生生不息的精神血脉。延安时期，在中国共产党的领导下所构筑起来的民族共有精神家园，更加彰显了中华民族精神的时代内涵，塑造了极富时代气息的中国精神。延安时期的民族共有精神家园所凝聚起来的中国精神可以概括为以爱国主义为核心的民族精神和以追求民主为核心的时代精神，而它所包含的团结统一、爱好和平、勤劳勇敢、自强不息、追求民主的时代内涵在抗日战争和新民主主义革命的实践中得到了最好的诠释，它们为中华民族的伟大复兴奠定了精神文化基础。

第一，团结统一是中华民族伟大复兴的本质要求。团结统一是以爱国主义为核心的中国精神的根本体现，它是中华民族的立身之本，是形成民族凝聚力、国

家向心力的基础。近代以来，在帝国主义列强的铁蹄践踏下，数百万平方公里的土地沦落到帝国主义手中，国家的团结统一受到严重威胁。辛亥革命以后，中华民国的建立并不能完成国家统一的历史重任，帝国主义列强依然通过"势力均等"瓜分在华利益，使中华民族深陷半殖民地半封建社会的泥潭中，中华民族的团结统一举步维艰。中国共产党从她成立时起，就把推翻帝国主义和封建主义的压迫，实现国家的团结统一作为矢志不渝的奋斗目标。1931年日本发动"九一八"事变，侵略中国东北，并把魔爪继续伸向华北。在国难当头的危急时刻，南京国民党政府不顾国家安危，采取"攘外必先安内"的"剿共"政策，放任日本的侵略罪行，遭到全国人民的反对。中国共产党代表全国人民的呼声，坚持构建民族共有精神家园，推动西安事变和平解决，建立起抗日民族统一战线，从而实现了国共合作共同抗战的局面。国共合作团结抗战局面的实现，是中国共产党构建民族共有精神家园取得的伟大成果，是中华民族团结统一民族精神的生动诠释。在这种精神的激励下，中华民族伟大复兴的历史征程迈向了新的起点。

第二，爱好和平是中华民族精神的珍贵品质。中华民族自古以来就是爱好和平的民族，中国人民历来就有爱好和平的传统。江泽民指出："我国先秦思想家就提出了'亲仁善邻，国之宝也'的思想，反映了自古以来中国人民就希望天下太平，同各国人民友好相处"①。爱好和平包含以下几层含义：一是热情好客，睦邻友好。二是和而不同，相辅相成。三是热爱和平，但旗帜鲜明地支持正义战争。和平的实现并不是容易的，它往往以正义的战争作为保障。中华民族是爱好和平的民族，但又是不畏强暴的民族。中国共产党在成立之初就向全国人民宣告，要想实现真正的和平，实现国家的独立、自由和富强，就要彻底推翻帝国主义和封建主义的统治。我们党领导全国人民进行新民主主义革命斗争的历史，就是争取和平与自由的历史，就是追求民族独立解放的历史，这是爱好和平的中国精神在中国共产党和中国人民身上的深刻体现。延安时期民族共有精神家园的建设，就是这种爱好和平、不畏强暴中国精神的升华。具备了这种宝贵精神，中华民族的伟大复兴才能够有坚强的保障。

第三，勤劳勇敢是中华民族精神固有的品格。毛泽东在《中国革命与中国共产党》中说："中华民族不但以刻苦耐劳著称于世，同时又是酷爱自由、富于革命传统的民族。"② 这是对中华民族勤劳勇敢精神的科学概括。延安时期，勤劳

---

① 《江泽民文选》第2卷，人民出版社2006年版，第61页。
② 《毛泽东选集》第2卷，人民出版社1991年版，第623页。

勇敢的中国精神在各族人民身上得到了充分的展现。它首先表现在中国共产党领导边区人民自力更生、艰苦奋斗的创业实践中。陕甘宁边区地处中国西北，土地贫瘠，人口众多，加上日本侵略者和国民党顽固派的军事进攻，1941年边区的财政经济出现严重困难。针对这种情况，党中央号召走生产自救的道路，"自己动手、丰衣足食"，掀起了大规模的生产运动。毛泽东、朱德、周恩来带头参加生产劳动，开荒种菜。八路军三五九旅在旅长王震的带领下发扬自力更生、艰苦奋斗精神，把荒无人烟的南泥湾变成了"陕北的好江南"。根据地的经济建设和大生产运动为抗日战争的胜利奠定了物质基础。勤劳勇敢的中国精神还表现在广大军民在抗日战场上不畏艰险、奋勇杀敌、不怕牺牲的献身精神上。杨靖宇、董存瑞、"狼牙山五壮士"等等都是勤劳勇敢、不畏强敌的中国人民的英雄模范。用他们的英勇事迹浇铸而成的中国精神，永远是激励广大中华儿女为实现民族复兴而奋斗的精神动力。

第四，自强不息是中华民族兴旺发达的不竭动力。《易经·乾卦》中写道："天行健，君子以自强不息"，它告诫人们应当效法天道，永不懈怠，自强不息。自强不息的中国精神正是中华民族历经风雨沧桑，饱受磨难而生生不息、奋发图强的动力源泉。这一精神在延安时期民族共有精神家园建设过程中得到了充分的彰显和发扬光大。它首先表现在中华民族在面对日本帝国主义侵略时始终具有的不屈不挠的英勇奋斗精神。全面抗战爆发以后，各族儿女风雨同舟，同仇敌忾，团结一心，共同抵御外侮，谱写了一曲曲民族自强的凯歌，展现了中国人民艰苦卓绝、顽强不屈的抗争精神和自强不息的英雄气概。同时它还表现在中华民族在不断开拓创新过程中所展现出的自强自立精神。我们党在领导全国人民建设民族共有精神家园过程中，新民主主义革命理论的形成、毛泽东思想的确立等等，无不表现出中国人民开拓创新、自强自立的精神风貌。自强不息的中国精神还表现在中国共产党领导全国人民所展现出的独立自主精神。我们党坚持把马克思主义的基本原理同中国革命的具体实践相结合，独立自主地领导中国革命和抗日战争，才能够最终实现民族的独立和自由。

第五，追求民主成为引领中华民族伟大复兴的时代潮流。延安时期，追求民主的时代精神成为中国精神的重要组成部分。在中国共产党构建民族共有精神家园过程中，发源于五四时期的现代民主精神在这一时期有了新的时代内涵。根据时代发展需要，我们党主张将无产阶级民主发展成为有工人、农民、城市小资产阶级和民族资产阶级参加的人民民主，建立有各阶级参加的民主共和国，并在各个抗日根据地建立了新民主主义的"三三制"民主政权。与世界民主潮流相反的是，国民党政府主张建立法西斯专制主义的独裁政府，主张实行"一个主义、一个政党、一个领袖"，对共产党和其他民主党派进行残酷打压。面对国民党的独裁专制和腐败无能，我们党领导全国人民开展了轰轰烈烈的宪政促进运动。民主宪政运动的开展，增强了各族人民的民主意识，宣传了我们党的新民主主义主张，使我们党提出的建立民主联合政府的主张受到全国人民的拥护。虽然由于国民党蒋介石的独裁专制导致民主联合政府的主张未能实现，但是在这一过程中所培育起来的中国人民追求民主的时代精神却发展壮大，为人民民主专政的新中国的建立和中华民族伟大复兴奠定了基础。

8.2 延安时期中国共产党构建民族共有精神家园的当代启示

延安时期是中华民族伟大复兴的重要历史开端。在这一重要历史时期，中国共产党带领全国各族人民在抗日战争和新民主主义革命过程中构建起全民族共有精神家园，为中华民族的解放和伟大复兴奠定了重要思想文化基础。我们党在延安时期构建民族共有精神家园过程中积累了宝贵的历史经验，这些历史经验既包括大力加强共产主义教育，树立起全民族共同的理想信念来建设中华民族共有精神家园，又包括努力进行文化创新，建立起新民主主义的思想文化体系成功构建起全民族的共有精神家园；既包括大力弘扬爱国主义精神和民主时代精神来建设全民族共有精神家园，又包括始终注重加强全民族的统一战线建设，努力夯实民族共有精神家园的组织基础。正是这些宝贵的历史经验，确保了延安时期我们党能够带领各族人民成功构建起全民族的共有精神家园，从而赢得抗日战争和新民主主义革命的胜利，为实现中华民族伟大复兴奠定坚实的基础。

当历史的车轮进入中国特色社会主义新时代，我们党正带领全体中华儿女走在决胜全面建成小康社会，奋力夺取新时代中国特色社会主义伟大胜利的历史征程上。使命引领未来，使命呼唤担当。实现"两个一百年"奋斗目标，把我国建成富强民主文明和谐美丽的社会主义现代化强国，实现中华民族伟大复兴的中国梦，需要全体中华儿女凝心聚力，共同奋斗，更好地构筑中国精神、中国价值、中国力量，构建起中华民族共有精神家园，为全国人民提供强大的精神力量。延安时期我们党构建民族共有精神家园取得的宝贵历史经验，为新时代引领民族共有精神家园建设，共筑民族伟大复兴中国梦提供了重要的启示和借鉴。

8.2.1 实现中华民族伟大复兴的中国梦是民族共有精神家园建设的目标归宿

实现中华民族的伟大复兴，是近代以来中华民族最伟大的梦想，是无数仁人志士为之奋斗的理想和夙愿。延安时期，中国共产党领导全国人民构建起全民族的共有精神家园，为实现民族的独立自由奋力拼搏，浴血奋战，从而开启了中华民族伟大复兴新的历史征程。延安时期中国共产党对民族共有精神家园的构建，正是我们党为实现中华民族伟大复兴在新民主主义革命时期的深刻体现，它展示了以中国共产党人为代表的先进中国人在半殖民地半封建社会对实现民族独立和富强的美好愿望与梦想。在新的历史时期，我们党初心不改，矢志不渝，始终把实现中华民族伟大复兴作为全党和全国各族人民为之奋斗的最伟大梦想，号召全国各族人民为实现国家富强、民族振兴、人民幸福的美好梦想而努力奋斗。可以说，实现中华民族伟大复兴的中国梦，是中华民族共有精神家园在当代的深刻阐释，是在中国特色社会主义进入新时代我们党建设民族共有精神家园的目标归宿。

1. 中华民族伟大复兴中国梦的深刻内涵

2012年11月29日，习近平总书记率领十八届中央政治局常委和书记处书记参观《复兴之路》展览时，首次提出了实现中华民族伟大复兴中国梦的概念。在十二届全国人大一次会议闭幕时，习近平总书记系统地阐述了中国梦的深刻内涵。他指出："实现全面建成小康社会、建成富强民主文明和谐的社会主义现代化国家的奋斗目标，实现中华民族伟大复兴的中国梦，就是要实现国家富强、民族振兴、人民幸福"，这"既深深体现了今天中国人的理想，也深深反映了我们先人们不懈追求进步的光荣传统"。① 在党的十九大报告中，习近平总书记进一步指出："今天，我们比历史上任何时期都更接近、更有信心和能力实现中华民族伟大复兴的目标。"在新时代中国特色社会主义的伟大实践中，我们党要以坚强的领导和顽强奋斗，激励全体中华儿女不断奋进，凝聚起同心共筑中国梦的磅礴力量！② 实现中华民族伟大复兴的中国梦包含着十分丰富而深刻的内涵，具体来讲，可以从以下几个方面来理解：

首先，中国梦就是要实现国家富强、民族振兴、人民幸福。中国梦的内涵既体现了人们对经济发展、社会进步的愿望，也体现了人们对精神文化发展进步的愿望；既体现了人们对国家和民族的美好期待，也体现了人们对幸福生活的美好追求。中国共产党从成立时起，就把推翻帝国主义和封建主义的压迫，实现国家

---

① 《习近平在十二届全国人大一次会议闭幕会上的讲话》，2013年3月17日。
② 习近平：《决胜全面建成小康社会，夺取新时代中国特色社会主义伟大胜利》，人民出版社2017年版，第15、17页。

的独立、解放和富强，实现人民的自由、解放和幸福作为自己的历史使命。党领导新民主主义革命的胜利，推翻了三座大山对中国人民的压迫，实现了民族和人民的解放，为实现民族复兴奠定重要基础。新中国成立以后，党领导人民完成了社会主义改造，建立起社会主义工业化的基础，开始探索中国特色社会主义的发展道路。改革开放以来，我们党提出"三步走"发展战略，带领人民开启了全面建设小康社会的伟大征程。在我国综合国力不断增强，人民生活水平总体达到小康的基础上，党的十九大对新时代中国特色社会主义发展做出了分两个阶段的战略安排，提出到21世纪中叶，把我国建成富强民主文明和谐美丽的社会主义现代化强国的宏伟蓝图。可以说，我们党带领全国人民不懈奋斗的历史，就是为实现国家富强、民族振兴、人民幸福的中国梦而奋斗的历史。

其次，中国梦是民族的梦，也是每个中国人的梦，归根到底是人民的梦。这是从国家、民族与个人的关系角度来理解中国梦的实质和内涵。实现中华民族伟大复兴的中国梦，要求把国家、民族和个人作为一个命运共同体，把国家利益、民族利益同每个人的具体利益紧密地联系在一起。因为没有国家和民族的兴旺发达，个人梦想就没有实现的舞台。在推动国家和民族发展进步的进程中，每个人都要有自己的梦想，"共同享有人生出彩的机会，共同享有梦想成真的机会，共同享有同祖国和时代一起成长与进步的机会"。实现伟大的中国梦，必须紧紧依靠人民，不断为人民造福。只要全国人民同心同德，齐心协力，艰苦奋斗，顽强拼搏，就能汇聚起无比强大的中国力量，托起中华民族伟大复兴的中国梦，构建起雄伟壮丽的民族共有精神家园。

再次，实现中国梦必须走中国道路、弘扬中国精神、凝聚中国力量。美好梦想的实现，必然要付出艰辛的努力和辛勤的劳动，必然要有坚忍不拔、奋力拼搏的强大精神力量做支撑。实现中华民族伟大复兴的中国梦，是一个异常艰巨的历史过程。在新民主主义革命时期，我们党带领全国人民经过28年浴血奋战，终于推翻了压在中国人民头上的三座大山，建立了新中国。社会主义制度建立以后，党领导人民战胜无数艰难险阻，历经坎坷曲折，终于找到了一条引领中华民族实现伟大复兴的道路，这就是中国特色社会主义道路。改革开放以来，面对复杂多变的国际局势和国内繁重的改革任务，面对世界文化多元化的迅猛发展，我们党得出的基本经验就是，实现中华民族伟大复兴的百年梦想，必须坚定不移地走中国特色社会主义道路，必须大力弘扬勤劳勇敢、爱国自强、改革创新的中国精神，必须凝聚起全国各族人民团结奋进的共同力量，凝心聚力，奋勇前进。

最后，实现伟大梦想，必须进行伟大斗争，建设伟大工程，推进伟大事业。

习近平总书记在十九大报告中指出："中华民族伟大复兴，绝不是轻轻松松、敲锣打鼓就能实现的。全党必须准备付出更为艰巨、更为艰苦的努力。"① 在新时代中国特色社会主义建设过程中，党要团结带领人民有效应对重大挑战、抵御重大风险、克服重大阻力、解决重大矛盾，必须进行具有许多新的历史特点的伟大斗争，自觉投身全面改革创新的时代潮流，坚决破除一切顽瘴痼疾，坚决反对一切损害国家和人民利益的行为，更加自觉防范和抵御各种风险。要深入推进党的建设新的伟大工程，更加自觉地坚定党性原则，勇于自我革命，敢于刮骨疗毒，确保我们党始终成为时代先锋、民族脊梁，永葆旺盛生命力和强大战斗力。中国特色社会主义是改革开放以来党的全部理论和实践的主题，全党要更加自觉地增强道路自信、理论自信、制度自信、文化自信，奋力推进中国特色社会主义这一伟大事业不断向前发展。

2. 中国梦与民族共有精神家园的关系

首先，中国梦作为人们共同的梦想和愿望，它与民族共有精神家园同属于人的精神世界领域。在这个意义上，中国梦是对中华民族共有精神家园的通俗表达。两者都与物质世界相对应，由物质世界所决定，是物质世界的反映并反作用于物质世界。马克思指出："批判的武器当然不能代替武器的批判，物质力量只能用物质力量来摧毁；但是理论一经掌握群众，也会变成物质力量。"② 中国梦与民族共有精神家园概念的提出，都是随着我国社会主义市场经济的不断发展和社会主义现代化建设不断推进，人民群众对精神文化领域的需求日益增长，物质文明建设对精神文明建设的需求日益增长的反映。随着我国改革开放四十年来在经济建设上所取得的巨大成就，以及多元文化的发展和冲击，人们对精神文明的需求越来越高，急切地需要一种共同的精神追求和力量来凝聚全国人民的意志，形成强大的精神力量，从而推动改革开放和中国特色社会主义建设继续破浪前进。我们今天讲中国梦，就是要在新的历史条件下树立全社会共同的理想，确立我们共同的精神追求；就是要把个人梦想与国家梦想、民族梦想联结起来，把每一个人的理想、信念和信仰联结起来，构建全民族、全社会共同的精神家园。

其次，中国梦与民族共有精神家园建设的目的都是为了实现中华民族的伟大复兴。中华民族近百年来所经受的沧桑磨难，使每一个炎黄子孙都更加懂得民族

---

① 习近平：《决胜全面建成小康社会，夺取新时代中国特色社会主义伟大胜利》，人民出版社2017年版，第15页。
②《马克思恩格斯选集》第1卷，人民出版社1995年版，第9页。

复兴的意义。特别是1931年日本发动"九一八"事变以来,无数爱国知识分子喊出"复兴中华民族"的口号。实现中华民族的伟大复兴深刻体现了中华民族和中国人民的整体利益,它深深地扎根于中国人的心底,烙印在民族记忆的深处,成为全国人民的共同理想。中国梦的实现,民族共有精神家园的建设,都是为了这一共同理想和目标,它深刻体现了一个民族对人类社会理想的精神追求。每一个人都有自己的梦想,全国人民的梦想汇聚起来就构成气势磅礴的为了中华民族伟大复兴而奋斗的伟大中国梦。每一个人都有自己的精神家园,全国各族人民的精神家园汇聚起来就成为势不可挡的中华民族共有精神家园。这就是精神的力量。在实现中华民族伟大复兴的旗帜下把全国人民的精神力量凝聚起来,这种力量将是不可战胜的。

再次,二者的区别主要体现在:第一,民族共有精神家园侧重于文化的视角,更偏重于从文化的角度来探讨人类精神世界和精神文明建设,党的十七届六中全会是从建设社会主义文化强国的目标提出建设中华民族共有精神家园命题的,因此,它属于精神文化的范畴。中国梦则不仅具有深刻的精神文化内涵,更具有丰富的经济社会发展的内涵,是社会发展、人的发展、文化发展三个维度的统一。其中,既反映了人们在社会发展方面的需求,也反映了人们在人的发展方面的需求;既体现了人们在物质层面的理想追求,更体现了人们在精神层面的理想追求。因此,中国梦不仅具有丰富的精神文化内涵,而且具有广泛的经济社会文化发展的深厚意蕴,它的范围比民族共有精神家园更宽。第二,如果从精神层面来讲,中国梦是民族共有精神家园中处于高位阶的组成部分。民族共有精神家园是建立在对民族文化自觉认同基础上,由民族的理想信念、价值观念、文化模式、情感方式等有机构成的一个综合复杂的精神文化系统,它不仅包含了人类精神世界中的理想信仰、价值观层面,还包含了文化心理、情感方式层面。中国梦作为新时期人们的共同理想和美好愿望,它属于民族共有精神家园中的理想层面。因此,从层次上来说,中国梦更高,它是民族共有精神家园中理想要素的核心内涵,是新时期民族共有精神家园的目标归宿。

3. 共筑中国梦,建设民族共有精神家园

第一,加强中国梦的宣传教育,形成实现中国梦的强大精神力量。在全国人民心中树立起牢固的中国梦的理想,激励各族人民用自己的勤劳善良和艰苦奋斗共同为实现梦想而努力,是新时期构建民族共有精神家园的重要内容。中国梦的话语具有极强的号召力和感染力,它道出了全国人民的心声和海内外中华儿女的渴望,是激励全国人民团结奋进、开辟未来的一面旗帜。通过各种形式的宣传教育，使实现中国梦的共同理想入脑入心，使人们深刻认识到坚持中国特色社会主义是中华民族寻梦圆梦的必由之路。通过开展广泛深入的中国梦宣传教育，引领全国人民更加坚定理想信念，明确奋斗目标，增强对中国特色社会主义的道路自信、理论自信、制度自信、文化自信，从而构建起强大的民族共有精神家园，为全面建成小康社会努力奋斗。

第二，以中国梦引领社会实践，展现人们用辛勤劳动创造美好生活的精神风貌。中国梦的实现，需要全国人民脚踏实地，艰苦奋斗，顽强拼搏。民族共有精神家园的建设，也绝不是建立在虚无缥缈的空中楼阁之上的。没有人们的辛勤劳动，没有人们的努力创造，再美好的梦想、再精致的精神家园也不能实现。习近平同志指出："空谈误国，实干兴邦"。实现中华民族伟大复兴的中国梦任重而道远，需要每一个人苦干实干，努力奋斗，才能一步一个脚印朝着梦想前进。在民族共有精神家园建设过程中，要以中国梦引领社会实践，把中国梦的宣传教育与生产生活实践紧密结合，融入人们的工作实践之中，反映人民群众用辛勤劳动创造美好生活的精神面貌，描绘广大劳动者奋力拼搏、梦想成真的先进事迹，从而激励广大人民爱岗敬业，努力奋斗。

第三，在青少年中开展中国梦宣传教育，激发他们为梦想而奋斗的激情。青春寄托着梦想。青年兴则国家兴，青年强则国家强。青年一代有理想、有本领、有担当，国家就有前途，民族就有希望。习近平总书记在十九大报告中语重心长地说："中国梦是历史的、现实的，也是未来的；是我们这一代的，更是青年一代的。中华民族伟大复兴的中国梦终将在一代代青年的接力奋斗中变为现实。"① 实现中华民族伟大复兴的中国梦，最能点燃青少年为祖国的梦想而奋斗的热情。在建设民族共有精神家园过程中，牢固树立青少年的共同理想信念，事关中国特色社会主义事业的未来，是一项极其重要的任务。因此，要使中国梦的理想深深扎根于青少年心中，把中国梦宣传教育融入青少年思想道德建设之中，融入校园文化之中，通过爱国主义主题教育，引导广大青少年树立远大理想，集聚青春正能量，为实现中华民族伟大复兴而努力。

8.2.2 坚定中国特色社会主义共同理想是民族共有精神家园建设的根本方向

理想信念是民族共有精神家园的价值内核。延安时期我们党以共产主义理想

---

① 习近平：《决胜全面建成小康社会，夺取新时代中国特色社会主义伟大胜利》，人民出版社2017年版，第70页。

信念为指导，带领全国人民坚定不移地走出一条新民主主义革命的道路，成功构建起民族共有精神家园，赢得了新民主主义革命的胜利。在改革开放新的历史条件下，坚定共产主义的理想信念，就是要树立中国特色社会主义的共同理想，努力为共产主义事业奋斗终生。中国特色社会主义共同理想是共产主义远大理想在社会主义初级阶段的集中体现，是新时代建设民族共有精神家园必须坚持的根本方向。

1. 坚持中国特色社会主义道路自信，建设民族共有精神家园

道路关乎党的命脉，关乎国家前途、民族命运、人民幸福。在中国这样一个经济文化落后的国家探索民族复兴的道路，任务极其艰巨。我们党成立以来，始终坚持把马克思主义的基本原理同中国革命建设改革的实际相结合，独立自主地走自己的路，开辟出一条中国特色社会主义道路，从此改变了中国人民和中华民族的前途命运。这条道路是在改革开放近40年的实践中走出来的，是在新中国成立60多年的持续探索中走出来的，是在我们党深刻总结近代以来170多年中华民族的发展历程中走出来的，是在对中华民族五千年悠久文明的传承中走出来的。改革开放的实践充分证明，中国特色社会主义是当代中国发展进步的根本方向，只有中国特色社会主义才能发展中国。坚定中国特色社会主义的共同理想，首先就是要坚定不移地走中国特色社会主义道路，树立起高度的道路自信，引领中华民族伟大复兴的前进方向。

在树立道路自信过程中，要排除错误思想的干扰，特别是要坚决抵制那些把中国特色社会主义说成是中国特色的资本主义或民主社会主义的错误言论。有人认为，我国在经济体制改革过程中用市场经济取代计划经济，允许发展个体经济和私有经济，在改革开放过程中人们的利己主义、拜金主义、享乐主义思想观念盛行，腐败现象层出不穷，据此认为当前的社会是中国特色的资本主义。这是一种极其错误的观念。由于我国还处在社会主义初级阶段，生产力水平还不发达，这就决定了在生产关系领域要发展多种所有制经济作为公有制经济的补充，要遵循商品经济的价值规律。至于人们的思想观念中产生的一些消极腐败思想，其产生也有着复杂深刻的社会原因。总之，正如马克思所说，当前的社会是"刚刚从资本主义社会里脱胎出来的，它在各个方面还不完善，还必然带着资本主义社会的特征"。这正说明，我们的社会还处在社会主义的初级阶段，它所要走的路必定是中国特色社会主义道路，而绝不是资本主义的道路。邓小平指出："一旦中国抛弃社会主义，就要回到半殖民地半封建社会，不要说实现'小康'，就连温

饱也没有保证。"① 历史已经充分地证明，资本主义道路在中国走不通。如果退回到资本主义的老路上去，中国绝不可能成为一个资本主义强国，而只会陷入落后挨打、任人宰割的万丈深渊。还有人认为，我们现在走的路是民主社会主义道路。这一观点也是完全错误的，需要引起人们的高度警惕，特别是要警惕一些西方国家以此进行意识形态渗透，我们要坚决抵制。中国特色社会主义与民主社会主义是两种根本对立的意识形态。中国特色社会主义是马克思主义在中国的新发展，它坚持科学社会主义的基本原理，把共产主义作为自己的最高理想。民主社会主义则完全抛弃了科学社会主义的基本原理，反对阶级观点和暴力革命，反对共产主义的奋斗目标，它是一种与科学社会主义完全对立的意识形态。民主社会主义可以在欧洲一些国家实行，但它并不适合中国国情。我们所走的中国特色社会主义道路是全体中国人民在长期实践中形成并经过实践反复检验的。历史和现实充分地证明，只有中国特色社会主义才能救中国，才能发展中国。坚定中国特色社会主义道路自信，是建设强大的民族共有精神家园，实现中华民族伟大复兴中国梦的根本保证。

2. 坚持中国特色社会主义理论自信，建设民族共有精神家园

中国特色社会主义理论体系是马克思主义中国化第二次历史性飞跃所取得的重大理论成果，它凝结了几代中国共产党人不懈探索实践的智慧和心血，是我们党最可宝贵的精神财富，是全国各族人民团结奋斗的共同思想基础。坚持中国特色社会主义的理论自信，就是要坚持用中国特色社会主义理论体系最新成果武装全党，教育群众，以习近平新时代中国特色社会主义思想为行动指南，做共产主义远大理想和中国特色社会主义共同理想的坚定信仰者，以此为基础构建起中华民族共有精神家园。

首先，中国特色社会主义理论体系是被改革开放实践证明了的正确理论。党的十一届三中全会以来，我国坚定不移地推进改革开放和社会主义现代化建设，使经济社会发展上了一个大台阶。经济持续保持中高速增长，国内生产总值稳居世界第二，对世界经济增长贡献率超过百分之三十。人民生活得到显著改善，已由温饱不足步入总体小康，人们的政治、文化和社会权益得到更好的发展和保障，中国取得的成就赢得了世界瞩目和尊重。改革开放以来中国面貌发生的历史性巨变，都归功于我们选择了中国特色社会主义道路，坚持了中国特色社会主义理论体系的指导。

---

① 《邓小平文选》第 3 卷，人民出版社 1993 年版，第 206 页。

其次,中国特色社会主义理论体系是指导全面建成小康社会和推进中国特色社会主义事业的根本指针。当前我国正处于全面建成小康社会、推进社会主义现代化的关键时期,在这一过程中,还将面临诸多的矛盾和问题。这些矛盾和问题的最终解决,只能依靠中国特色社会主义理论体系做指导。因为这一理论体系指导中国人民选择了符合中国实际的发展道路,为实现中华民族伟大复兴指明了前进的方向;这一理论体系确立了全面建成小康社会的宏伟目标,规划了中国特色社会主义发展的宏伟蓝图,为社会主义现代化建设提供了根本指针。只有坚持和发展中国特色社会主义理论体系,才能实现全面建成小康社会和中华民族伟大复兴的宏伟目标。

再次,中国特色社会主义理论体系是全党全国各族人民团结奋斗的共同思想基础。人民有信仰,民族有希望,国家有力量。共同的思想基础是一个党、一个国家、一个民族赖以存在和发展的根本前提。习近平总书记指出:"一个国家,一个民族,要同心同德迈向前进,必须有共同的理想信念作支撑。""要继续锲而不舍、一以贯之抓好社会主义精神文明建设,为全国各族人民不断前进提供坚强的思想保证、强大的精神力量、丰润的道德滋养。"① 当今世界,意识形态领域的斗争错综复杂,不同思想文化交流交融交锋更加频繁,人们思想活动的独立性、选择性、多变性、差异性日益增强,一些人的理想信念不坚定等等,都凸显了形成共同思想基础的极端重要性和紧迫性。中国特色社会主义理论体系把社会主义初级阶段的目标、国家的发展、民族的振兴和个人的幸福紧密联系在一起,是引领、激励全国人民团结奋斗的强大精神力量。它一经武装广大人民群众,就会在中国特色社会主义伟大实践中转化为巨大的物质力量。

3. 坚持中国特色社会主义制度自信,建设民族共有精神家园

中国特色社会主义制度,集中体现了中国特色社会主义的特点和优势,它是指在我国经济、政治、文化、社会等各个领域所形成的一整套相互衔接、相互联系的制度体系,具体而言,它是由中国特色社会主义根本政治制度、基本政治制度、法律体系、基本经济制度以及在此基础上形成的经济体制、政治体制、文化体制、社会体制等各项具体制度所组成。中国特色社会主义制度是当代中国发展进步的根本制度保障。发展中国特色社会主义是一项长期的艰巨的历史任务,而带有根本性、全局性、稳定性和长期性的制度体系关系到中国特色社会主义事业的前途命运。坚定中国特色社会主义共同理想,构建中华民族共有精神家园,要

---

① 《习近平谈治国理政》第二卷,外文出版社2017年第1版,第323页。

求我们必须坚定中国特色社会主义制度自信，以更加完备、合理的制度体系为中国特色社会主义保驾护航。

中国特色社会主义制度是被实践证明了的符合我国社会主义初级阶段实际的制度设计。这一制度体现了科学社会主义的基本原理，符合我国社会主义初级阶段的国情，具有巨大的优越性和强大的生命力；这一制度体系坚持以人为本，坚持党的领导、人民当家作主和依法治国的统一，有利于保持党和国家的活力，调动广大人民群众的积极性、主动性和创造性；它创造性地把社会主义基本制度同市场经济调节手段有机地结合起来，建立了充满生机与活力的社会主义市场经济体制，因而有利于极大地解放和发展社会生产力，推动经济社会全面发展；始终坚持以维护和促进社会公平正义、实现共同富裕为其根本价值取向，有利于维护社会公平正义、推动科学发展；坚持发挥社会主义的优越性，有利于集中力量办大事，应对前进道路上的风险和挑战；坚持把最广大人民的根本利益作为出发点和落脚点，统筹兼顾不同民族、阶层和群体的利益，有利于更好地维护民族团结、社会稳定和国家统一。

中国特色社会主义制度是当代中国发展进步的根本制度保障。坚定中国特色社会主义共同理想，推进中国特色社会主义事业不断前进，必须始终坚持、不断完善这一制度体系，推进国家治理体系和治理能力现代化。要进一步完善社会主义基本经济制度和分配制度，完善社会主义市场经济体制，积极稳妥地推进政治体制改革，完善人民代表大会制度和社会主义协商民主制度，建设中国特色社会主义法治体系，创新社会治理，深化收入分配制度改革，完善社会保障体系，加快生态文明制度建设，健全反腐败法律制度等。只有不断发展、完善中国特色社会主义制度，推进治理体系和治理能力现代化，才能不断增强这一制度的生命力，推动中国特色社会主义事业奋勇前进，为实现中华民族伟大复兴奠定坚实的制度保障。

8.2.3　建设中国特色社会主义文化强国是民族共有精神家园建设的根本保障

延安时期，中国共产党以高度的文化自觉和文化自信建立起新民主主义文化，创造了中华民族的新文化，以此为基础构建起中华民族共有精神家园，引领中国革命走向胜利。坚持进行文化创新，以共产主义先进文化引领时代进步潮流，是这一时期民族共有精神家园建设的显著特征。21世纪以来，面对国际局势风云变幻，世界多极化和经济全球化深入发展，各种思想文化彼此交流交融交锋更加频繁，多元文化形态对主流价值观的冲击更加突显。这一切都要求我们更加重视文化的发展,不断增强文化自觉和自信,以社会主义先进文化引领社会思潮,建设中国特色社会主义文化强国,构建起强大的中华民族共有精神家园,为中国特色社会主义建设汇聚起强大的精神文化力量。

1. 增强中国特色社会主义文化自觉和文化自信

文化自觉是一个政党、一个民族内在的精神力量,它表明一个政党和民族在文化上的觉悟和觉醒,因而是一个民族建设共有精神家园的土壤根基和先决条件。增强中国特色社会主义文化自觉就是要增强对中国特色社会主义文化的地位、发展规律以及领导文化发展责任的自觉。首先,中国特色社会主义文化是中国特色社会主义"五位一体"总体布局中的重要组成部分,文化建设取得的成果,直接对经济、政治、社会和生态文明建设产生重要的影响。文化作为民族凝聚力和创造力的重要源泉,它是一个国家综合国力竞争的重要因素,是经济社会发展的重要支撑。因此,要充分地认识到,文化建设的高度事关中国特色社会主义事业的全局。其次,中国特色社会主义文化发展有其自身的特点。一方面,这一文化形态要同社会主义初级阶段的政治、经济发展状况相适应,不能落后于时代,也不能超越当前的发展阶段。另一方面,任何时期的文化都应该是多元一体、多样共生的,但是在其中占据主导地位的只能是统治阶级的思想文化。当前,伴随着世界多极化和经济全球化快速发展,多元文化的相互碰撞和冲击也日趋激烈。中国特色社会主义文化建设必须坚持弘扬主旋律与提倡多样化相统一,强化社会主义主流意识形态的主导地位,用社会主义先进文化引领文化发展潮流。再次,作为一个具备高度文化自觉、用先进思想文化武装的政党,就要自觉地担当起领导中国特色社会主义文化发展的历史重任。要高扬自己崇高的文化理想,高举先进的文化旗帜,用社会主义先进文化引领社会进步,推动人类文明前进步伐。

建设中华民族共有精神家园还要树立高度的文化自信。这种自信要求在中国特色社会主义文化建设过程中坚守先进文化、传承民族文化、吸纳外来文化。首先,要始终不渝地坚持马克思主义先进文化的主导地位。马克思主义是人类思想史上最伟大的理论成果,它以科学的世界观和方法论,揭示了人类社会发展的基本规律。我们党从诞生时起就举起马克思主义的旗帜,并在革命、建设和改革的实践中产生了中国化的马克思主义理论成果。正是因为有了马克思主义,古老的中华文化注入了先进的思想内涵,中国人民从此获得了科学的思想武器,从而在精神上得到极大的解放。正如毛泽东所指出的:"自从中国人学会了马克思列宁主义以后,中国人在精神上就由被动转入主动。"在改革开放新的历史大潮中,只有坚持马克思主义先进文化的主导地位，我们才能在纷繁复杂的文化生态中分清主流，抵御腐朽文化的侵蚀，巩固全国人民团结奋斗的共同思想基础。其次，要礼敬自豪地对待中华民族优秀传统文化。源远流长、博大精深的中国传统文化，积淀了中华民族最深层的精神追求，包含着中华民族最根本的的精神基因，它孕育了民族共有精神家园的深厚土壤。延安时期，毛泽东就指出："我们这个民族有数千年的历史，有它的特点，有它的许多珍贵品。"① 对此，我们应当给予总结和清理，剔除其封建性的糟粕，吸收其民主性的精华，这是发展民族新文化提高民族自信心的必要条件。再次，要以开放包容、辩证取舍的态度对待外来文化。对先进文化的坚守，对民族文化的传承，并不意味着对待外来文化一味地排斥。世界文化多元多样、各有所长，只有以开放包容、辩证取舍的态度吸收外来文化的精华为我所用，才能更加体现出我们的文化自信，也才能构建起符合时代潮流的民族共有精神家园。

2. 培育和践行社会主义核心价值观

建设中国特色社会主义文化强国，构建中华民族共有精神家园，就要大力加强社会主义核心价值体系建设，用社会主义核心价值体系引领社会思潮、凝聚社会共识，积极培育和践行社会主义核心价值观。培育和践行社会主义核心价值观是巩固中国特色社会主义共同思想基础，增强社会主义意识形态吸引力和凝聚力，从而建设民族共有精神家园的重要举措。

在新的历史条件下，随着社会结构的深刻变化和利益格局的深刻调整，社会思潮出现很大的差异性和多样性，人们的思想十分活跃，各种观念相互碰撞，多元文化相互交融，世界范围内的各种思想文化相互交流、交融、交锋，国内社会思想多元多样的发展趋势也更加明显。社会思潮是现代多样化社会思想文化的突出表现，它在社会上的广泛传播能够对人们的思想产生很大影响。进步的、积极向上的社会思潮能够拓展人们的视野，推动社会思想文化创新，激发出社会的活力，从而有利于促进民族共有精神家园的建设。而一些消极落后的社会思潮则会扰乱人们的思想，冲击社会主流意识形态，对民族共有精神家园建设产生消极影响。面对纷繁复杂的社会思潮，我们要充分发挥社会主义核心价值体系的引导和整合功能，引领它们沿着健康积极的方向发展，最大限度地增进社会共识，团结不同阶层和群体的人们沿着共同的目标理想奋勇前进。党的十八大报告指出，加强社会主义核心价值体系建设，用社会主义核心价值体系引领社会思潮、凝聚社

---

① 《毛泽东选集》第 2 卷，人民出版社 1991 年版，第 533—534 页。

会共识，就是要不断推进马克思主义中国化、时代化、大众化，坚持不懈地用中国特色社会主义理论体系武装全党、教育人民；就是要广泛深入地开展理想信念教育，把广大人民群众团结凝聚在中国特色社会主义伟大旗帜之下；就是要大力弘扬以爱国主义为核心的民族精神和以改革创新为核心的时代精神，深入开展爱国主义、集体主义、社会主义教育；要大力倡导富强、民主、文明、和谐，倡导自由、平等、公正、法治，倡导爱国、敬业、诚信、友善的理念，培育社会主义核心价值观。只有用马克思主义中国化的最新理论成果武装人们的头脑，在全社会形成共同的理想信念和昂扬向上的精神风貌，在全社会倡导公平正义的核心价值观，才能够最大限度地增进全社会的共识，凝聚全国人民的力量，构建起中华民族的共有精神家园，从而团结带领全国人民为实现中华民族伟大复兴的中国梦而共同奋斗。

3. 始终坚持社会主义先进文化的前进方向

建设社会主义文化强国必须坚持社会主义先进文化的前进方向。这就指明了新时期我国文化建设的根本性质和发展前景，为中华民族共有精神家园建设提供了根本指针。坚持什么样的文化方向，建设什么样的文化，是一个国家文化建设和民族共有精神家园建设的首要问题。坚持社会主义先进文化鲜明地回答了我们党在新的历史条件下用什么样的精神旗帜团结带领全国各族人民奋勇前进、中华民族以什么样的精神风貌屹立于世界民族之林的重大问题，它决定着中国特色社会主义文化的发展方向。因此，大力弘扬社会主义先进文化，这是建设中国特色社会主义、实现中华民族伟大复兴中国梦的必然要求。

社会主义先进文化是马克思主义政党思想精神上的旗帜，是我们党构建民族共有精神家园的根本指针。早在我们党成立之前，毛泽东就认为，要有一种大家共同信守的主义，"主义"譬如一面旗帜，旗帜立起来了，大家才有所指望，才知所趋附。我们党从成立之日起，就高举马克思主义的旗帜，始终代表着中国先进文化的前进方向。在新民主主义革命时期，我们党不仅为中国的政治革命和经济革命而奋斗，而且为中国的文化革命而奋斗，努力建设人民大众的反帝反封建的文化，建设民族的科学的大众的文化，这就是新民主主义的文化，就是中华民族的新文化。在中国特色社会主义新时代，我们党要走在时代的前列，引领人民构建民族共有精神家园，就必须坚守中国特色社会主义的文化立场和取向，继承和发展民族文化精华，以先进文化引领社会风尚，凝聚社会力量。建设社会主义先进文化，就是要建设面向现代化、面向世界、面向未来的，民族的科学的大众的社会主义文化，高举中国特色社会主义伟大旗帜，以社会主义核心价值体系引领社会思潮，坚持以科学的理论武装人、以正确的舆论引导人、以高尚的精神塑造人、以优秀的作品鼓舞人，从而更好地满足人们的精神需求、丰富人们的精神世界、增强人们的精神力量，推动社会主义精神文明和物质文明全面发展，从而为坚持和发展中国特色社会主义提供强大的精神力量，构建起牢固的民族共有精神家园。

4. 加快文化产业建设，构建共有精神家园

文化产业和文化产品是精神家园建设的载体。加快文化产业发展是建设社会主义文化强国的必然要求，是社会主义市场经济条件下满足人民群众日益多样性的精神文化需求，构建民族共有精神家园的必备条件。

加快文化产业建设必须坚持社会主义先进文化前进方向，坚持把社会效益放在首位、社会效益和经济效益相统一，按照创新、协调、绿色、开放、共享、新发展理念的要求，推动文化产业跨越式发展。要构建起具有强大竞争力的现代文化产业体系，加大对拥有自主知识产权、弘扬民族优秀文化的产业支持力度，推进文化科技创新，扩大文化消费，提高广大人民群众的文化消费水平和质量，促进文化产品在全国范围内合理流动，构建起全国统一开放、竞争有序的现代文化市场体系。要完善文化市场的管理，坚决扫除毒害人们心灵的腐朽文化垃圾，确保国家文化安全。我们党所做出的这一系列重大部署，是加快推进文化产业建设，建设社会主义文化强国所采取的重大举措。对这一系列重大部署的实施，必定能够建立起强大的现代文化产业体系，繁荣社会主义文化产品市场，丰富广大人民群众的精神文化生活，从而为建设民族共有精神家园提供坚实的保障。

8.2.4 弘扬爱国主义和改革创新精神是民族共有精神家园建设的实现路径

以爱国主义为核心的民族精神和以改革创新为核心的时代精神构成当代最伟大的中国精神，它们是中华民族共有精神家园所蕴含的精神伟力在当代最深刻、最真实、最生动的表达和展现。延安时期，我们党领导全国人民在建设民族共有精神家园过程中，就形成了内涵丰富的爱国主义民族精神和追求民主的时代精神，形成了延安时期的中国精神。在这一精神的激励下，我们党带领全国人民赢得了抗日战争和解放战争的伟大胜利，建立起人民民主专政的国家政权，从而开启了中华民族伟大复兴的崭新时代。改革开放以来，中国人民在新的实践中继承和发展了伟大的中国精神，使中国精神更加发扬光大，并且赋予其全新的时代内涵。在新的历史时期，以爱国主义为核心的民族精神和以改革创新为核心的时代精神所构成的中国精神，成为全国各族人民凝心聚力的兴国之魂、强国之魂。构

建新时期的民族共有精神家园，实现中华民族伟大复兴的中国梦，就必须更加大力弘扬中国精神，不断增强全国人民团结一心的精神纽带、自强不息的精神动力，永远朝气蓬勃迈向未来。

1. 爱国主义精神在改革开放 40 年伟大实践中的升华

改革开放新的历史时期和全新的实践不仅极大地改变了中国的社会面貌，而且极大地改变了中国人民的精神面貌。在中国共产党的领导下，全国人民继续发扬革命战争时期的爱国主义精神，并结合新的实践为中华民族精神增添了新的时代内涵，形成了具有鲜明的中国特点、又具有强烈时代气息的伟大中国精神。

(1)"两弹一星"精神

"两弹一星"精神是指我国在核弹（原子弹、氢弹）、导弹和人造地球卫星的开发研制过程中产生的一种革命精神。对"两弹一星"的开发研制虽然起始于 20 世纪 50—60 年代，但是直到现在，空间科学技术与核技术仍然代表了当今高科技发展的最高水平，引领着当今科学技术发展的方向，对于保卫国家安全发挥着至关重要的作用。因此，我们仍然有必要把"两弹一星"精神作为改革开放新时期的民族精神加以阐述。1999 年，江泽民同志在表彰为研制"两弹一星"做出突出贡献的科技专家大会上指出，伟大的事业产生伟大的精神，在为"两弹一星"事业进行的奋斗中，广大科技工作者培育和发扬了"热爱祖国、无私奉献，自力更生、艰苦奋斗，大力协同、勇于攀登"的崇高精神，这种精神就是"两弹一星"精神。在参加"两弹一星"研制过程中，研制者们怀着强烈的爱国之心和报国之志，自觉地把个人的理想和民族的振兴紧紧联系在一起。许多功成名就、才华横溢的科学家放弃国外优厚的待遇，义无反顾地回到祖国。许多在专业上造诣很深的科学家，从繁华的大城市走向祖国最荒凉、最偏僻的戈壁荒漠，隐姓埋名，默默无闻地奋战在神秘的战场，有的甚至献出了宝贵的生命。为了打破霸权主义全面封锁、撕毁合同、撤走专家给研制工作带来的极端困难，广大研制工作者高举爱国主义和自力更生的旗帜，充分发挥中华儿女的聪明才智，知难而进，勇于创新，凭着勇攀世界科技高峰的坚强毅力，攻克几千个重大技术难关，制造数十万件设备，在研制技术上取得重大突破，在较短时间内实现了原子弹爆炸、人造卫星上天，使我国跻身世界核大国和空间技术大国的行列。在这一过程中，广大研制工作者们所展现出的惊人毅力和勇气，充分显示了中华民族以自己的力量自立于世界民族之林的坚强决心和能力。"两弹一星"精神是爱国主义、集体主义、社会主义精神和科学精神的充分展现，成为中华民族新的宝贵精神财富，成为中国人民在现代化建设道路上奋勇开拓的巨大推进力量。

(2) 抗洪抢险精神

1998年夏天，我国长江和松花江、嫩江流域相继遭遇百年不遇的特大洪涝灾害，受灾人口达2亿多人。为了保卫人民群众的生命财产安全，保卫改革开放和现代化建设的成果，在党中央、国务院的直接领导下，在全国范围内掀起了一场波澜壮阔、气壮山河的抗洪抢险斗争，在同洪水的殊死搏斗中形成了"万众一心、众志成城，不怕困难、顽强拼搏，坚忍不拔、敢于胜利"的伟大抗洪精神。伟大的抗洪精神，是新时期爱国主义民族精神的充分展现，是中华民族共有精神家园的宝贵精神财富。其中，"万众一心、众志成城"充分体现了中国人民的强大凝聚力，它成为中华民族不可战胜的磅礴力量。在抗洪斗争中，从千里长堤到首都北京，从大江南北到长城内外，从沿海城市到西部边陲，中华儿女的心紧紧地贴在了一起。人民解放军和武警部队共投入兵力36万人，地方组织参加抗洪抢险的干部群众达800多万人，加上为抗洪抢险提供直接服务的各种力量，总数达上亿人口。"不怕困难、顽强拼搏"充分体现了中国人民和解放军子弟兵的革命英雄气概。抗洪抢险斗争是一场生与死的较量，广大抗洪军民发扬不畏艰险、视死如归的大无畏气概，前赴后继，慷慨赴难，涌现出许许多多奋不顾身、舍生忘死的英雄人物，他们用血肉之躯筑起一道道抗击洪水的钢铁大坝。"坚忍不拔、敢于胜利"充分体现了中国人民的坚强意志和必胜信念。与特大洪水决战，是对人的体力极限和精神极限的极大考验，没有坚强的意志和毅力很难战胜暴虐洪水接踵而至的多次冲击。在抗洪斗争中，广大军民在滔滔洪水面前，不屈不挠，愈战愈坚，最终取得了抗洪抢险斗争的伟大胜利。江泽民指出：抗洪精神"是爱国主义、集体主义和社会主义精神的大发扬，是社会主义精神文明的大发扬，是我们党和军队的光荣传统和优良作风的大发扬，是中华民族的民族精神在当代中国的集中体现和新的发展"[①]。

(3) 抗击"非典"精神

2003年春天暴发的非典型肺炎疫情将一场突如其来的重大灾难降临在中国人民的身上。由于"非典"是一种人类历史上从未见过的传染病，而且有很高的感染性，在疫情暴发的初期，人们一度出现恐慌，谈"非"色变。就在这关键时刻，胡锦涛同志出现在当时疫情最严重的广州街头，并向全党全军全国人民发出了"坚决打赢防治非典型肺炎的攻坚战"的伟大号召，提出"在当前这场防治非典型肺炎的斗争中，我们要大力弘扬万众一心、众志成城，团结互助、和

---

① 《江泽民论有中国特色社会主义（专题摘编）》，中央文献出版社2002年版，第396页。

衷共济、迎难而上、敢于胜利的精神"①。在胡锦涛同志提出的抗击"非典"精神的指引下，全国立即展开了一场没有硝烟的特殊战争。在党中央的坚强领导下，全国人民同心同德，齐心协力，形成抗击"非典"的强大合力。在首都北京防治"非典"的斗争进入攻坚阶段的关键时刻，全军1200多名医护人员驰援北京，全国各地紧急调配防治"非典"的物资和生活必需品源源不断地运往首都，形成了一方有难、八方支援的动人场面。在这场没有硝烟的战场上，广大医护人员挺身而出，义无反顾地走上了战场的最前线，他们冒着被感染的危险，临危受命，恪尽职守，把生的希望送给患者，把死的危险留给自己，在生死关头表现出非凡的勇气和良好的职业道德，谱写了一曲曲救死扶伤的壮丽篇章，涌现出钟南山、邓练贤、叶欣、姜素春等一大批人民英雄，他们以自己的实际行动实践了抗击"非典"精神，为夺取抗击"非典"斗争的最后胜利做出了卓越的贡献。

（4）载人航天精神

我国实施载人航天工程20多年来，广大航天工作者牢记使命、不负重托，培育和发扬了特别能吃苦、特别能战斗、特别能攻关、特别能奉献的载人航天精神。载人航天精神主要表现为：热爱祖国、为国争光的坚定信念；勇于攀登、敢于超越的进取意识；科学求实、严肃认真的工作作风；同舟共济、团结协作的大局观念；淡泊名利、默默奉献的崇高品质。载人航天工程是当今世界高新技术水平发展的集中展示，是衡量一个国家综合国力的重要标志。在这项伟大的工程中，参加研制、建设和实验的广大航天工作者，始终牢记党和人民的重托，以国家需要为最高需要，以人民利益为最高利益，视祖国的航天事业为生命，以崇高的追求和执着的信念，顽强奋战在载人航天工程第一线。始终自力更生、艰苦奋斗、呕心沥血、无私奉献，大力发扬"两弹一星"精神，以惊人的毅力和勇气战胜了种种难以想象的困难，从荒凉戈壁到浩瀚海洋，处处都留下了艰苦创业的足迹，洒下了不懈奋斗的汗水，用满腔热血谱写了载人航天事业的壮丽史诗。始终勤于探索、善于借鉴、勇于创造、敢于超越，瞄准航天科技发展的最前沿，攻克了一个又一个尖端课题，突破了一项又一项核心关键技术，展示了当代航天工作者的创新能力和时代风采。面对航天飞行这一极具挑战性的工作，广大航天人员特别是航天飞行人员，不求名利地位，不计个人得失，默默无闻地战斗在各自的岗位上，为航天飞行奉献了青春年华和聪明才智，表现出崇高的无私奉献精

---

① 《人民日报》2003年4月30日第1版。

神。载人航天精神是"两弹一星"精神的延续和发展,是以爱国主义为核心的民族精神和以改革创新为核心的时代精神的生动体现。载人航天精神与"两弹一星"精神共同构成了爱国主义、集体主义、社会主义精神和科学精神在改革开放新时期的壮丽画卷。

(5) 北京奥运精神

以团结、平等为理念的奥运会是世界性的体育运动盛会,它把体育精神、民族精神和国际主义精神融为一体,象征着全世界的和平、友谊和团结。中国举办奥运会的道路艰难而又曲折。1991年北京向国际奥委会提出举办2000年夏季奥运会的申请,以两票之差惜败给悉尼。1999年,北京再次提出申请,并于2001年7月13日成功获得第29届奥运会主办权,实现了中华民族的百年奥运梦想。这一成功不仅是中国人民永不言败、孜孜以求的奥运梦想的真实写照,更是中华文明魅力与民族凝聚力不断释放的深刻展现,是我国改革开放以来实现国富民强的最好印证。在筹办奥运会过程中,我们努力践行"绿色奥运、科技奥运、人文奥运"的理念,以"同一个世界,同一个梦想"的召唤向全世界人民发出邀请。2008年8月8日,国人期瞩、世界瞩目的第29届北京奥运会在"鸟巢"国家体育场拉开帷幕,精彩绝伦的开幕式向全世界展现了中华五千年光辉灿烂的文明,更向世界表达了"和平发展""和谐共处"的中国之声。北京奥运会共刷新了38项世界纪录、85项奥运会纪录,多个国家和地区实现了奥运金牌和奖牌零的突破。中国军团更是创纪录地获得51枚金牌、100枚奖牌的辉煌战绩,荣登金牌榜之首。这一伟大成就,不但开创了百年奥运的盛世历史,而且标志着一个古老而文明的东方大国终于成长为"世界体育巨人"。在百年追梦过程中所形成的北京奥运精神,既是指在奥林匹克理想鼓舞下,十三亿中国人民在奥运逐梦过程中所彰显出的民族自豪感、民族凝聚力以及所迸发出的拼搏进取、永不言败的奥林匹克精神,同时也是为将北京奥运会举办成"有特色、高水平"的奥运盛会所体现出的具有中国特色的科学精神、人文精神以及和谐发展理念的总称。正是这种精神,激励运动员顽强拼搏,激励广大民众热情参与,大力弘扬中华文化,高水平组织赛事,彰显了中华儿女"为国争光,为民族争气,为奥运添彩"的民族自豪感和民族凝聚力。正是这种精神,鼓舞全世界运动员共同为实现奥林匹克"团结、友谊、和平"的人类理想而努力拼搏。北京奥运会的成功举办,是中华民族历经坎坷、重振雄风的里程碑,是中华文化振兴的新起点,也是中华民族走向世界的新动力。

(6) 抗震救灾精神

2008年5月12日，四川汶川发生了我国历史上破坏性极强、波及范围广的8.0级大地震。在这之后，2010年，甘肃省舟曲发生特大泥石流；2013年，四川雅安市芦山县和甘肃岷县分别发生6.8级和6.2级大地震。面对肆虐的自然灾害，伟大的中华民族没有屈服，而是变得更加坚强。在中国共产党的坚强领导下，全国人民紧急行动起来，打响了一场又一场声势浩大的抗震救灾之战。这是以一个民族的整体力量与自然灾害抗争的壮举，是不畏艰险、刚健自强的伟大中华民族精神的集中展示。在抗震救灾实践中，全国人民用自己的骨肉亲情和血肉之躯，凝聚成伟大的抗震救灾精神，那就是万众一心、众志成城，不畏艰险、百折不挠，以人为本、尊重科学的精神。"万众一心、众志成城"是抗震救灾精神的核心。中华民族是一个团结统一的伟大民族，具有强大的向心力和凝聚力。在抗震救灾的伟大实践中，这一精神得到了充分的体现和发扬光大。在特大灾难面前，全党全国各族人民同呼吸，共患难，坚持一方有难、八方支援，举国上下同心协力，海内外和衷共济，以灾情为最高命令，以救灾为神圣使命，全国人民紧急行动起来，全力支持救灾，广大志愿者奔赴灾区，无私奉献，共渡难关。全国人民凝聚起抗震救灾的强大合力，充分显示了中华民族不可战胜的磅礴力量。"不畏艰险、百折不挠"是抗震救灾精神的重要内容。面对极其惨烈的地震灾难，面对极为严峻的困难，广大军民临危不惧，舍生忘死，哪里灾情严重就冲向哪里，哪里有生死考验就挺进哪里，充分展现了中国人民战胜一切困难，不为任何困难所惧的大无畏精神和超人勇气。"以人为本、尊重科学"是抗震救灾精神的突出特点。以人为本，就是要把人的生命放在高于一切的位置，竭尽一切所能去救人，坚持只要有一分生还的希望就要尽百倍的努力，最大限度地抢救人民群众的生命。尊重科学，就是要充分运用科技的力量，科学施救，把科技的力量与顽强的斗争紧密地结合起来，把充分发挥人的能动精神与充分发挥科技的作用紧密地结合起来，使科技成为战胜自然灾害的强有力支撑。抗震救灾精神是我们党传统革命精神与当代中华民族精神相结合的充分体现，是民族精神与时代精神相融合的集中展示，是以爱国主义为核心、团结统一、勤劳勇敢、自强不息的中华民族精神在当代的升华。多难兴邦，忧患砺党。伟大的抗震救灾斗争锤炼和升华了伟大的中国精神，这一精神必将激励着全党和全国人民战胜一切困难，共同创造幸福美好的明天。

在实现中华民族伟大复兴中国梦的伟大征程中，大力弘扬中国精神，建设中华民族共有精神家园，就要大力弘扬在改革开放伟大实践中所形成的这些富含鲜明时代气息和民族特色的爱国主义民族精神,并在全面建成小康社会的实践中不断发扬光大,不断赋予爱国主义民族精神新的时代内涵,使其永葆生机和活力。

2. 改革开放实践赋予中国精神新的时代内涵

改革开放40年来,我们党高高举起改革创新的时代旗帜,在领导社会主义现代化建设和全面建成小康社会的伟大实践中,赋予中国精神新的时代内涵,形成了新时期以改革创新为核心的时代精神。这一时代精神是对中国精神在新的历史条件下的丰富和发展,它深深地融入我们的民族意识、民族品格、民族气质之中,成为当代中华民族共有精神家园的重要组成部分。具体来说,以改革创新为核心的时代精神具体体现在以下几个方面。

(1) 解放思想、实事求是的科学精神

解放思想、实事求是,是马克思主义的精髓,也是党领导人民不懈奋斗的核心精神。以解放思想、实事求是为内核的科学精神,是我们党的思想路线和优良作风在观念形态上的表现,它的实质就是主观和客观相一致,认识和实践相统一。当今世界日新月异,要使人们头脑中的思想跟上时代发展的步伐,就要不断地解放思想。邓小平指出:"解放思想,开动脑筋,实事求是,团结一致向前看,首先是解放思想。"① 胡锦涛指出:"解放思想,是党的思想路线的本质要求,是我们应对前进道路上各种新情况新问题、不断开创事业新局面的一大法宝。"② 正是凭借这个"法宝",中国人民在改革开放40年的时间里创造了人间奇迹,取得了举世瞩目的巨大成就。实践在不断发展,解放思想也永无止境。中国特色社会主义新时代,只有继续坚持和弘扬解放思想、实事求是的科学精神,才能使全国人民紧跟时代的步伐,始终保持奋发进取的精神状态,为中国特色社会主义事业提供强大的精神支撑。正如党的十九大报告所指出,全党同志一定要登高望远,居安思危,勇于变革、勇于创新,永不僵化、永不停滞,团结带领全国各族人民决胜全面建成小康社会,奋力夺取新时代中国特色社会主义伟大胜利。

(2) 与时俱进、锐意改革的创新精神

改革创新精神是在党的十一届三中全会以来改革开放的实践中孕育产生的伟大精神。它既是传统民族精神崇尚"革故鼎新""求新求变"思想的传承和发展,也是中国人民在当代所从事的改革开放伟大实践最鲜明、最集中的体现和反映。江泽民指出:"我们必须始终站在时代发展前列,不断把事业推向前进。闭

---

① 《邓小平文选》第2卷,人民出版社1994年版,第141页。
② 《人民日报》2007年6月26日第1版。

目塞听、坐井观天、因循守旧、墨守成规，无视世界发展潮流，必然会落伍。要运用马克思主义的宽广眼界观察世界，运用当代最新知识丰富自己，不唯本本，不守教条，与时俱进，不断推进理论创新、体制创新、科技创新。"① 与时俱进、锐意改革的创新精神是中国特色社会主义理论体系的鲜明特点，是马克思主义与时俱进的理论品质、中华民族富于进取的思想品格同改革开放和现代化建设实践相结合的精神结晶。以改革创新为核心的时代精神，为新时期现代化建设实践提供了强大的精神动力。广大科技工作者大力弘扬改革创新精神，攻克一项又一项技术难关，使我国在一些重要技术领域达到世界先进水平。我国在航空航天、高性能计算机、核能利用、高速铁路、深海探测、杂交水稻等众多领域所取得的科技成果，无不是广大科技工作者发扬改革创新精神的生动体现。在进一步深化改革开放的时代潮流中，只有大力弘扬与时俱进、锐意改革的创新精神，不断推进理论创新、制度创新和科技创新，才能够占领时代发展的制高点，引领时代前进的步伐。

（3）海纳百川、博采众长的开放精神

中华民族是一个具有宽阔胸怀的伟大民族，是一个广纳博取、善于学习的伟大民族。在历史发展的长河中，中华民族总是以厚德载物、海纳百川的开放心态，不断地学习和吸取世界上各个民族各个地域的优秀文化，并将之加以改造和提高，融入中华民族的文化之中，从而形成了博大精深的中华文化和中华民族精神。在近代史上，实行闭关锁国的清朝政府盲目自大，拒绝开放，遭遇帝国主义列强的瓜分，使中华民族和中国人民饱受欺凌。新中国成立以后，中华民族的博大胸怀又一次向世界敞开。早在1956年，毛泽东就指出："我们的方针是，一切民族、一切国家的长处都要学，政治、经济、科学、技术、文学、艺术的一切真正好的东西都要学。但是，必须有分析有批判地学，不能盲目地学，不能一切照抄，机械搬用。"② 囿于当时国际反华势力对我国实行全面封锁的国际形势，新中国的开放只能是局部的、不完全的。党的十一届三中全会以后，邓小平以宽广的眼光观察世界，明确指出中国的发展离不开世界，他站在历史发展的新高度，做出了实行对外开放的重大决策。新时期的对外开放战略是全方位、多层次、宽领域的，面向一切国家和所有领域，一切国家的长处、一切民族的文明成果都要吸收和借鉴。这种恢宏伟大的气魄，是中华民族的博大胸怀和海纳百川、博采众

---

① 《江泽民论有中国特色社会主义（专题摘编）》，中央文献出版社2002年版，第398页。
② 《毛泽东文集》第7卷，人民出版社1999年版，第41页。

长开放精神的深刻体现,是当代中国时代精神的一个显著特征。

(4) 知难而进、一往无前的拼搏精神

知难而进、一往无前的拼搏精神在中国共产党人身上得到了最充分的展现。我们党从诞生之日起,就大力发扬知难而进、一往无前的拼搏精神,战胜无数艰难险阻,才能够从一个胜利走向新的胜利。在北伐战争中,由我们党领导的国民革命军第四军叶挺独立团英勇善战,冲锋在前,为第四军赢得"铁军"称号。在长征途中,我们党领导红军冲破敌人的重重包围,翻雪山,过草地,吃树皮,战胜一切困难,终于胜利到达陕北,为中国革命保留了胜利的火种。在解放战争中,刘邓大军渡黄河,打破敌人的围追堵截,跨过黄泛区,千里挺进大别山,充分发扬了知难而进、一往无前的拼搏精神,为解放战争的胜利打下了基础。改革开放以来,党和人民继续发扬这种拼搏精神,克服前进道路上的重重困难,开启了全面改革和对外开放的新局面,建立起社会主义市场经济体制,加入世界贸易组织,把我国的改革开放和现代化建设全面引向深入。江泽民指出,要把现代化事业干成功,就必须"有一种不畏艰难、顽强拼搏的钢铁意志,一种坚韧不拔、敢于胜利的英雄气概",要自强不息,励精图治,致富思源,富而思进,才能不断攀登我们事业的新高峰。① 当前,我国全面深化改革进入攻坚期和深水区,改革的难度更大,面临的形势更复杂,这就要求我们继续发扬知难而进、一往无前的拼搏精神,奋力把改革开放事业推向前进。

(5) 奋发图强、艰苦奋斗的创业精神

中华民族历来以勤劳勇敢、不畏艰苦著称于世。我们的古人早就说过,"艰难困苦,玉汝于成""忧劳兴国,逸豫亡身""生于忧患,死于安乐"。正是依靠这种崇高的精神,才造就了中华民族在世界文明史上的地位。历史和现实表明,一个没有艰苦奋斗精神作为支撑的民族,是难以自立自强的;一个没有艰苦奋斗精神作为支撑的国家,是难以兴旺发达的。在我们党 90 多年和新中国 60 多年的风雨历程中,艰苦奋斗始终是激励我们顽强拼搏、百折不挠,在各种困难和风险考验面前巍然屹立的强大精神力量,始终体现在中国革命和建设各个历史时期所形成的民族精神家园之中。艰苦奋斗精神虽然在不同的历史时期其具体内容和表现形式有所不同,但其作为马克思主义政党的政治本色以及它所蕴含的奋发向上、自强不息的精神状态,坚忍不拔、求真务实的工作作风是永远不变的,因此,它是永远不会过时的。在改革开放新的历史时期,虽然我国经济建设取得了

---

① 《江泽民论有中国特色社会主义(专题摘编)》,中央文献出版社 2002 年版,第 398 页。

巨大成就，人民的生活水平显著提高，但是从总体上看，我国的生产力水平还很落后，科技和教育层次不高，实现工业化和现代化还有很长的路要走，因此还需要全国人民进行长期的艰苦奋斗。新时期弘扬奋发图强、艰苦奋斗的创业精神，就要居安思危、戒骄戒躁，积极探索、永不止步，就要艰苦朴素、务实清廉，牢记宗旨、一心为民，从而使与时代共进步的中国精神不断发扬光大。

"周虽旧邦，其命维新"。在全面深化改革的历史新时期，要使中华民族共有精神家园始终保持活力，跟上时代前进的步伐，就要坚持弘扬以改革创新为核心的时代精神，与时俱进，锐意进取，从而始终站在时代发展的最前列，引领时代发展的潮流，不断开创中国特色社会主义事业的新境界。

3. 弘扬中国精神，构建新时期民族共有精神家园

在延安时期，郭沫若曾说："复兴民族是要复兴我们中华民族的精神"①。肖力、邢洪儒在《中国共产党精神建设研究》一书中也说道："中华民族的复兴归根到底是中华文化的转型和精神复兴，思维方式、价值观念、知识体系等都必须要有相应的转变，特别是要从上万年中国文化和历史的传承中，认取那些穿越时空、恒久生辉的伟大精神，并在21世纪的今天努力实践这些精神。"② 这说明复兴中华民族精神对于实现中华民族伟大复兴有着极为重要的特殊意义。习近平总书记在十二届全国人大一次会议闭幕会上的讲话中指出，实现中国梦必须弘扬中国精神，"爱国主义始终是把中华民族坚强团结在一起的精神力量，改革创新始终是鞭策我们在改革开放中与时俱进的精神力量。全国各族人民一定要弘扬伟大的民族精神和时代精神，不断增强团结一心的精神纽带、自强不息的精神动力"③。习近平总书记的这一讲话，向全国人民发出了大力弘扬以爱国主义为核心的民族精神和以改革创新为核心的时代精神，构建中华民族共有精神家园，实现中华民族伟大复兴中国梦的伟大号召，必将激励全体中华儿女为实现民族复兴的伟大梦想而奋勇前进。具体来说，在全面建成小康社会的历史新时期，大力弘扬中国精神，构建中华民族共有精神家园，就是要弘扬以爱国主义为核心的民族精神，包括"两弹一星"精神、抗洪抢险精神、抗击"非典"精神、载人航天精神、北京奥运精神、抗震救灾精神等伟大的民族精神；就是要弘扬以改革创新

---

① 郭沫若：《复兴民族的真谛》，转引自郑大华：《民国思想史论》，社会科学文献出版社2006年版，第392页。
② 肖力、邢洪儒：《中国共产党精神建设研究》，光明日报出版社2012年版，第308—309页。
③《习近平同志在十二届全国人大一次会议闭幕会上的讲话》，2013年3月17日。

为核心的时代精神,坚持解放思想、与时俱进,坚持改革创新、锐意进取,大力弘扬求真务实的科学精神、海纳百川的开放精神、知难而进的拼搏精神和艰苦奋斗的创业精神,激励全体中华儿女为实现民族复兴的中国梦而不懈奋斗。在弘扬中国精神,构建民族共有精神家园过程中,还应该着重把握以下几方面的要求:

首先,弘扬中国精神要坚持以马克思主义中国化的最新理论成果为指导。马克思主义是人类文明史上最伟大的思想成果,自从我们党从成立之日起将其确立为党的指导思想,这一瑰丽的思想宝库就使古老的中华民族精神焕发出新的生机和活力。纵观我们党成立以来的中华民族历史发展进程,中华民族精神在各个时期的发展都与马克思主义中国化进程紧密地联系在一起,马克思主义中国化的每一步重大发展和历史性飞跃,都使中华民族精神升华到一个新的高度。毛泽东思想的诞生,孕育产生了中国共产党的革命精神和建设社会主义的崇高精神;中国特色社会主义理论体系的形成,不但为以爱国主义为核心的民族精神注入了丰富的时代内涵,而且还孕育形成了以改革创新为核心的当代中国时代精神。同时,毛泽东思想、中国特色社会主义理论体系都与中华民族精神有着天然的、不可分割的联系。它们既是马克思主义与中国革命和建设的实践相结合的产物,又是马克思主义与中国传统文化的精华相结合的结晶。只有坚持以马克思主义中国化的最新理论成果为指导,才能不断培育和创新出既始终保持民族风格、又鲜明体现时代特征的中国精神。

其次,弘扬中国精神要牢牢把握中国特色社会主义这个主题。这就要求,一方面,把中国特色社会主义共同理想作为弘扬民族精神和时代精神的根本任务。民族精神的核心是爱国主义,在当代中国,坚持爱国主义与坚持社会主义在本质上是一致的。因为爱国主义所要求的,包括争取民族的独立、维护祖国的团结统一、建设祖国的繁荣富强和人民的幸福生活、实现民族的伟大复兴等等,都只有通过坚持和发展中国特色社会主义才能实现。因此,坚持用中国特色社会主义共同理想统一思想、鼓舞人心、凝聚力量,成为民族精神和时代精神在当代的最高表现。另一方面,要把弘扬民族精神和时代精神寓于建设中国特色社会主义的各项实践中。实践既是民族精神和时代精神产生的源泉,又是其发展的动力。只有把弘扬中国精神寓于中国特色社会主义的伟大实践之中,民族精神和时代精神才能不断地从实践中汲取营养,在实践中得到升华,满足人民群众日益发展的精神需求,增强其吸引力和感染力。

再次,把公民道德建设同弘扬民族精神和时代精神结合起来。公民道德建设是整个社会道德建设的基础,对于逐步形成与社会主义市场经济相适应的社会主义道德体系,弘扬和培育民族精神,提高全民族素质有十分重要的意义。公民道德建设与弘扬民族精神和时代精神,都是社会主义文化建设的重要组成部分,与民族共有精神家园建设有着密切的关系。公民道德建设的目标主要是着眼于公民个体道德素质的提高,培养全面发展的社会主义公民。弘扬民族精神和时代精神主要是着眼于丰富全民族的精神世界,增强全民族的精神力量,使整个民族始终保持奋发有为、昂扬向上的精神状态。民族精神和时代精神的弘扬,必然会对公民道德建设起到有力推动,公民道德建设也必然会进一步提升民族精神,促进整个民族素质的提高。在建设民族共有精神家园的过程中把两者有机结合起来,一是要在公民道德建设中继承中华民族几千年来形成的传统美德,并与我们党领导人民在革命建设实践中形成的革命精神相结合,与以改革创新为核心的时代精神相结合,逐步建立起与社会主义市场经济相适应、与社会主义法律规范相协调的思想道德体系。二是要把弘扬民族精神和时代精神与践行社会主义核心价值观结合起来。社会主义核心价值观鲜明地体现了民族精神和时代精神的基本要求,是民族精神和时代精神在个体行为规范和道德标准基本层面上的具体化,也是对民族精神和时代精神的丰富和发展,是新时期民族共有精神家园的重要内容。三是要重点加强对青少年的教育工作,社会主义核心价值观教育要从娃娃抓起。青少年是祖国未来的建设者,他们在弘扬民族精神和时代精神中肩负着承前启后、继往开来的历史重任。在公民道德建设中,要大力加强对青少年一代的民族精神、革命精神、传统美德、荣辱观以及爱国主义、集体主义、社会主义教育,帮助和引导他们增强爱国情感,强化民族自尊心、自信心、自豪感,树立正确的理想信念,确保以爱国主义为核心的民族精神生生不息、一代一代地传下去。只有这样,才能构建起强大而富有生机和活力的中华民族共有精神家园,中华民族伟大复兴的中国梦才能够最终实现。

8.2.5 巩固发展最广泛的爱国统一战线是民族共有精神家园建设的组织基础

统一战线是凝聚各方面力量,促进政党关系、民族关系、宗教关系、阶层关系、海内外同胞关系的和谐,夺取中国特色社会主义新胜利的重要法宝。延安时期,统一战线就成为我们党领导新民主主义革命胜利的重要法宝,成为民族共有精神家园建设的重要组织基础和团结纽带。抗日战争期间,我们党坚持团结一切可以团结的力量共同抗日,建立起广泛的抗日民族统一战线,构建起中华民族共有精神家园,最终赢得了抗日战争的伟大胜利。解放战争时期,我们党建立起更加广泛的人民民主统一战线,从而使民族共有精神家园的组织基础更加巩固,为新民主主义革命的胜利提供了强大的组织保障。改革开放以来,统一战线的性质和范围都发生了很大的变化,统一战线工作在社会主义现代化建设过程中发挥着越来越重要的作用。建立起巩固的爱国统一战线,是建设中华民族共有精神家园,实现中华民族伟大复兴中国梦的政治基础和组织保障。

1. 新时代爱国统一战线在民族共有精神家园建设中的作用

首先,新时代爱国统一战线扩大了民族共有精神家园的主体范围。建设中华民族共有精神家园,其主体是中华民族各族人民,离开了广大人民群众作为精神家园的主体,这一精神文化系统也就成为虚无缥缈的空中楼阁。因此,最大限度地扩大精神家园的主体范围,团结更多的力量参加现代化建设,成为建设民族共有精神家园的重要任务。巩固和发展最广泛的爱国统一战线,正是为了调动各族人民群众以及海内外中华儿女的积极性,凝聚各方面的力量,共同推动中华民族伟大复兴的事业。在这一过程中,中华民族共有精神家园的主体范围进一步扩大和巩固,中国共产党领导构建的民族共有精神家园得到了海内外中华儿女的广泛认同。

其次,新时代爱国统一战线巩固了全国人民团结统一的思想基础。新时代的统一战线工作就是要坚持以习近平新时代中国特色社会主义思想为指导,高举爱国主义和社会主义的旗帜,团结一切可以团结的力量,共同为中国特色社会主义建设和中华民族伟大复兴贡献力量。在统一战线中,爱国主义和社会主义是团结全国人民的两面旗帜,是各族人民共同奋斗的思想基础,这两面旗帜也是中华民族共有精神家园的精神内核。高举爱国主义和社会主义的旗帜,把不同党派、不同民族、不同宗教信仰、不同阶层的人民群众以及海内外同胞共同团结起来,使开放多元的思想文化在这两面旗帜下找到了共同话语和共同奋斗目标,从而更加巩固了全国各族人民团结统一的思想根基。

再次,新时代爱国统一战线凝聚了各族人民共同奋斗的精神力量。新时代的爱国统一战线建构在中华文化的基础上,它以中华民族的思维方式、价值取向为基础,通过我们党制定的政党、民族、宗教等一系列政策,吸引全体社会成员在共同的民族利益基础上结成最广泛的政治联盟,将我们党的奋斗目标转化为全民族的共识和整个中华民族的共同意志,将我们党的理想信念转化成全国各族人民的共同理想和为之奋斗的精神力量。在这一过程中,爱国统一战线凝聚了全国人民共同的精神力量,为新时代民族共有精神家园建设奠定了思想基础和政治保证。

2. 巩固和发展新时代爱国统一战线，构建中华民族共有精神家园

建设中国特色社会主义，实现中华民族伟大复兴的中国梦，是史无前例的伟大事业，需要团结一切可以团结的力量，构建起中华民族共有精神家园，共同为实现美好梦想而奋斗。党的十九大报告指出："要高举爱国主义、社会主义旗帜，牢牢把握大团结大联合的主题，坚持一致性和多样性统一，找到最大公约数，画出最大同心圆。"① 在新的历史条件下，巩固和发展爱国统一战线，构建民族共有精神家园，需要做好以下方面的工作：

首先，坚持中国共产党对爱国统一战线的领导。坚持党对统一战线的领导，是统一战线能够得到巩固和发展的根本保证，也是我们党构建民族共有精神家园的根本要求。在革命时期，毛泽东就指出："中国新民主主义的革命要胜利，没有一个包括全民族绝大多数人口的最广泛的统一战线，是不可能的。不但如此，这个统一战线还必须是在中国共产党的坚强的领导之下。没有中国共产党的坚强的领导，任何革命统一战线也是不能胜利的。"② 在新的历史时期，爱国统一战线更离不开中国共产党的领导。在我国这样一个人口众多、多民族、经济文化发展不平衡的发展中大国，只有坚持中国共产党的领导，才能够凝聚、动员和组织全国人民的巨大力量，构建起全民族的共有精神家园，共同为国家的繁荣富强贡献力量。特别是随着社会主义市场经济的深入发展，统一战线在深度和广度上都有了前所未有的发展，各个领域新的工作对象增加，化解矛盾、协调关系的作用更加突出，这就更加需要加强党的领导，发展和巩固新时期的统一战线。

其次，在爱国主义旗帜下实现最广泛的团结。爱国主义是民族强大的凝聚力，是祖国统一、民族复兴的强大动力，是民族共有精神家园的宝贵精神财富。统一战线以"爱国"为核心价值内在地整合了各种社会政治力量，在爱国主义的旗帜下使执政党同各民主党派、人民团体、少数民族以及海外华侨之间搭建起了制度化沟通的桥梁和纽带，从而能够最广泛地调动全社会成员的积极性和创造性，凝聚起全社会各阶层的意志、智慧和力量，共同为中华民族伟大复兴的梦想而奋斗。在当代中国，爱国主义同社会主义在根本上是一致的，发扬新时期的爱国主义就是要高举中国特色社会主义伟大旗帜，把各方面的社会力量都汇聚到中国特色社会主义伟大事业建设中来，使执政党的理想信念和价值目标通过统一战

---

① 习近平：《决胜全面建成小康社会，夺取新时代中国特色社会主义伟大胜利》，人民出版社2017年版，第39、40页。
② 《毛泽东选集》第4卷，人民出版社1991年版，第1257页。

线转化为全体社会成员的共同理想和奋斗目标，从而实现最广泛的团结，凝聚起中国特色社会主义事业的强大力量。

再次，发挥社会主义协商民主的重要作用，巩固和发展爱国统一战线。协商民主是我国社会主义民主政治的特有形式和独特优势。中国人民政治协商会议是我国最广泛的爱国统一战线组织，是中国共产党领导的多党合作和政治协商制度的重要形式。它是在新民主主义革命时期，伴随着中国人民革命斗争的不断胜利而产生和发展的，是人民民主统一战线和全国人民大团结在政治上的结晶。人民政协包括中国共产党、各民主党派、无党派民主人士、人民团体、少数民族、社会各界和港澳台同胞、海外侨胞等 30 多个方面的代表，是我国各党派、各人民团体、各族各界人士参政议政、团结合作的重要场所，是中华民族大团结的象征。新时代人民政协的任务就是在中国共产党的领导下，以爱国和爱社会主义为政治基础，进一步巩固和发展爱国统一战线，调动一切积极因素，团结一切可以团结的力量，同心同德，群策群力，共同为中国特色社会主义伟大事业而奋斗。建设中华民族共有精神家园，就要充分发挥人民政协的作用，加强社会主义协商民主制度建设，不断壮大新时代爱国统一战线的力量，巩固中华民族共有精神家园的政治基础和组织基础，凝聚起全体中华儿女的磅礴力量，共同为实现中华民族伟大复兴的中国梦而努力奋斗。

参考文献

著作：

[1]《马克思恩格斯选集》(1—4卷)，人民出版社1995年版。
[2]《马克思恩格斯全集》(第4、7、12、18、21、30卷)，人民出版社1958—1974年版。
[3]《列宁选集》(1—4卷)，人民出版社1995年版。
[4]《马克思恩格斯列宁斯大林论社会主义文明》，中共中央党校出版社1982年版。
[5]《无产阶级革命家论德育》，复旦大学出版社1984年版。
[6]《毛泽东选集》(1—4卷)，人民出版社1991年版。
[7]《毛泽东文集》(1—8卷)，人民出版社1993—1999年版。
[8]《毛泽东年谱(1893—1949)》，中央文献出版社2002年版。
[9]《毛泽东著作选读》，人民出版社1986年版。
[10]《毛泽东新闻工作文选》，新华出版社1983年版。
[11]《周恩来选集》(上)，人民出版社1980年版。
[12]《周恩来统一战线文选》，人民出版社1984年版。
[13]《朱德选集》，人民出版社1983年版。
[14]《刘少奇选集》(上)，人民出版社1981年版。
[15]《孙中山全集》(第2、9、11卷)，中华书局1981—1982年版。
[16]《宋庆龄选集》(上、下)，人民出版社1992年版。
[17]《李大钊全集》，人民出版社2006年版。
[18]《瞿秋白选集》，人民出版社1985年版。
[19]《鲁迅全集》，人民文学出版社2005年版。
[20]《鲁迅选集》(1—4卷)，人民文学出版社2004年版。
[21]《张闻天文集》，中共党史出版社2012年修订版。
[22]《邓小平文选》(1—3卷)，人民出版社1993—1994年版。
[23]《江泽民文选》(1—3卷)，人民出版社2006年版。

［24］《江泽民论有中国特色社会主义（专题摘编）》，中央文献出版社 2002 年版。

［25］《毛泽东周恩来刘少奇朱德论社会主义精神文明》，解放军出版社 1981 年版。

［26］《毛泽东周恩来刘少奇朱德邓小平陈云论民族文化》，人民出版社 1992 年版。

［27］《毛泽东邓小平江泽民论弘扬和培育民族精神》，学习出版社 2003 年版。

［28］《毛泽东邓小平江泽民论思想政治工作》，学习出版社 2000 年版。

［29］《邓小平论社会主义精神文明建设》，学习出版社 1996 年版。

［30］《江泽民论社会主义精神文明建设》，中央文献出版社 1999 年版。

［31］《习近平谈治国理政》第二卷，外文出版社 2017 年版。

［32］《中国共产党历史》（第一卷）（上、下），中共党史出版社 2004 年版。

［33］《中共中央文件选集》（第 11—15 册），中共中央党校出版社 1991 年版。

［34］胡绳主编《中国共产党的七十年》，中共党史出版社 1991 年版。

［35］沙健孙主编《中国共产党与抗日战争》（上、下），中央文献出版社 2005 年版。

［36］薛启亮主编《中国共产党七十年纪实》，河北人民出版社 1991 年版。

［37］郑师渠主编《中国共产党文化思想史研究》，中共中央党校出版社 2007 年版。

［38］张静如主编《中国共产党思想史》，青岛出版社 1991 年版。

［39］《党的十七届六中全会〈决定〉学习辅导百问》，党建读物出版社 2011 年版。

［40］中共延安市委统战部组编《延安时期统一战线史料选编》，华文出版社 2010 年版。

［41］中国延安干部学院编《延安时期大事记述》，中央文献出版社 2010 年版。

［42］梁星亮、杨洪主编《中国共产党延安时期政治社会文化史论》，人民出版社 2011 年版。

［43］雷云峰、杨瑞广：《中共中央与八年抗战》，陕西人民出版社 1996 年版。

［44］黄士安、赵广、王延浞主编《毛泽东和延安时代》，陕西人民教育出版社 1993 年版。

［45］罗忠敏、崔岩主编《毛泽东是延安精神的缔造者》，陕西人民教育出版社 1993 年版。

［46］席文启主编《延安时期毛泽东思想政治教育理论与实践》，陕西人民教育出版社 1993 年版。

［47］高智瑜主编《延安时期毛泽东政治思想》，陕西人民教育出版社 1993 年版。

［48］李蓉《人民民主：毛泽东的理想与实践》，中央民族大学出版社 1997 年版。

[49] 梁星亮主编《中国共产党延安时期局部执政史论》，陕西人民出版社2005年版。

[50] 黄宏主编《延安精神》，人民出版社2005年版。

[51] 朱鸿召：《延安文人》，广东人民出版社2001年版。

[52] 文思编《回国抗战，奔赴延安》，中国文史出版社2005年版。

[53] 郑师渠主编《中华民族精神研究》，北京师范大学出版社2009年版。

[54] 杨叔子等：《弘扬与培育民族精神研究》，经济科学出版社2009年版。

[55] 宋志明、吴潜涛主编《中华民族精神论纲》，中国人民大学出版社2006年版。

[56] 欧阳康主编《民族精神——精神家园的内核》，黑龙江教育出版社2010年版。

[57] 张曙光主编《民族信念与文化特征——民族精神的理论研究》，人民出版社2009年版。

[58] 吴元梁：《精神系统和精神文明建设》，人民出版社2004年版。

[59] 张平、覃志红、许卉等：《精神航标——弘扬培育民族精神与时代精神》，河北人民出版社2008年版。

[60] 宫厚英：《中国共产党与当代中华民族精神》，山东大学出版社2010年版。

[61] 肖力、邢洪儒：《中国共产党精神建设研究》，光明日报出版社2012年版。

[62] 宇文利：《中华民族精神现当代发展新论》，北京大学出版社2007年版。

[63] 卞敏：《中华民族精神研究》，光明日报出版社2008年版。

[64] 任浩之：《中国人的精神家园》，北京联合出版公司2011年版。

[65] 刘家全：《中国精神论纲》，科学出版社2006年版。

[66] 骆郁廷：《精神动力论》，武汉大学出版社2003年版。

[67] 唐君毅：《中国人文精神之发展》，广西师范大学出版社2005年版。

[68] 辜鸿铭：《中国人的精神》，黄兴涛、宋小庆译，人民出版社2010年版。

[69] 赵存生主编《中国精神读本》，安徽人民出版社2008年版。

[70] 《中国共产党人精神读本》，红旗出版社2001年版。

[71] 傅治平：《精神的升华——中国共产党的精气神》，人民出版社2007年版。

[72] 李君如：《社会主义精神支柱》，河南人民出版社2003年版。

[73] 黑格尔：《历史哲学》，王造时译，上海书店出版社2001年版。

[74] 孟德斯鸠：《论法的精神》，张雁深译，上海人民出版社1961年版。

[75] 邢云文：《时代精神：历史解读与当代阐释》，中央编译出版社2011年版。

[76] 叶泽雄：《邓小平社会理想思想研究》，华中科技大学出版社 2005 年版。
[77] 王彦坤、梁跃民：《理想之舟——中国特色社会主义共同理想研究》，河北人民出版社 2008 年版。
[78] 《中国共产党与中国先进文化》编写组：《中国共产党与中国先进文化》，中共中央党校出版社 2001 年版。
[79] 周熙明、李文堂主编《中国共产党的文化使命》，江苏人民出版社 2006 年版。
[80] 邓力群主编《毛泽东的文化性格》，中央民族大学出版社 2006 年版。
[81] 邓力群主编《毛泽东的文化思想》，中央民族大学出版社 2006 年版。
[82] 刘辉：《中国共产党人的文化自觉——新民主主义文化思想再研究》，中共党史出版社 2008 年版。
[83] 董世明：《新民主主义革命理论与三民主义比较研究》，东北师范大学出版社 1995 年版。
[84] 黄兴涛主编《中国文化通史》（民国卷），中共中央党校出版社 2000 年版。
[85] 涂文学、邓正兵主编《抗战时期的中国文化》，人民出版社 2006 年版。
[86] 唐正芒：《中国西部抗战文化史》，中共党史出版社 2004 年版。
[87] 宋金寿、李忠全主编《陕甘宁边区政权建设史》，陕西人民出版社 1990 年版。
[88] 胡大牛主编《中共中央南方局统战史论》，人民出版社 2008 年版。
[89] 盖军主编《中国共产党白区斗争史》，人民出版社 1996 年版。
[90] 吴锦旗：《抗战时期大学教授的政治参与研究》，南京大学出版社 2012 年版。
[91] 刘健清、李振亚主编《中国近现代政治思想史》，南开大学出版社 1993 年版。
[92] 冯峰：《"国难"之际的思想界——1930 年代中国政治出路的思想论争》，三秦出版社 2007 年版。
[93] 罗荣渠主编《从"西化"到现代化——五四以来有关中国的文化趋向和发展道路论争文选》（中册），黄山书社。
[94] 高瑞泉主编《中国近代社会思潮》，上海人民出版社 2007 年版。
[95] 方敏：《"五四"后三十年民主思想研究》，商务印书馆 2004 年版。
[96] 郑大华：《民国思想史论》，社会科学文献出版社 2006 年版。
[97] 张君劢：《民族复兴之学术基础》，中国人民大学出版社 2006 年版。

[98] 贺麟：《文化与人生》，商务印书馆 1988 年版。
[99] 胡适：《中国沉思——胡适读本》，内蒙古大学出版社 2008 年版。
[100] 陈国庆主编《晚清社会与文化》，社会科学文献出版社 2005 年版。
[101] 林语堂：《吾国与吾民》，宝文堂书店 1988 年版。
[102] 徐迅：《民族主义》，中国社会科学出版社 2005 年版。
[103] 费孝通：《中华民族多元一体格局》，中央民族学院出版社 1989 年版。
[104] 高翠莲：《清末民国时期中华民族自觉进程研究》，中央民族大学出版社 2007 年版。
[105] 张淑娟：《民族主义与近代中国民族理论》，光明日报出版社 2011 年版。
[106] 李静：《民族心理学教程》，民族出版社 2006 年版。
[107] 张宝成：《民族认同与国家认同》，人民出版社 2012 年版。
[108] 林尚立主编《统一战线与国家建设》，上海人民出版社 2008 年版。
[109] 李小宁主编《统一战线新论》，中央编译出版社 2007 年版。
[110] 陈载舸、陈剑安、殷丽萍主编《中华民族凝聚力学》，广东人民出版社 2013 年版。

博士、硕士论文：

[111] 胡孝红：《弘扬与培育中华民族精神研究》，武汉大学，2004 年。
[112] 宫丽：《精神家园论》，华中科技大学，2011 年。
[113] 陈方刘：《马克思主义与中国传统文化相结合研究》，中共中央党校，2008 年。
[114] 朱琳：《马克思主义中国化与 20 世纪上半叶三大社会思潮问题研究》，东北师范大学，2010 年。
[115] 郑海呐：《马克思主义中国化与中华民族精神的弘扬和培育》，天津师范大学，2008 年。
[116] 孙建娥：《新民主主义文化革命的历史经验研究》，湖南师范大学，2007 年。
[117] 张希贤：《延安时期党领导思想文化战线的历史经验初探》，中共中央党校，1994 年。
[118] 夏红各：《延安时期毛泽东文化观初探》，广西大学，2008 年。
[119] 刘亚军：《延安时期中共政党文化探析》，中南大学，2007 年。
[120] 卢少求：《延安时期中共执政文化建设研究》，首都师范大学，2008 年。
[121] 韦宏伦：《延安时期中国共产党文化建设及启示》，广西民族大学，2011 年。
[122] 黄延敏：《延安时期中国共产党与传统文化》，山东师范大学，2004 年。
[123] 张正光：《延安知识分子与马克思主义中国化研究》，华东理工大学，

2010年。

[124] 李斌：《中国共产党思想路线史研究》，中共中央党校，2010年。

[125] 张允熠：《中国文化与马克思主义》，南开大学，1997年。

[126] 兰文华：《中华民族共有精神家园现代建构的双重文化进路》，华中科技大学，2009年。

[127] 朱西周：《中华民族精神的历史演变与时代价值》，中共中央党校，2007年。

论文：

[128] 庞立生、王艳华：《精神生活的物化与精神家园的当代建构》，《现代哲学》2009年第3期。

[129] 侯小丰：《精神家园、情感依恋与马克思主义哲学中国化》，《学术研究》2007年第9期。

[130] 纪宝成：《弘扬中华优秀传统文化建设民族共有精神家园》，《教学与研究》2008年第4期。

[131] 高永久、陈纪：《论中华民族共有精神家园的内涵与价值核心》，《科学社会主义》2008年第2期。

[132] 李德顺：《关于"共有精神家园"的几点思考》，《北京日报》2009年4月20日第17版。

[133] 尹世尤、沈其新：《中华民族共有精神家园建设与当代中华民族凝聚力的增强》，《马克思主义研究》2008年第11期。

[134] 韩振峰：《中华民族共有精神家园及其构建途径》，《中州学刊》2009年第4期。

[135] 郭建宁：《马克思主义中国化与建设共有精神家园》，《中国特色社会主义研究》2010年第5期。

[136] 欧阳康：《中华民族共有精神家园如何构建》，《光明日报》2012年2月28日。

[137] 王可为：《以马克思主义为指导构建中华民族共有精神家园》，《求实》2011年第9期。

[138] 胡为雄：《延安精神：中国共产党人永远的精神家园》，《中国延安干部学

院学报》2011 年第 4 期。

[139] 王东维、沙小亮:《延安时期中国共产党思想道德建设的历史经验》,《中国井冈山干部学院学报》2010 年第 3 期。

[140] 王海军:《延安时期知识分子群体与马克思主义中国化探析》,《马克思主义研究》2010 年第 8 期。

[141] 刘绍卫:《抗日民族文化统一战线的精神内涵与其在抗战中的作用》,《抗战文化研究》(第一辑),广西师范大学出版社 2007 年版。

[142] 张纯厚:《延安时期统一战线的政治社会学分析》,《长白学刊》2010 年第 2 期。

后　记

本书是在我攻读陕西师范大学博士研究生毕业论文的基础上修改完成的。对中华民族共有精神家园的研究，是近些年来学术界探讨的一个热点话题，反映了我们党和国家对思想文化领域建设的高度重视和话语塑造，深刻体现了中国特色社会主义的文化自觉和文化自信。延安时期是中国共产党在政治、经济和文化建设等各方面逐步走向成熟并取得重大成就的历史时期，在思想文化建设上就集中地表现为以共产主义思想文化体系为核心，建设新民主主义文化，建设中华民族的新文化，构建中华民族共有精神家园，引领新民主主义革命走向胜利。在新时代中国特色社会主义建设过程中，我们党带领全国各族人民共同坚守理想信念、弘扬中国精神，共同创造美好家园，为实现中华民族伟大复兴的中国梦而努力奋斗，新的理论和实践为我们继续深化对中华民族共有精神家园的研究提供了肥沃的土壤和充足的养料，也要求我们从延安时期中国共产党构建民族共有精神家园的历史实践中汲取经验和启迪。

对延安时期中国共产党构建民族共有精神家园展开深入的理论研究，是在我的导师门忠民教授的悉心指导下完成的。我的博士论文从选题到最后定稿，都是在导师的耐心指导和帮助下完成的，凝结了导师辛勤的汗水。导师高尚的师德风范、深厚的学术素养、严谨的治学态度以及宽容豁达的胸襟给了我无尽的启迪，这些将成为我受用无穷的宝贵精神财富。在此，要对门老师致以衷心的谢意。还要感谢江秀乐教授、马启民教授、陈达才教授、阎树群教授、袁祖社教授、王俊栓教授、王晓荣教授、王继教授、金延教授、王振亚教授、任晓伟教授、赵卫国教授和王健、任红星等老师对我的帮助和关怀。

衷心感谢陕西学前师范学院各位领导和同事长期以来对我的大力帮助和支持。感谢陕西学前师范学院省哲学社会科学重点研究基地核心价值观培育与红色基因传承协同创新研究中心给予出版资助。

本文在写作过程中参考了学术界的大量研究成果，在此向广大学界前辈致以衷心的谢意！

在论文写作过程中，我在参考文献资料的基础上，尽量把相关概念阐述清楚，但是由于本人功底有限，对延安时期民族共有精神家园的研究不可避免还存在诸多不足之处，敬请求教于各位专家学者！

黄海涛